Und mehret euch?

Claus D. Kernig

Und mehret euch?

Deutschland und die Weltbevölkerung
im 21. Jahrhundert

DIETZ

Bibliografische Information durch die Deutsche Bibliothek

Die Deutsche Bibliothek verzeichnet diese Publikation in der Deutschen Nationalbibliografie; detaillierte bibliografische Daten sind im Internet über *http://dnb.ddb.de* abrufbar.

ISBN 3-8012- 0361-1

Der Verlag hat sich bemüht, die Rechteinhaber der Abbildungen zweifelsfrei zu ermitteln. Sollte es einen Rechteinhaber geben, der darüber hinaus Ansprüche geltend machen kann, bitten wir, sich ggf. an den Verlag zu wenden.
Umschlag: Just in Print, Bonn
Umschlagfoto: Corbis
Satz: Just in Print, Bonn
Druck und Verarbeitung: Ebner & Spiegel, Ulm

INHALT

Für Chiao Wei und Xie Yingying in dankbarer Erinnerung an die Zeiten der chinesischen Studien.

Bevölkerungsentwicklung und Wohlstand hängen eng zusammen: Höhere Einkommen bedeuten weniger Nachkommen. Dies zeigt sich in reichen und hoch entwickelten Nationen, für arme Nationen gilt umgekehrt: Niedrige Einkommen bedeuten viele Nachkommen. So erklärt sich die Bevölkerungsentwicklung in der Dritten Welt und die andauernde Bevölkerungsexplosion. Sie ist – wie in diesem Buch gezeigt wird – nicht von kulturellen und religiösen Faktoren abhängig. Vielmehr geht sie weitgehend auf jene Entwicklungshilfe zurück, die einseitig auf Gesundheit und Bildung bedacht war, ohne für eine wirtschaftliche Absicherung zu sorgen.

In allen westlich-hochentwickelten Nationen beschwört die Fortpflanzungsverweigerung der Baby-Boomer-Generation Altenversorgungskrisen herauf und führt in vielen von ihnen zu Bevölkerungsschwund. In Europa haben die neuen EU-Mitglieder und merkwürdigerweise die Nationen mit vorwiegend katholischer Bevölkerung die größten Überalterungsquoten. Sie werden bei den kommenden Rentenkrisen die größten Probleme haben.

In Ostasien präsentiert sich Japan mit einer überalternden Bevölkerung. Die Chinesen, derzeit die bevölkerungsreichste Nation der Erde, befinden sich wegen ihrer Ein-Kind-Politik in den gleichen Schwierigkeiten. Sie müssen sie aber gerade dann meistern, wenn ihr ökonomischer Aufschwung die kritische Phase einer möglichen Ausdehnung auf ganz China erreicht. Auf Grund mangelnder Altenversorgungssysteme und einer besorgniserregenden Knappheit von sich verteuernden Schlüsselressourcen (Energie, Wasser, Nahrung) kommt ein Prozess mit ungewissem Ende in Gang.

Während Internet und Informationstechnologie den Globalisierungsprozess vorantreiben und während die Nanotechnologie ein ganz neues Zeitalter instrumenteller Evolution (einer Eigendynamik technischer Entwicklungen) aufscheinen lässt, existieren parallel dazu die genannten, wenig zuversichtlich stimmenden demographischen und ökonomischen Umstände. Was wird sich durchsetzen? Werden

Technik und Ökonomie die sozialen und demographischen Probleme lösen? Werden diese Probleme den technisch-ökonomischen Progress unter sich begraben? Das bleierne Beibehalten eingefahrener Denkmuster in der Politik lässt nicht erkennen, in welche Richtung es gehen könnte. Das Schicksal der Weltbevölkerung steht auf des Messers Schneide.

Höhere Lebenserwartung zeitigt eine problematische Konsequenz: Die Menschen leben länger und halten deshalb auch länger an ihren Grundüberzeugungen fest. Urteile, aber auch Vorurteile und Ideologien bleiben damit länger bestehen. Grundüberzeugungen und Wandlungspotenziale geraten heute weit stärker miteinander in Konflikt als in allen vorhergehenden historischen Epochen. Das stellt alle politischen und rechtlichen Systeme auf eine harte Probe – und zwar umso härter, je stärker diese Systeme noch auf religiösen Fundamenten ruhen.

In zwanzig Jahren wird sich die Bevölkerung der Dritten Welt und die der hochentwickelten Nationen des Westens im Verhältnis »sieben zu eins« gegenüberstehen. Vor dreißig Jahren hieß es noch »drei zu eins«. Beim Fußball könnte letzteres als ausgleichbarer Zwischenstand durchgehen. Bei »sieben zu eins« ist nichts mehr zu korrigieren. Und das wird die Konstellation in der Welt der Baby-Boomer sein, die eigentlich Antibaby-Boomer heißen müssten, weil sie einen Weltrekord an Nachwuchsverzicht zuwege gebracht haben.

Was besagt die bloße Anzahl von Menschen? Ist sie schicksalsbestimmend? Wenn es um die ökonomische Potenz geht, sind die Nationen der westlichen Welt ja trotz ihrer minderen Bevölkerungszahl weit mächtiger als alle anderen. Die weniger Entwickelten sind zwar in der Überzahl, bleiben aber relativ arm. Während eine erhöhte Lebenserwartung in der Dritten Welt eine andauernde Explosion der Bevölkerung mit sich bringt, paart sie sich in der westlichen Welt mit Stagnation und sogar rückläufigen Bevölkerungszahlen. Warum das so ist, wird in diesem Buch untersucht. Man gewinnt Einsicht in die Gründe und Folgen von Spannungspotenzialen, die zu allen möglichen Konflikten führen.

Rund zwei und ein halb Jahrhunderte nach dem Beginn der Industrialisierung werden die ausgereiften kapitalistischen Lebensregeln in westlichen Gesellschaften von Generation zu Generation mit der

Selbstverständlichkeit eines gefestigten kulturellen Verhaltensmusters weitergegeben. Kapitalismus hat sich in diesem Sinn als Kultur etabliert. Die Regeln, die sich aus ihm ergeben, werden anerzogen, angeeignet und befolgt. Die Verhaltensmuster des westlichen Kapitalismus durchdringen auch die Verhaltensmuster anderer Kulturen. Wo es zu Berührungen kommt, relativieren, verändern und verdrängen sie angestammte Verhaltensweisen. Darüber kommt es in Entwicklungsländern, in denen älteres Kulturerbe noch weitgehend den Alltag bestimmt, zu Spannungen und Konflikten. Parteinahmen für modernistische und antimodernistische Kräfte spalten die Gefühle, das Denken und das Tun von Familien, Clans, Staatsführungen, herrschenden Gruppen, religiösen Autoritäten, intellektuellen Eliten, Jungen und Alten, Armen und Reichen.

Mit komplexen Spannungen und Konflikten von allerdings sehr viel geringerer Brisanz haben es derzeit Staatsführungen in allen westlichen Nationen, vor allem in Europa und ganz besonders in Deutschland zu tun, wenn sie sich mit Alters- und Versorgungsproblemen und angeblich drohenden Generationenkonflikten beschäftigen. Bedrängende Arbeitslosigkeit lässt sie sorgenvoll auf Rentenkassen blicken, lehrt sie, fremde Arbeitskräfte zu beargwöhnen und bringt sie in Verlegenheit, wenn Arbeitsplätze in Billiglohnregionen verlagert werden. Dies bewegt Politik und Öffentlichkeit in einer Zeit, in der die internationalen Beziehungen immer wieder von Schlagworten wie *Terrorismus* und *islamischer Fundamentalismus* beherrscht werden. Tatsächlich aber bietet es sich an, sowohl die internen wie die internationalen Probleme unter einem bevölkerungswissenschaftlichen Blickwinkel zu betrachten. Tut man dies, dann vermeidet man den Irrtum, dass der Überalterungsproblematik allein mit internen arbeits- und sozialrechtlichen Reformen beizukommen und die Terrorismusproblematik mit militärischen Feldzügen aus der Welt zu schaffen sei. Es ist also in jeder Hinsicht lohnend, sich mit demographischen Problemen zu beschäftigen.

Im Folgenden werden in einem ersten Teil die demographischen Entwicklungen und deren mannigfaltige Begleiterscheinungen beschrieben. Die Einordnung der deutschen und der europäischen Vorgänge in globale Gesamtprozesse soll dabei besonders interessieren. Im zweiten Teil werden aus den Entwicklungen Folgerungen gezogen, und zwar allgemein politische wie speziell ressourcenpolitische. Die Verstrickungen in aktuelle Konflikte und die Bindungen an traditionelle geistige und politische Orientierungsmuster erweisen sich als Hürden, die schwer zu überspringen sind, um Problemlösungen anzustreben, die heute nur noch im globalen Rahmen möglich sind. In diesem Sinn ist von den lebenden Generationen viel Umdenken gefordert. Der Text wird dazu eine Fülle von Anregungen bieten.

Für die Lektüre sind weder statistische noch mathematische Vorkenntnisse mitzubringen. Alle Sachverhalte, die mit Zahlen zu tun haben, und alle statistisch dargestellten Entwicklungen werden erläutert und überdies mit einer Fülle von Abbildungen ersichtlich gemacht. Zu einem generellen Überblick kommt man auch durch vorauseilende Betrachtung der Graphiken und die Lektüre der dazu gegebenen Erläuterungen.

Materialfülle und Reichtum der berücksichtigten Quellen und Literatur zwangen dazu, über die eine oder andere Unstimmigkeit, die sie mit sich brachten, hinwegzusehen. So wurden gesamtwirtschaftliche Produkte etwa nicht nur hier da und da, sondern auch im Lauf der Zeit nach wechselnden Kriterien erfasst. Für Bevölkerungsvorausschätzungen gibt es vielfach voneinander abweichende Szenarien und Ergebnisse. Solche Unterschiede werden hier willentlich übergangen. Das behagt dem Wissenschaftler zwar nicht, spielt aber für die Vermittlung eines im Endeffekt korrekten Gesamtbildes keine Rolle. Es ging hier darum, langfristige historische Prozesse nach Richtung und Größe zahlenmäßig so präzis wie möglich zu erfassen und dabei so kurz und allgemeinverständlich wie nur irgend wünschbar zu verdeutlichen. Wie weit das gelungen ist, entscheidet der Leser. Eine erbauliche Lektüre kann ihm bei dem gebotenen Stoff nicht versprochen werden, eine interessante, nachdenklich stimmende und auf Grund der im zweiten Teil gebotenen Folgerungen zu Diskussionen anregende auf jeden Fall.

1

Worum geht es?

Das Thema der Überalterung spielt in der aktuellen Diskussion über Gesundheits-, Renten-, und Altersversorgungsprobleme eine große Rolle. Denn es ist selbstverständlich eine spannende Frage, wie das Leben von immer mehr Alten durch immer weniger Junge finanziell gesichert werden kann. Da die heute im Arbeitsleben stehende Generation bereits einen höchst bedenklichen Kinderverzicht an den Tag gelegt hat, stellt sich für sie zudem das Problem, nochmals schmälere Jahrgangsbesatzungen mit Eignung und Bildung und vor allem mit Wirtschaftskraft von so hoher Produktivität auszustatten, dass diese alle künftigen Lasten tragen können.

Die heute Erwerbstätigen haben es nicht leicht; sie müssen für die Renten der Alten aufkommen, sich selbst versorgen und zusätzlich für ihr Alter sparen, weil ihnen noch spärlicher besetzte Jahrgänge folgen. Gleichzeitig sollen sie in diese wenigen möglichst viel investieren. Eine heikle Angelegenheit. Dass sich daraus in westlichen Industriegesellschaften bei derzeit hoher Arbeitslosigkeit und niedrigem Wirtschaftswachstum eine gewisse Krisenstimmung ergibt, ist ebenso wenig verwunderlich wie der Wunsch, im Handumdrehen Lösungen finden zu wollen. Da die Probleme jedoch über einen Zeitraum von drei bis vier Jahrzehnten hinweg langsam aber stetig herangereift sind – und zwar unter den Augen derer, denen jetzt mulmig wird! – sind solche Erwartungen unrealistisch.

Demographen haben den Zustand, der heute auf Grund leerer Rentenkassen für Aufregung sorgt, seit Jahrzehnten warnend vorausberechnet. Bei dem Thema handelt es sich also im wörtlichen Sinn um Generationenprobleme; und es darf als ausgemacht gelten, dass sie sich auch nur in Generationenspannen überwinden lassen.

Ich sage nicht: finanziell lösen, denn dafür könnte es bereits zu spät sein; mit den Konsequenzen wird man dann wohl oder übel leben müssen.

Der globale Kontext unserer Probleme heißt allerdings: Bevölkerungsexplosion. Das Wachstum der Weltbevölkerung ist nur allzu bekannt und wurde bereits viel diskutiert. Man tut gut daran, das Thema historisch differenziert zu sehen. Die hochentwickelten, reichen Stammlande des Kapitalismus haben ihre explosive Phase bereits hinter sich. Doch die weniger entwickelten, armen Nationen befinden sich noch mitten darin. Ihnen brennt das Problem auf den Nägeln. Im Verhältnis zwischen Reichen und Armen, zwischen Nord und Süd, wie man heute abkürzend sagt, läuft folgender Prozess ab:

Die Reichen im Norden werden:
weniger, älter und noch reicher,

und

die Armen im Süden werden:
mehr, jünger und noch ärmer.

Das »weniger« und »mehr« hat es in sich: Die Stammlande des Kapitalismus stellten vor 25 Jahren noch ein Viertel der Menschheit; in 20 Jahren wird es nur noch ein Achtel sein. »Nord« und »Süd« darf man dabei nicht mehr geographisch deuten, sondern nur ökonomisch. Technik und Wirtschaft des Nordens haben bereits viele Lebensumstände des Südens beeinflusst und umgestaltet, was dort nicht nur als Beglückung empfunden wird. Es gibt Gewinner und Verlierer, Förderer der Umgestaltung und Gegner. Sie stehen nicht nur untereinander in Konkurrenz, sondern haben auch mannigfaltige Konflikte mit dem Norden auszufechten.

In den klassischen Industrienationen verursachte die Entfaltung der kapitalistischen Wirtschaftsweise (19. bis Mitte 20. Jahrhundert) ein starkes Bevölkerungswachstum. Wenn im Folgenden von westlich kapitalistischen Gesellschaften die Rede ist, soll damit immer auf den historischen Zusammenhang von Wirtschafts- und Bevölkerungswachstum, wie er sich im Norden entfaltete, verwiesen werden. Im Süden ist diese Entwicklung noch im Gang beziehungsweise in einigen Bereichen wie Gesundheit, Bildung und Tourismus in Gang gebracht.

Erreichtes hier und Unerledigtes dort machen das Entwicklungsgefälle zwischen Nord und Süd aus.

Es ist wichtig zu sehen, dass der Konflikt zwischen Nord und Süd anders gelagert ist als der frühere zwischen Ost und West. Dieser spielte sich in der zweiten Hälfte des 20. Jahrhunderts hauptsächlich zwischen den Staaten des Nordens ab – ein Konflikt zwischen zwei Organisationsformen des Kapitalismus, und zwar dessen rein westlicher Variante und seiner rotgefärbten, so genannten sozialistischen Variante. Die sowjetisch organisierte Form des Kapitalismus verstand sich in ideologischer Verbrämung als Sozialismus. In diesem Sinn ist Sozialismus nicht etwa als das Gegenteil von Kapitalismus anzusehen, sondern als eine diktatorische und wirtschaftsplanerisch misslungene Subkultur des Kapitalismus. Der Ost-West-Konflikt war von Staaten organisiert und ließ Militärbündnisse einander gegenüberstehen. Demgegenüber agieren im Nord-Süd-Konflikt nicht nur Staaten und UN-Institutionen, sondern auch private Akteure und Nicht-Regierungs-Organisationen (NGOs); er spiegelt die gesamte Bandbreite politischen Verhaltens wider – vom Weltanschaulichen bis zum Weltwirtschaftlichen – und zeigte bereits zur Genüge, welches Gewaltpotenzial er birgt.

Die Nationen, die sich in Nord und Süd gegenüberstehen, lassen sich gut in Gruppen ordnen, wenn man sie nach ihrer Altersstruktur klassifiziert: Einige zeigen Überalterungs-Symptome, andere verfügen über starke mittlere Jahrgänge, wieder andere haben einen Reichtum an Kindern und Jugendlichen. Dazu vier Punkte:

- Die Überalterungsproblematik betrifft zurzeit nur bestimmte Teile und keineswegs die gesamte Menschheit.
- Nur etwa ein Drittel der Weltbevölkerung überaltert, weil es an Nachwuchs fehlt. Teils verzichten die Menschen freiwillig darauf, sich fortzupflanzen (Europäer, Japaner), teils werden sie dazu gezwungen (Chinesen). Ein weiteres Drittel verstärkt die Altenkohorten, allerdings unterschiedlich schnell. Auch ihre ökonomischen Mittel, den Nachwuchs auszubilden und auszustatten, sind sehr verschieden. Schnell und ökonomisch potent: Nordamerika, langsam und ökonomisch schwach: Indien, Indonesien, Mexiko. Das letzte Drittel der Weltbevölkerung schließlich ist weit davon

entfernt zu überaltern: Es fehlt ihm schlicht an Wohlstand, der eine höhere Lebenserwartung ermöglichen würde (Afrika südlich der Sahara).

- Bei den derzeit überalternden Gesellschaften handelt es sich um diejenigen westlichen Nationen, die sich seit Jahrzehnten gegen jede gewichtige Zuwanderung gesperrt haben. Deshalb wirkt sich ihr Kinderverzicht heute kritisch bis katastrophal auf die Altersstruktur aus.
- Die USA bilden innerhalb der westlichen Welt eine Ausnahme, da ihre Bevölkerung wegen einer hohen Zuwanderung weiterhin wächst. Die Altenproblematik betrifft dort keineswegs die ganze Nation, sondern vorwiegend die europastämmigen Weißen. Bei ihnen ist der Nachwuchsverzicht – durch die Pille erstmals individuell und zuverlässig planbar – besonders bedeutsam geworden. Wegen der ständigen und im letzten Jahrzehnt forcierten Zuwanderung nachwuchskräftiger Familien ist das Überalterungsproblem in den USA insgesamt weit weniger gravierend als in anderen westlich geprägten Ländern. Daher gibt es dort bis zum heutigen Tag – und auch in absehbarer Zukunft – keine Alterspyramide, die auf dem Kopf steht.

Auch in den USA diskutieren die Fachleute natürlich über Altersprobleme. Sie interessieren sich vor allem für die Folgen der in den nächsten zehn bis fünfzehn Jahren fälligen Verrentung von über 70 Millionen Angehörigen ihrer Baby-Boomer-Generation (die im Vergleich zu Deutschland um ein knappes Jahrzehnt früher geboren wurde), und das besonders hinsichtlich der Liquidität der Pensionsfonds. Zusätzlich stehen gesellschaftliche Verwerfungen zur Debatte: Die europastämmigen weißen Amerikaner könnten bis zur Jahrhundertmitte Schritt für Schritt in die Minderheit geraten. Für die dominierende Klasse Amerikas eine schier unvorstellbare Situation.

Ganze Gesellschaften ergrauen, weil drei Faktoren zusammenwirken:

1. Fortpflanzungsverweigerung,
2. verlängerte Lebenserwartung und
3. Zuwanderungssperre.

Überalterung plagt vor allem die Europäer, einschließlich der neu in die EU aufgenommenen, daneben ganz besonders die Russen. All diesen Nationen fehlt es an Nachwuchs. In Ostasien ist die Konstellation in Japan, Südkorea, Singapur und Taiwan ähnlich schlecht. Auch die Chinesen müssen sich auf Grund ihrer diktatorischen Ein-Kind-Politik mit diesem Problem befassen.

Betrachten wir die Dinge rechnerisch: Derzeit leben etwa 6,4 Milliarden Menschen auf dem Erdball. Davon machen die mit hohen pro-Kopf-Einkommen ausgestatteten westlich geprägten Nationen mit etwas über einer Milliarde Einwohnern ungefähr 17 Prozent aus. Trotz dieses geringen Anteils geben sie in Politik und Ökonomie weltweit den Ton an, beherrschen Handel und Finanzen. Ungefähr zwei Drittel dieser hochentwickelten Länder weisen insgesamt rückläufige Bevölkerungszahlen auf. Ihre verbeulten Alterspyramiden sehen aus wie schrumpfende Heißluftballons kurz nach der Landung.

Einen Sonderfall stellt China mit annähernd 1,4 Milliarden Menschen dar. Die ausgesprochen gerontokratisch strukturierte Parteiführung schikaniert die Chinesen seit Jahrzehnten mit rigider Geburtenkontrolle. Im Altersaufbau erscheint dies wie eine Parallele zur westlichen Fortpflanzungsverweigerung. Was sich statistisch gleichartig ausnimmt, hat aber ganz andere Ursachen. In China ist die Kleinfamilie ein totalitär erzwungenes Kunstprodukt. Großfamiliäre Gesinnung und Altersrespekt sind trotzdem noch beachtlich ausgeprägt. Inzwischen kritisieren auch die lange zum Schweigen verurteilten Chinesen sowohl die Ein-Kind-Politik als auch das wahnwitzige Unterfangen der Kulturrevolution, mit der Mao gegen ihre Traditionen anzugehen suchte.

Blicken wir auf andere Erdteile: Mehr als 2,5 Milliarden Menschen leben in Entwicklungsländern mit mittleren bis geringen Einkommen, bevölkerungsreichen Nationen, in denen die Zahl der Menschen weiterhin anschwillt. Die größten sind Indien (etwas über eine Milliarde Menschen), Indonesien (250 Millionen), Brasilien (200 Millionen), Pakistan (180 Millionen), Bangladesch (160 Millionen) Nigeria (145 Millionen), Mexiko (112 Millionen), Philippinen (96 Millionen), Vietnam (88 Millionen), Ägypten (85 Millionen), Türkei (73 Millionen), Iran (72 Millionen). In diesen Ländern haben manche Zentren den ökonomischen Anschluss an die westliche Welt gefunden, während das riesige Hinterland ihn noch lange wird suchen müssen.

Der Altersaufbau verändert sich auch in diesen Nationen. Ihre Alterspyramiden haben unter dem Einfluss westlicher Hygiene und Medizin vielfach ein glockenförmiges oder ein säulenstumpfartiges Profil angenommen. In den Zentren ist dieser Wandel in gesamtwirtschaftlichen Fortschritt eingebunden, der auf dem Land fehlt. Daher fasst die Weltgesundheitsorganisation dort mit besonderen Kampagnen zur Eindämmung der Bevölkerungsexplosion nach. Die Gesundheitsfürsorge lässt das Durchschnittsalter zwar kontinuierlich wachsen, von Überalterung kann jedoch noch nicht gesprochen werden: Wie eh und je gibt es viele Geburten, der Anteil der Kinder und Jugendlichen steigt weiter, die durchschnittliche Lebenserwartung steht jedoch der westlichen nach.

Das gravierende Zukunftsproblem dieser Nationen liegt darin, dass nicht nur der *Altenquotient* (Personen im Erwerbsalter zu Personen im Rentenalter in Prozent), sondern auch der totale *Abhängigkeitsquotient* zunimmt. Das ist eine ganz wichtige Zahl: Sie gibt das Verhältnis von Erwerbspersonen zu all jenen an, die von ihnen zu unterstützen sind, junge plus alte Menschen, das heißt noch nicht *und* nicht mehr Erwerbstätige. Dieses Verhältnis wird deswegen ungünstiger, weil erstens immer mehr Alte und zweitens zunehmend viele Kinder und Jugendliche zu versorgen sind. Während sich die Belastung in den fortgeschrittenen Industrienationen vorwiegend durch die steigende Zahl der Alten ergibt, stellt sich das Problem in den Entwicklungsländern anders: Hier vergrößert sich die Quote weiterhin durch die Zahl der Nachgeborenen, sprich als Folge der andauernden Bevölkerungsexplosion.

Einer weiteren Milliarde Menschen begegnen wir in den unterentwickelten Nationen. Es handelt sich ausschließlich um Niedrigeinkommensländer, die meisten von ihnen in Afrika. In diesen Ländern ist noch kein Ende der Bevölkerungsexplosion abzusehen. Ihre Alterspyramiden dokumentieren einen auffallenden Kinderreichtum, besitzen also eine enorm breite Basis. Die durchschnittliche Lebenserwartung liegt unterhalb der aller anderen Nationen. Dies gilt beispielsweise für Afghanistan, Äthiopien, Bangladesh, Burma, Haiti, Jemen, Kambodscha, Kongo, Laos, Nepal, Niger, Sambia, Senegal, Somalia, Sudan,

Tadschikistan, Tansania, Turkmenistan, Uganda. Hygiene und importierte Medizin wirken zwar auch hier, aber Armut und Unterernährung bilden ein Gegengewicht, so dass in manchen dieser Länder die durchschnittliche Lebenserwartung sogar sinkt. Vor allem in schwarzafrikanischen Regionen, wo Aids eine große Rolle spielt, werden viele Erwachsene, die eigentlich für den Unterhalt ihrer zahlreichen Kinder aufkommen müssten, von der Krankheit geschwächt und dahingerafft. Die direkten Aids-Opfer verändern die demographische Situation aber nicht sonderlich. Es sind vielmehr die gesellschaftlichen und sozialökonomischen Folgen, die zu Buche schlagen.

Sowohl in den Entwicklungsländern als auch in den unterentwickelten Ländern findet eine Metropolisierung statt. Rasant ballen sich große Bevölkerungsmassen zusammen. Durch andauernde Binnenwanderung entstehen Zentren mit uferlos sich ausdehnenden Vorstädten, Armenvierteln und riesigen Slums. In der westlichen Welt gab es zu Beginn der Industrialisierung eine vergleichbare Wanderungsbewegung, nämlich die Verstädterung auf Grund der Landflucht, aber sie führte nicht nur in Elendsquartiere, sondern irgendwann auch wieder aus ihnen hinaus. Die Verstädterung der Siedlungsweise und die Urbanisierung der Lebensformen wie früher im Westen finden heute in der Dritten Welt nicht in gleicher Weise statt. Wesentliche Begleiterscheinungen wie Industriearbeit, Berufsdifferenzierung, Berufsqualifizierung und allgemeine Bildung sowie der Ausbau der Infrastruktur zeigen sich in der Dritten Welt weit langsamer. Zudem: Für die Menschen der Dritten Welt besteht der Ausweg nicht mehr, der sich im großen Stil für viele Bedrängte in Europa bot, nämlich nach Übersee (vor allem Amerika und Australien) auszuwandern. Zum Teil bietet die unmittelbare Nachbarschaft von Mexiko und den USA eine solche Möglichkeit.

Im Zusammenhang mit dem Metropolenwachstum muss ein zentrales sozialökonomisches und rechtliches Problem angesprochen werden. In der Dritten Welt fehlt es an einer ausgewogenen Verbreitung moderner gesellschaftlicher Errungenschaften: Die Armen können weder die politisch-rechtlichen noch die technisch-wirtschaftlichen Vorteile so nutzen wie die Begüterten. Sie leben nur ansatzweise in der rechtlich geregelten Gesellschaft, viel mehr dagegen in halboffiziellen oder gänzlich inoffiziellen Organisationsformen. Das heißt, man arrangiert sich und verschafft sich auf diese Weise eine eigene gesellschaftliche Ordnung. Das Erwerbsleben vollzieht sich weitgehend in der so genannten Schattenwirtschaft. Auf diese Weise bleiben die Armen Außenseiter, deren Tätigkeit offiziell nicht zur Kenntnis genommen wird, obwohl man schätzt, dass die Schattenwirtschaft in manchen Entwicklungsländern die Hälfte aller wirtschaftlichen Transaktionen ausmacht. Regierende und Akteure der regulären Wirtschaft pflegen dazu ein gespaltenes Verhältnis; man kann die Schattenwirtschaft nicht ignorieren und weiß sie dennoch nicht zu integrieren. Ein Beispiel ist die Situation der Tsunami-Opfer, deren Schäden von keiner Versicherung gedeckt waren, weil die Versicherungsgesellschaften sich nicht bereit gefunden hatten, die vielen kleinen Besitztümer als regulär und vertragsabschlusswürdig anzusehen.

Zwischen Privilegierten und Unterprivilegierten und auch zwischen letzteren selbst bauen sich zuweilen enorme soziale Spannungen auf. Sie können zu Unfrieden, Dreistigkeit, Konflikten, Unruhe und Kriminalität, aber auch zu Apathie, Verzweiflung und Krankheit führen. Mafiöse Strukturen bilden sich heraus. Daraus entsteht ein explosives Gemisch sozialer Befindlichkeiten, das sich in gewalttätigen Auseinandersetzungen entladen kann. Von solchen Spannungszuständen profitieren die Wortführer extremistischer Ideologien und Heilslehren. Sie benutzen Unzufriedene zur Rekrutierung größerer Gefolgschaften und verschaffen sich eine Machtstellung als Rädelsführer und Anstifter zu einem Kampf, der eine bessere Welt mit Gewalt herbeiführen soll. Beispiele sind die heutigen terroristischen Anschläge gegen den Westen, verbrecherische Äußerungen eines schwelenden Nord-Süd-Konflikts. Diese dramatischen Folgen der Metropolisierung entstehen besonders dort, wo die Modernisierung zwar begonnen hat und einzelne kapitalistische Faktoren bereits wirken, die Modernisierung der Gesamtgesellschaft jedoch auf halbem Weg stecken zu bleiben droht.

Summa summarum kann von einer globalen Überalterung derzeit keine Rede sein; sie steht auch langfristig nicht bevor. Mit Sicherheit steht jedoch bevor, dass sich die Bevölkerungszahl in den hochentwickelten westlichen Nationen, dem Norden, im Verhältnis zu allen anderen, dem Süden, verschiebt. Die Welt befindet sich im Ungleichgewicht. Seit den fünfziger Jahren vermehrt sich die Bevölkerung in

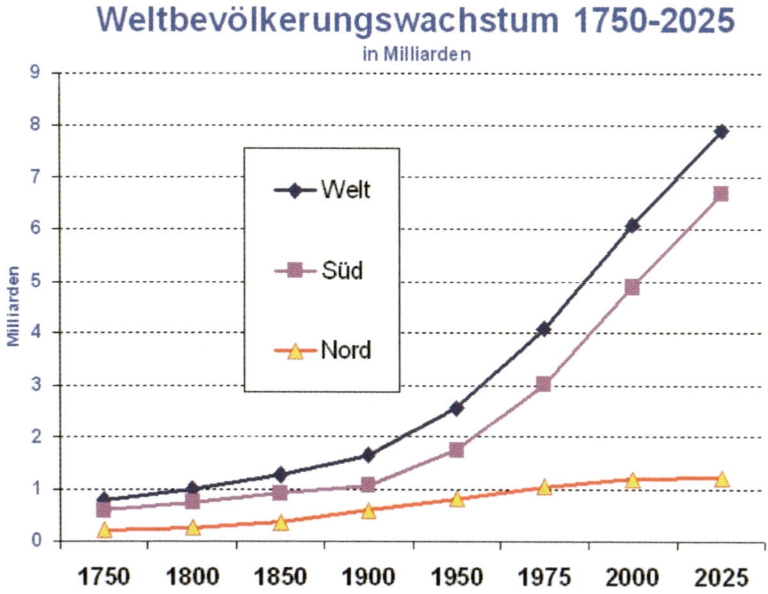

Abbildung 1 Weltbevölkerungswachstum 1750–2025. Das Weltbevölkerungswachstum, dessen Ende noch nicht abzusehen ist, vollzieht sich im Wesentlichen in den Entwicklungsländern. Die hoch entwickelten Nationen tragen kaum mehr dazu bei. Ihre Wachstumsphase, die mit der Industrialisierung begann, geht derzeit ganz zu Ende. Sie schufen die Voraussetzungen für das überbordende Wachstum in der Dritten Welt, nämlich Hygiene, Medizin und Gesundheitssysteme, die dort die Lebenserwartung erhöhten.

der Dritten Welt explosionsartig, während die in den Stammlanden des Kapitalismus nur noch marginale Veränderungen aufweist (Abbildung 1). Die Kurve der Gesamtbevölkerung steigt kontinuierlich. Die Kurve der hochentwickelten Länder trägt dazu kaum bei.

Aus dem disproportionalen Wachstum ergibt sich die genannte Nord-Süd-Bevölkerungsrelation von eins zu sieben (Abbildung 2).

Die Veränderung in den Anteilen hat deswegen so hohen Signalwert, weil sie keine Entsprechung in der Verteilung der wirtschaftlichen Güter findet. Während beispielsweise die US-Amerikaner, knapp fünf Prozent der Weltbevölkerung, vom Weltbruttosozialprodukt fast 30 Prozent verzehren, kommen die Chinesen mit mehr als 20 Prozent der Weltbevölkerung heute auf einen Verbrauchsanteil

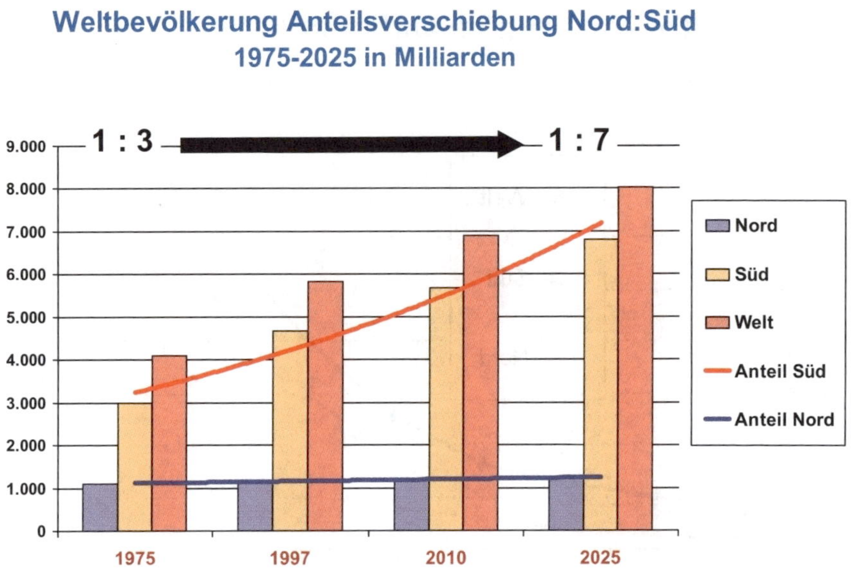

■ **Abbildung 2** Weltbevölkerung Anteilsverschiebung Nord : Süd 1975–2025. Während die Bevölkerung der Stammlande des Kapitalismus vor drei Jahrzehnten noch ein Viertel der Weltbevölkerung ausmachte, stellt sie in weiteren zwei Jahrzehnten nur noch ein Achtel. Es bildet sich die Relation von eins zu sieben heraus. Während sich der Anteil der Hochentwickelten permanent verkleinert, vergrößern sich die politischen, rechtlichen, ökonomischen und allgemein die sozialen Spannungen zwischen ihnen und der zahlenmäßig übermächtigen Dritten Welt.

von lediglich vier Prozent. Die unausgewogene Verteilung wird in der Abbildung 3 wiedergegeben.

Es ist eine der zentralen Fragen, denen wir in diesem Buch nachzugehen haben, ob sich auf Grund des Missverhältnisses von Bevölkerungsgröße und ökonomischer Potenz zwischen Nord und Süd wachsende Spannungen oder bessere Formen der Kooperation ergeben werden.

Diese knappen Bemerkungen mögen verdeutlichen, wie nuanciert die Weltbevölkerung schon auf einen ersten kurzen Blick zu betrachten ist. Wer den Ernst der heutigen Weltlage begreifen will, muss diese Vielfalt und Vielstimmigkeit berücksichtigen.

Weltbevölkerung und Weltbruttosozialprodukt sowie deren Verteilung im Jahr 2003

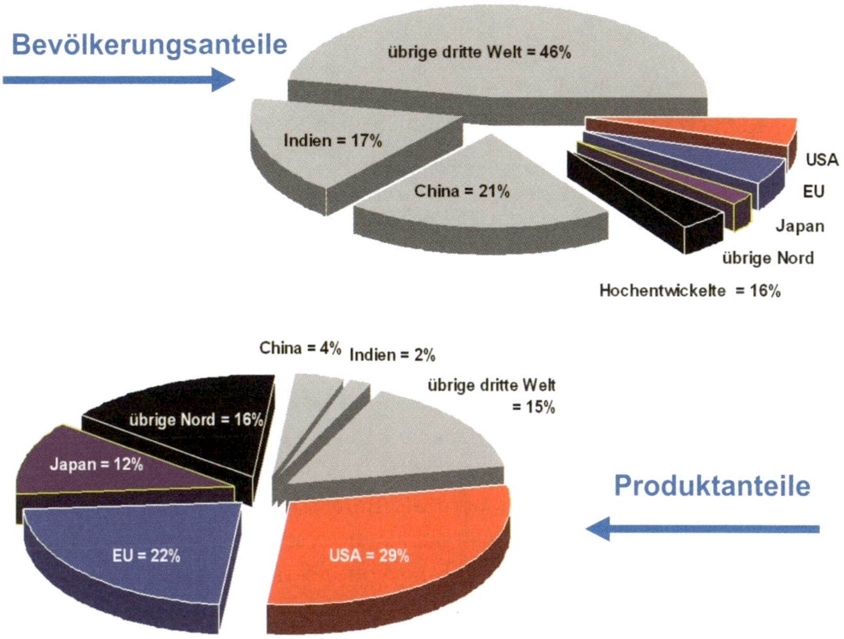

■ **Abbildung 3** Weltbevölkerung und Weltbruttosozialprodukt sowie deren Verteilung im Jahr 2003. Auf die 84 Prozent der Weltbevölkerung, die in Ländern mit mittleren und niedrigen Einkommen, d.h. den meisten Entwicklungsländern sowie in Indien und China leben, entfallen gerade einmal 21 Prozent aller Produkte, die 2003 rund um den Globus produziert und konsumiert wurden. 16 Prozent der Weltbevölkerung heimsen demgegenüber 79 Prozent des Weltprodukts ein. Dieses Missverhältnis kommt ganz eklatant im Produktanteil der US-Amerikaner zum Ausdruck. Auf ihren Anteil von fünf Prozent an der Weltbevölkerung entfallen fast dreißig Prozent des Weltprodukts, während die Chinesen mit einem Fünftel der Weltbevölkerung bei einem Anteil von vier Prozent am Produkt liegen.

2

Bevölkerung und Ressourcen

Mit der Anzahl der Menschen wächst der Bedarf an Ressourcen, folglich müssen der Natur mehr Stoffe abgerungen werden. Ist die Tragfähigkeit der Erde hinsichtlich der Anzahl der Menschen begrenzt? Und wo könnte eine Grenze liegen? Eine Antwort wusste bislang niemand zu geben. Da der technische Fortschritt ständig mehr Ressourcen erschlossen hat, weiß man nicht, ob nicht durch die instrumentelle Evolution künftig noch mehr Menschen ausreichend versorgt werden können.

Wirtschaftshistoriker sprechen von zwei ökonomischen Revolutionen. Die *erste* ist der Wandel vom Dasein der Jäger und Sammler zur bäuerlichen Existenzform, zu Landbau und Viehzucht. Die *zweite* führt von der bäuerlichen, agrarisch geprägten Gesellschaft zur Industriegesellschaft und wird als industrielle Revolution definiert. Inzwischen bezeichnet man sie als die erste industrielle Revolution, weil sich durch die Entwicklung von elektronischer Datenverarbeitung (EDV), Computerisierung und Informationstechnologie (IT) in den vergangenen zwei bis drei Jahrzehnten eine zweite industrielle Revolution ergeben hat. Diese hat inzwischen das Tor zur Globalisierung aufgestoßen. Auf deren Wesenszüge wird im letzten Kapitel einzugehen sein.

Die revolutionären wirtschaftlichen Entwicklungen veränderten die Relation von Bevölkerungszahl und Ressourcen. Jäger und Sammler lebten in einseitiger Abhängigkeit von dem, was die Natur ihnen bot. Sie liefen den Ressourcen hinterher. Dabei haben sie in circa 90 Prozent der Menschheitsgeschichte nahezu die gesamte Erdoberfläche erschlossen. Ihre Geschicklichkeit und Findigkeit entschied darüber, ob sie die vorhandenen Ressourcen voll ausschöpften; an deren Größe wussten die Menschen allerdings nichts zu ändern. Die Ressourcen behielten ihre Bestimmungskraft.

Von diesen Jäger- und Sammlergesellschaften existieren einige noch in ihrer urtümlichen Form. Wenn uns filmische Expeditionsberichte deren bedrohte Lage in tropischen Wäldern vor Augen bringen, dann geschieht das meist mit einem Schutzbereitschaft erheischenden Unterton. Kaum jemand kommt dabei auf den Gedanken, dass inzwischen ein neuer Typ von Sammlergesellschaft zutage getreten ist: Restesammler auf den Mülldeponien der großen städtischen Agglomerationen. Möglicherweise gibt es davon mehr als alle Jäger und Sammler zusammengenommen.

Menschheitsgeschichtlich stellte der Wandel zur Wirtschaftsform der Bauern und Viehzüchter eine wechselseitige Abhängigkeit zwischen dem Vorrat an Ressourcen und der Größe der Bevölkerung her. Die Menschen bestimmten dabei bis zu einem gewissen Grad, was die Natur ihnen lieferte. Je geschickter sie das taten, desto mehr konnten ernährt werden. Dies erhöhte die Menge an Arbeitskräften, und so ging es weiter, bis die Natur erneut eine Grenze zog: Der verfügbare Boden war nicht beliebig zu erweitern, seine Fruchtbarkeit erschöpfte sich. Nahrungsmangel bremste sodann die Bevölkerungsentwicklung, und die Gesellschaft begann, sich durch soziale Institutionen wie Heirats- und Erbschaftsordnungen an die Ressourcen anzupassen.

Die bäuerlichen Gesellschaften brachten die Hoch- und Schriftkulturen hervor. Handel und Wandel, Tempel und Städte, Herrschaft und Knechtschaft wurden von ihnen gestaltet. Rund zwei Drittel ihres gesamten Arbeitsaufwands widmeten sie der Landwirtschaft. Damit kamen sie keineswegs immer gegen die Launen der Natur an. Trockenperioden, Überschwemmungen, Schädlinge und Insekten verursachten Ernteausfälle. Zu den Plagen, die erduldet werden mussten, gehörten Seuchen und Krankheiten. Auch Kriege forderten ständig Opfer. Bevölkerungszahl und Ressourcen kamen nie in ein stabiles Verhältnis, sondern pendelten um einen Mittelwert herum.

Erst die kapitalistisch organisierten Industriegesellschaften haben sich aus der Ressourcenabhängigkeit befreit. Sie sind den Bedrängnissen der Natur entronnen und bestimmen ihren Vorrat an Ressourcen nach Belieben. Es gibt kaum etwas, das den Industriegesellschaften ernsthaft zusetzt. Naturkatastrophen, Wind und Wetter trotzend, sicherten sie ihre Versorgung, drängten epidemische Krankheiten zurück und stabilisierten das allgemeine Wohlbefinden. Sie verfügen über wirtschaftliche und medizinische Instrumente, die existentielle Gefahren nahezu ausschließen. Diese mögen potentiell vorhanden sein, aktuell sind sie seit Jahrzehnten nicht mehr geworden. – Nur Kriege wissen die Menschen bis heute nicht zu vermeiden.

Gleichzeitig brachten es die Industriegesellschaften zu einem immensen materiellen Reichtum, dessen Genuss man als westliche Lebensweise bezeichnet. Diese Lebensweise ist heute nicht nur den Stammlanden des Kapitalismus eigen, sondern auch Japan, Südkorea, Taiwan, Australien, Neuseeland und einigen anderen Nationen. Unter *Verwestlichung* fasst man alle gesellschaftlichen Prozesse zusammen, die dazu hinführen. In diesem Sinne beeinflusst der Westen alle Gesellschaften rund um den Globus und penetriert deren Lebensstile. In vielen Ländern, die noch agrarwirtschaftlich bestimmt sind, gibt es inzwischen verwestlichte Metropolen.

Ökonomisch-technisches Geschick erlaubt einem schmalen Anteil von 20 Prozent der Menschheit, 80 Prozent des Weltprodukts zu produzieren und zu konsumieren (siehe oben Abbildung 3). Dieser ressourcenselige Zustand wurde nicht mit einem Schlag erreicht, sondern nach kritischen Zwischenphasen. Den Unterschichten gelang im Westen erst dann der Anschluss, als die Nahrungsprobleme durch industriell gestützte Landwirtschaftstechniken gelöst waren. Immer mehr Menschen konnten dann ausreichend ernährt werden. So wuchs beispielsweise in England die Bevölkerung in nur hundert Jahren – von der Mitte des 18. bis zur Mitte des 19. Jahrhunderts – auf das Dreifache an. Ähnlich verhielt es sich in Zentraleuropa und in Nordamerika. In der Arbeitswelt verschob sich der Beschäftigungsschwerpunkt von der Landwirtschaft weg. Die Arbeitskräfte zog es in die Städte, sie betätigten sich im produzierenden Gewerbe, in der Industrie und in Dienstleistungen.

Die mit der unbeschränkten Verfügung über Ressourcen verbundenen Lebensumstände sind selbstverständlich geworden. Unbeschränkte Verfügung heißt freilich nicht mühelose Verfügung. Ganz im Gegenteil. Es gehören dazu Anstrengung und Leistungsbereitschaft, die innerhalb der kapitalistischen Wirtschaft zur Lebensmaxime wurden. Die westliche Gesellschaft entwickelte Sozialisierungstechniken und Erziehungsstile, die von frühester Kindheit an dazu trainieren, hohen Leistungsdruck zu ertragen. Ihr Erfolg erwies sich als so beständig, dass heute niemand mehr auf den Gedanken kommt, die Natur könnte die Erfolgsstory des Kapitalismus mit Kapriolen und gelegentlichen Katastrophen durcheinanderbringen.

Seit einigen Jahrzehnten dient die unbeschränkte Verfügung über Ressourcen in den hochentwickelten, kapitalistischen Industriegesellschaften nicht einmal mehr dazu, eine wachsende Zahl von Menschen zu versorgen, sondern nur noch dazu, deren Wohlstand zu steigern. Mit der Verlangsamung und Stagnation des Bevölkerungswachstums verminderte sich die Nachfrage in den Stammlanden des Kapitalismus keineswegs, sondern stieg ununterbrochen weiter an. Das führte von verbesserter Versorgung zu üppigem Wohlstand und einer im Vergleich zu allen anderen Weltgegenden geradezu luxuriösen Ausstattung.

Seit Studien des Club of Rome über die *Grenzen des Wachstums* von 1972 hat sich parallel zur Umweltschutzbewegung die Kritik an dem schrankenlosen Umgang mit Ressourcen verstärkt. Die mannigfaltigen und teilweise gewalttätigen Auseinandersetzungen um Klimabeeinflussung, Umweltschäden, Ressourcenknappheit und nachwachsende Rohstoffe haben freilich an der Praxis, wie die westliche Welt mit den natürlichen Ressourcen umgeht, bislang noch nicht allzu viel geändert.

Die heutigen westlichen Industriegesellschaften unterschieden sich früher, als sie in Form von Agrargesellschaften neben und mit anderen existierten, keineswegs sonderlich von diesen anderen. Warum ausgerechnet bestimmte europäische Agrargesellschaften in die Moderne aufbrachen und nicht die Gesellschaften in China, Indien oder der arabischen Welt, die in Bezug auf Künste, Wissenschaften, Handwerkstechniken und Handelstüchtigkeit gleiche, zum Teil sogar überlegene Voraussetzungen dafür mitbrachten, ist immer wieder gefragt worden und bis heute rätselhaft geblieben. In ihrer neuen Façon als Industriegesellschaften gelang es den Europäern sodann, nachdem sie es erst einmal zu Kolonialherren gebracht hatten, auch die übrige Welt aus ihrer Façon zu bringen, ohne sie freilich vollauf auf den Weg zu einer gleichartigen Modernisierung hinzuführen oder auch nur hinführen zu wollen.

Die kolonial erschlossenen Kultur- und Wirtschaftsräume blieben weder das, was sie einst waren, noch beschritten sie den westlichen Weg. Sie wurden in ein Zwischenreich versetzt, in dem man sie heute als *Entwicklungsländer* klassifiziert. Dieser Terminus bezeichnet nur, dass die Kolonialherren den Lebensumständen der überseeischen Agrargesellschaften substantielle Änderungen aufgezwungen haben. Man denke an Sklavenhandel, Rohstoffwirtschaft (Gold, Silber, Diamanten) und an die Verwandlung weiter Gebiete in Monokulturen (für Zucker, Baumwolle, Kautschuk, Tee, Kaffee). All das wirkte verändernd, aber nicht vollauf modernisierend. Betroffene Hochkulturen wie etwa China und Indien verloren an Glanz und Selbständigkeit. Nach dem Ende des kolonialen Zeitalters in die Unabhängigkeit entlassen, wussten viele der betroffenen Länder nicht, wie sie sich den nun einsetzenden Prozessen der Bevölkerungsexplosion gewachsen zeigen sollten.

In den Beziehungen zwischen industrialisierten und nicht industrialisierten Nationen entstand nach dem Zweiten Weltkrieg ein neues Tätigkeitsfeld: die Entwicklungshilfe. Da die Welt politisch und ökonomisch in Ost und West gespalten war, sprach man von den Entwicklungsländern als der Dritten Welt, später von den blockfreien Nationen. Mit allem, was unter dem Namen Entwicklungshilfe lief, verbanden Ost wie West das eigennützige Ziel, politische Verbündete zu gewinnen, Einflussbereiche auszuweiten und Interessensphären abzugrenzen. Dazu gehörten auch militärische Ausbildungsprogramme und Kredite für Waffenlieferungen. So wurden Konfliktpotenziale rund um die Welt zugespitzt, die Weichen für die Entstehung von Militärdiktaturen und korrupte Regime gestellt sowie Machtkämpfe um Einfluss und Pfründe angestachelt. Es kam zu Stellvertreterkriegen und zu Kriegen mit direktem Engagement der beiden Supermächte, so in Vietnam und Afghanistan.

Weniger Konfliktpotenzial war mit dem Transfer von Gesundheits- und Bildungssystemen in die Dritte Welt verbunden. Sie ließen sich als segensreich anpreisen, waren nicht allzu kostspielig und boten zudem Kirchen, Hilfswerken, karitativen Organisationen und NGOs willkommene Tätigkeitsfelder. Entsprechende Schulungen gerieten kaum in den Verdacht politischer Manipulation, fügten sich vielmehr in die Programme der UN ein, die mit der Weltgesundheitsorganisation (WHO) und der United Nations Educational, Scientific and Cultural Organization (UNESCO) zu deren wichtigsten Protagonisten geworden waren. In der Summe haben diese Aktivitäten zur Explosion der Weltbevölkerung geführt. Und weil das Wachstum der Bevölkerung nicht von einem vergleichbar hohen Wachstumm der Wirtschaft begleitet wird, haben sich unterschiedliche Grade von Bedürfnisbefriedigung herausgebildet, die von erträglich bis unerträglich reichen. In diesem Sinn ist, wenn man sie im Klartext liest, letztlich auch die Klassifizierung zu verstehen, welche die UN zur Kennzeichnung von Ländern verwendet, nämlich:

Anschlussländer *(newly industrialized countries)*,
Entwicklungsländer *(developing countries)* und
Unterentwickelte *(least developed countries)*.

Will man erklären, warum ein Land heute unter diese oder jene Kategorie fällt, so muss man viele Variablen berücksichtigen. In der Forschung hat man sich ausführlich damit beschäftigt und dabei Themen abgehandelt wie etwa die Kolonialzeit und die Umstände, unter denen sich die Kolonialreiche auflösten; das *nation building*, also die Konstituierung und Ausformung neuer Nationen, die innerhalb der von den Kolonialmächten oftmals willkürlich gezogenen Grenzen stattfand und außerdem vom Ost-West-Konflikt überschattet war; den Neokolonialismus; die Verlagerung der Handelsströme und die Herausbildung des Tourismus; schließlich die Kämpfe um Macht und Reichtum der einheimischen Eliten, – alles höchst wichtige Variablen. Am meisten schicksalsbestimmend für die Dritte Welt aber war der Transfer von Gesundheits- und Bildungssystemen. In krassem Missverhältnis zu deren Bedeutung fanden diese beiden Themen jedoch kaum Eingang in die großen Debatten. Dieser Transfer aber bewirkte die Verlängerung der durchschnittlichen Lebenserwartung. Durch ihn wächst die Bevölkerung über die regionale Verfügbarkeit von Nahrung, Wasser und Energie hinaus.

Das westliche Modell, die Verfügung über Ressourcen nach Belieben zu steuern, lässt sich weder in kurzer Frist noch unter den Bedingungen derzeitiger Umweltbelastung auf sechseinhalb Milliarden Menschen übertragen. Es funktioniert heute für eine Milliarde Menschen im Westen, die es zum Nachteil aller anderen praktizieren. Auf die gesamte Weltbevölkerung ist es im Moment weder technisch noch ökonomisch und schon gar nicht ökologisch verträglich anwendbar.

Von einer Bereitschaft, das Weltprodukt zugunsten der Benachteiligten umzuverteilen, kann weder mental noch politisch die Rede sein. Deshalb nähern wir uns der Grenze dessen, was unser Planet zu tragen vermag, früher, als bei einer Umverteilung denkbar wäre.

Es ließe sich darüber spekulieren, ob das einstige Modell wechselseitiger Abhängigkeit von Bevölkerung und Ressourcen nicht wiederzubeleben sein könnte. Unterdessen haben sich die Bedingungen allerdings vollständig geändert. Die Weltbevölkerung lebt inzwischen in einer zur *Umwelt* veränderten Natur, das heißt einer zurechtgestutzten, vieler ihrer Eigenarten längst beraubten Natur. Entwaldete Kontinente, überfischte Ozeane, ausgerottete Arten, austrocknende Binnenmeere, schmelzende Gletscher und wachsende Wüsten zeugen davon. Diese Umweltbedingungen gehen auf die von der westlichen Gesellschaft bewerkstelligte instrumentelle Evolution zurück und darauf, wie sich deren Voraussetzungen (etwa in Form von Rohstoffwirtschaft) auf die Dritte Welt auswirken.

Da die Weltbevölkerung keine Globalgesellschaft ist, die man in dem Sinn als *eine* bezeichnen könnte, dass sie eine gemeinsame Organisationsform und gemeinschaftliche Willensbildung besitzt sowie nach Lösungen auf Grund gemeinsamer Kriterien sucht, ist das frühere Modell wechselseitiger Anpassung hinfällig. Im Gegensatz zur Geschlossenheit der Agrargesellschaften, die, jede für sich, eine Balance mit der Natur herstellten, gehen im Weltmaßstab die Gruppeninteressen in Gestalt der nationalen Interessen weit auseinander. Ebenso groß ist die Kluft zwischen den Intentionen, denen sie folgen: militärische oder ökologische, finanzielle oder religiöse Absichten usw. Und dennoch umfängt der eine und einzige Erdkreis alle Bewohner, keiner kann hinaus, jeder beeinflusst jeden. Klima, Nahrung, fruchtbares Land, Biomasse, Wasser, Energie, Wohnraum, Infrastrukturen, Produktionsmittel und Rohstoffe stehen im Missverhältnis zur Weltbevölkerung. Wie könnte sich dieser Missstand bereinigen lassen?

Der Beantwortung dieser Frage widmet sich die nachfolgende Untersuchung von der rechnerischen Seite her. Es geht darum, die Grenzen der ökonomischen Macht und der Bevölkerung zahlenmäßig so genau wie möglich zu bestimmen. Statistisch gibt es dafür beste Voraussetzungen. Die Daten sind überdies nahezu unstrittig. Bevölkerungen kann man zählen, und die Zahlen lassen sich in ihrer zeitlichen

Abfolge betrachten. In gleicher Weise sind Ressourcen nach Mengen und Preisen zu bestimmen. Was man bei allem Zählen und Messen nicht ermessen kann, das ist die Gemütsbewegung der Menschen, die davon betroffen sind.

Die Statistiken leisten vieles. Man kann ausrechnen, von wann an die Ressourcen für diese oder jene Gruppe von Menschen nicht mehr ausreichen. Ob die Betroffenen diesen Zeitpunkt abzuwarten gedenken, ist eine ganz andere Sache. Wir wissen beispielsweise um die Diskrepanz, die sich in Indien zwischen der Bevölkerung und ihren Nahrungsgrundlagen auftut. Das lässt sich mit Blick auf Ernten, Böden, Bewässerung und Verteilungsmodalitäten berechnen. Wie das Geschehen in den Köpfen verarbeitet wird, wie es Herz und Seele einer hinduistisch geprägten Bevölkerung bewegt, welche Taten daraus hervorgehen, kann keine Statistik aufzeigen. Selbst einfühlsame Überlegungen können täuschen. In dieser Hinsicht ist die Zukunft offen. Sie ist jedoch nicht nach allen Seiten offen. Es gibt einen Öffnungswinkel, der Aktionsspielräume begrenzt. Am Ende der Untersuchung wird er zu überblicken sein.

Auf der Suche nach Lösungen wird sich möglicherweise ein Wettlauf zwischen Krisenstimmungen und Einsicht in die Notwendigkeit gemeinschaftlicher Willensbildung und Entscheidungsfindung ergeben. Die rasant zunehmende Nutzung des Internets schafft eine globale geistige Vernetzung. Die Verbreitung von Informationen stimuliert zahllose wirtschaftliche Leistungen. Da sich weltweit immer mehr Menschen dieser Informationen bedienen, bieten sich kleinsten wie größten Unternehmen gleichermaßen globale Aktionsspielräume. Dies könnte der Weltbevölkerung auf die Dauer einen Aufbruch bescheren, wie ihn bislang nur die westliche Industriegesellschaft erlebt hat. Im Westen hat wachsender Wohlstand zu der Überzeugung geführt, dass der Verzicht auf Kinder keineswegs die Altersvorsorge schmälere. Die Bevölkerung der Dritten Welt wird schwerlich mit der Belehrung, sie müsse erst auf Nachkommen verzichten, um so zu Wohlstand zu gelangen, auf einen engeren Zahlenorbit zurückzuführen sein. Vielmehr wird wohl nur der beschleunigte Transfer westlicher Wohlstandsmechanismen, den die zunehmende informative Vernetzung und die daraus resultierende Kooperation ermöglicht, eine Chance dazu bieten.

Im Jahr 2006 sieht die Weltlage auf Grund der Konflikte im Nahen Osten, des kriegerischen und widersprüchlich begründeten Engagements der US-Amerikaner und des nach innen wie außen gerichteten revolutionären Eifers in der islamischen Welt sowie der politischen Auseinandersetzungen im arabischen Raum und seinem Umkreis nicht nach Konsensfindung im globalen Maßstab aus. Es gibt zahlreiche andere Konfliktherde. Der monetäre Aufwand – besonders des Westens – für Waffensysteme und militärische Forschungen steht in einem miserablen Verhältnis zum versprochenen Gewinn an Sicherheit und vor allem zum entgehenden Wohlstand, der für den gleichen Preis zu haben wäre und die Welt weit mehr beglücken würde.

Ob sich all diese Misshelligkeiten im Vergleich zur bisherigen Durchsetzungskraft der instrumentellen Evolution als episodisch erweisen werden, ist eine offene Frage. Selbst wenn man einen Konflikt nach dem anderen löste, bliebe das Gesamtproblem bestehen, da es um die Unterhaltsbedingungen der Weltbevölkerung im Ganzen geht. Selbst kooperative Lösungen ließen offen, auf welchem Versorgungsniveau sich das Verhältnis von Bevölkerung und Ressourcen einpendeln könnte. Dafür maßgebliche rechnerische Größen werden im Folgenden erörtert.

3 Pyramidenbotschaften

Wir haben es mit der Veränderung des Altersaufbaus unserer modernen westlichen Gesellschaft zu tun. Man erfasst den Altersaufbau mittels Alterspyramiden, in denen Jahrgangsangehörige oder Bündel von solchen, getrennt nach Männern und Frauen, mit Querbalken symbolisiert werden. Und weil die Jahrgangsbesatzungen von den Neugeborenen bis zu den Alten immer geringer werden, spitzt sich die Pyramide zu. Für frühere Gesellschaften ergab sich dabei die Gestalt eines annähernd gleichschenkligen Dreiecks. Diese findet man heute in der Realität nur noch in einigen schwarzafrikanischen Staaten.

Alterspyramiden lassen sich für Bevölkerungen aller Zeiten und Zonen aufzeichnen, gesetzt, man verfügt über die entsprechenden Angaben. Trotz aller Bevölkerungszählungen, die es im Lauf der Geschichte gab, werden umfassende Bevölkerungsstatistiken erst seit der Industrialisierung aufgestellt. Für 1910 überliefert uns das Statistische Bundesamt die nachstehende Pyramide (Abbildung 4).

Viele Alterspyramiden weisen Ein- und Ausbuchtungen auf, die mit katastrophalen Ereignissen wie Seuchen, Hungersnöten und, vor allem im 20. Jahrhundert, mit Bevölkerungsverlusten durch Kriege verbunden oder auf besonders geburtenstarke beziehungsweise geburtenschwache Jahrgänge zurückzuführen sind. Am Beispiel des Altersaufbaus der Bundesrepublik Deutschland für das Jahr 1950 wird das augenfällig (Abbildung 5).

Einmal vorhandene Einbuchtungen verschieben sich mit der Zeit nach oben. Sie nehmen dabei zwar mindere Ausmaße an, weil die Sterblichkeit das Phänomen verebben lässt, beweisen aber gleichzeitig, wie einmal gegebene Einwirkungen über Dezennien hinweg berechenbare Konsequenzen nach sich ziehen. An den deutschen Alterspyramiden lässt sich das für die Zeitspanne eines ganzen Jahrhunderts trefflich zeigen (Abbildung 6). Man kann daraus zugleich ersehen, dass demographischen Prognosen von der Natur der Sache her eine hohe Treffsicherheit eigen ist.

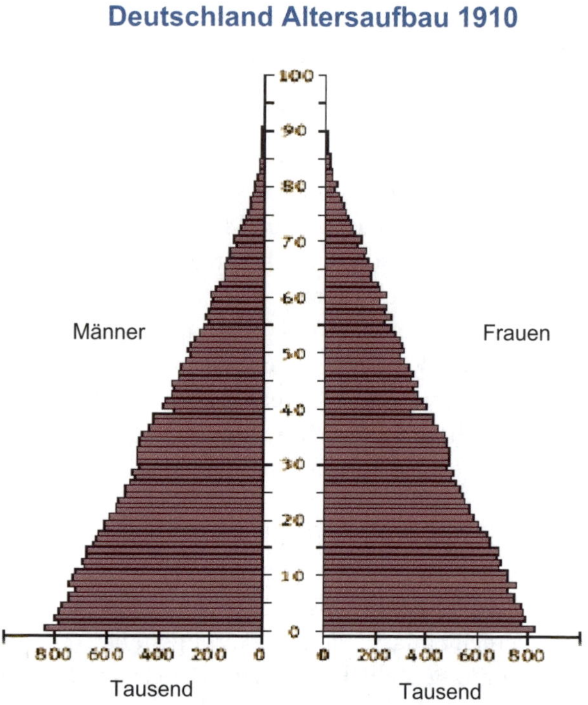

Abbildung 4 Pyramidenform des Altersaufbaus in Deutschland 1910. Das gleichschenklige Pyramidenprofil gehört der Vergangenheit an. Hohe Säuglings- und Kindersterblichkeit sowie eine Lebenserwartung, die durchschnittlich niedriger war als heute, gaben der Pyramide die direkt von der Basis ausgehende gleichmäßige Zuspitzung. Was man damals für normal hielt, ist inzwischen überwunden. Der Geburtenausfall durch den deutsch-französischen Krieg von 1870/71 prägte sich lediglich mit einer Mini-Einbuchtung in das Pyramidenprofil ein; sie wirkt sehr milde im Vergleich zu den tiefen Einkerbungen der späteren Weltkriege.

In den Agrargesellschaften blieben die Verformungen der Alterspyramiden moderat. Missernten, Hungersnöte und Seuchen zeichneten zuweilen Einkerbungen. Ihre Fertilität sahen die Menschen weithin von der Natur geregelt und daneben von Schicksalsschlägen beeinflusst. Mit der Industrialisierung begann sich das zu wandeln. Durch die Agrarrevolution kam es zu mehr und besserer Nahrung. Die Verstädterung führte zu gesellschaftlichen und persönlichen Hygienemaßnahmen. Und die medizinischen Errungenschaften förder-

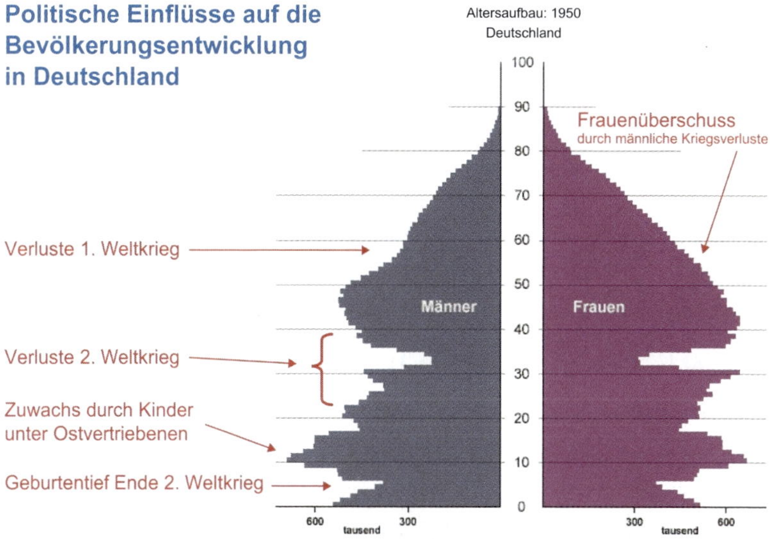

Abbildung 5 Politische Einflüsse auf die Bevölkerungsentwicklung in Deutschland. Zerrissene Flanken markieren die Folgen der politischen Entscheidungen, mit denen die Deutschen nicht nur sich selbst, sondern viele Völker ins Unglück stürzten. Datiert man die Einkerbungen auf ihre Ursprungsjahre zurück, so kann man am Altersaufbau den gesamten Geschichtsverlauf ablesen. Die Profile von Alterspyramiden wirken wie Stenogramme historischer Dramen.

ten die Gesundheit. So wurden Hunger, Seuchen und Erkrankungen überhaupt zurückgedrängt, und es ergab sich eine allgemein höhere Lebenserwartung. Reduzierte Säuglings- und Kindersterblichkeit ließ die Zahl der zu versorgenden Kinder in den Familien wachsen, so dass auch von daher Überlegungen zur Geburtenbeschränkung Platz griffen.

Eine alarmierende Verformung der Alterspyramiden geht seit den sechziger Jahren des 20. Jahrhunderts auf die Pille zurück. Familiengründung und Kindersegen kann seither ganz kontrolliert gegen Karriereplanung und Bequemlichkeit abgewogen werden. Das Resultat ist in Europa eindeutig: Kinderverzicht. Die Basis der Bevölkerungspyramiden wird in westlichen Ländern, wie an der deutschen ersichtlich, schlanker und schmaler.

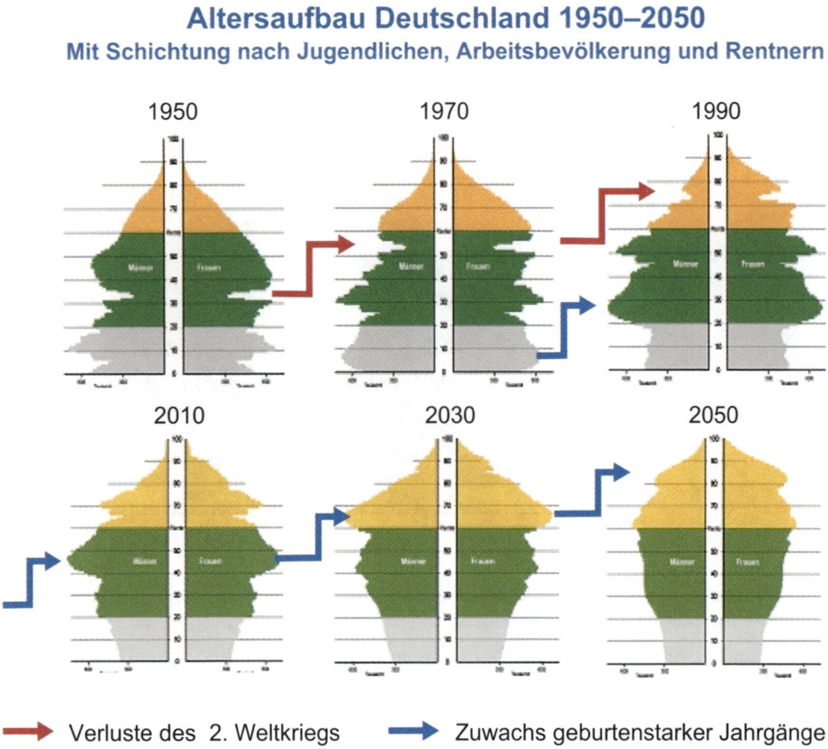

Abbildung 6 Verlagerung demographischer Merkmale im Altersaufbau der deutschen Bevölkerung 1950–2050. Im zeitlichen Fortgang lassen sich die von früheren Ereignissen hervorgerufenen Einkerbungen bei ihrer Wanderung zur Pyramidenspitze verfolgen, wobei sich die Schärfe der Kerben langsam verliert. So lässt sich der Lebenslauf der geburtenstarken Jahrgänge bis ins Rentenalter schon vorab verfolgen. An der Basis der Pyramiden zeigt sich aber bereits seit den achtziger Jahren des vorigen Jahrhunderts, dass Nachwuchsmangel aufkommt und die Bevölkerung zur Überalterung tendiert: Frühe Signale, vor denen die Politik die Augen verschloss.

Rund um die Welt finden sich diverse Ausformungen von Alterspyramiden. Drei Typen schälen sich heraus (Abbildung 7). Sie signalisieren starkes, schwaches und schwindendes Bevölkerungswachstum. In der nachstehenden Abbildung wird der jeweilige Trend mit rot umrahmter Grundform angezeigt. Für die Einschätzung demographischer Gegebenheiten ist es sehr lohnend, sich diese Grundformen

Starkes, moderates und negatives Bevölkerungswachstum 2000
Beispiele für die Pyramiden-, Säulen- und Sargform

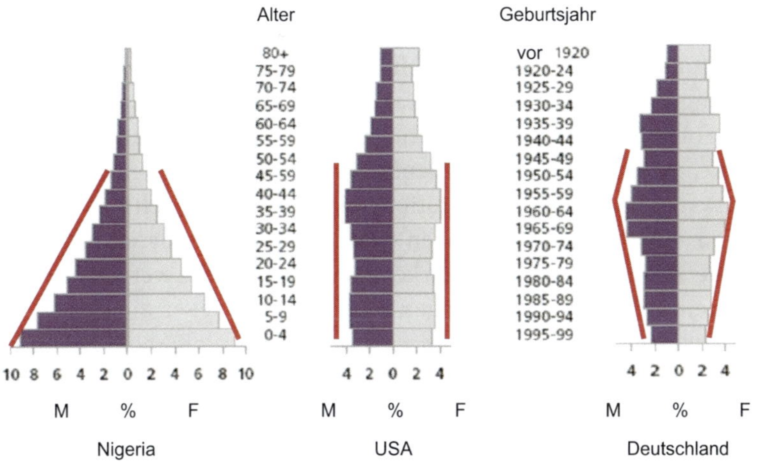

Abbildung 7 Grundformen von Bevölkerungspyramiden. Wer seine Aufmerksamkeit darauf trainiert, die Profile von Alterspyramiden im Geiste mit flankierenden Linien – rot gezeichnet – auszustatten, erkennt alsbald die typologischen Grundformen (Pyramiden-, Säulen-, Sargform). Mit ihnen verbinden sich langfristige Trends. Die Untersuchung der dahinter stehenden historischen Prozesse erlaubt es, manche noch verborgene Abschnitte der kommenden Menschheitsgeschichte heute schon wie Klartext zu lesen, da die Menschen, die sie realisieren werden, bereits am Leben sind.

einzuprägen und Bevölkerungspyramiden möglichst unter diesem typologischen Gesichtspunkt zu betrachten, um somit den jeweiligen Entwicklungstrend zu erkennen.

Nigeria, die USA und Deutschland sind beispielhaft für die drei Grundformen des Altersaufbaus und damit verbundene Trends, nach denen sich die Gesamtzahl der Bevölkerung verändert. Wie schon eingangs dargelegt, paart sich Armut vorwiegend mit starkem Wachstum; Nigeria verkörpert diesen Typ mit seiner Pyramidenform des Altersaufbaus. Hoher Wohlstand geht eher mit schwindender Bevölkerung einher; Deutschland belegt diesen Schrumpfungsprozess an Hand der Sargform seines Altersaufbaus. Die USA, wiewohl hoch entwickelte Wohlstandsgesellschaft, weisen im Saldo keinen Schwund auf. Sie gleichen den Rückgang im Anteil ihrer europastämmigen weißen

Bevölkerung durch Einwanderung aus ärmeren Ländern aus. Für ihre Wirtschaft bringt der beflissene Aufstiegswille vieler Zuwanderer eine anhaltende Belebung der Binnennachfrage und somit Stabilisierung des Wohlstands mit sich.

Deutschland hat sich nunmehr dreißig Jahre lang gegen Einwanderungen größeren Ausmaßes abgeschottet. Gleichzeitig wirkt sich die Fortpflanzungsverweigerung der Baby-Boomer-Generation als Verschmälerung der Pyramidenbasis aus. Und da das deutsche Rentensystem auf einem Generationenvertrag beruht, fehlt es zunehmend mehr an nachrückenden Einzahlern, ergo müssen entweder die derzeit Erwerbstätigen stärker zur Kasse gebeten werden oder die Rentenzahlungen bleiben ungesichert. Dabei genießen die Deutschen noch den mildernden Umstand, dass Deutschstämmige aus Osteuropa zuwanderten. Ohne diese wäre ihre Lage so prekär wie die der Spanier, Portugiesen, Italiener und Japaner, bei denen es an der Basis noch kritischer aussieht. Den größten Nachwuchsmangel registrieren wir bei den osteuropäischen Nationen.

Die Alterspyramiden westlicher Nationen sind von diversen historischen Faktoren beeinflusst. Einwanderer nach Deutschland kamen im 19. Jahrhundert zunächst aus Polen und Osteuropa. Ziel: Ruhrgebiet. Da Deutschland es nie zu einer klassischen Kolonialmacht gebracht hatte, wurde den Deutschen der Umgang mit Menschen fremder Kulturen nie so geläufig wie Briten, Holländern und Franzosen. Als diese sich aus den Kolonien zurückzogen, kamen ebenfalls viele Angehörige der fremden Nationen mit in ihr Land. Nichts dergleichen in Deutschland. Auf die Deutschen wirkten bereits die Schwarzen in den alliierten Streitkräften exotisch. Die erste umfassendere inländische Begegnung mit Ausländern erlebten die Deutschen mit den Gastarbeitern, in der Mehrzahl Türken neben Italienern und Griechen; Gäste, wie der Name schon sagt, von denen man erwartete, sie würden eines Tages in ihre Heimat zurückkehren. Sie waren in den späten fünfziger und frühen sechziger Jahren des 20. Jahrhunderts als wohlfeile Arbeitskräfte willkommen, und sie fügten sich, was heute vergessen scheint, im Großen und Ganzen völlig problemlos in die Arbeitswelt und den Alltag in Deutschland ein. Von Integrationsproblemen war keine Rede. Das vom Krieg zerstörte Deutschland bot im Eifer des Wiederaufbaus Arbeitsplätze und Verdienstmöglichkeiten in Hülle und Fülle, und das umso mehr, je stärker sich nun die männlichen Kriegsverluste als Schmälerung des Erwerbstätigenanteils in der Bevölkerung bemerkbar machten.

Die Art und Ausrichtung, wie das produktive Kapital in Deutschland wieder aufgebaut wurde, war natürlich historisch von den Kriegszerstörungen bedingt. Kapitalbildung erfolgte als *Restaurierung* der klassischen Sektoren und Branchen: Landwirtschaft, Kohle-, Eisen- und Stahlindustrie, Maschinenbau, Bauwirtschaft, Textil- und Möbelindustrie. Neuer Schwung konnte lange Zeit durch neue Wohnungsbauprogramme in die Wirtschaft gebracht werden, da mit jeder Wohnungseinheit alles Übliche von Küche, Bad, WC, über Schlaf- und Wohnzimmer mit Couchgarnitur, Radio und später auch Fernseher in bewährter Weise nachgefragt wurde. Während Deutschland restaurierte, *renovierten* die USA ihre Nachkriegswirtschaft. Sie schufen bereits den modernen Flugzeugbau, forcierten Raketen- und Weltraumforschung, entwickelten die Datenverarbeitung und Computerfertigung. Die Deutschen verharrten noch bei ihrer Erfolgsstory VW und dem Leopardpanzer, eine kostengünstige Blechkiste das eine, ein beweglicher und schusskräftiger Stahlhaufen das andere, beides Überreste deutscher Kriegswirtschaft und somit nichts Neues. Aber die Wirtschaft lief.

Auf dem deutschen Wiederaufbau klebte das Etikett Wirtschaftswunder. Man staunte allenthalben über die Schnelligkeit des Wiederaufbaus. Dass es sich dabei vorwiegend nur um die Revitalisierung der traditionellen Sektoren und Branchen handelte, blieb unbedacht. Als die zerbombten Städte und Fabriken wieder erstanden waren, wollte man die Beschäftigten, die sich um den Wiederaufbau verdient gemacht hatten, nicht in den Ruhestand schicken. So begann in Deutschland das Zeitalter der Subventionierung veralteter und überholter Produktionsstätten. Es wurde überhaupt zu einer wirtschaftspolitischen Gepflogenheit, ausgediente Wirtschaftsbereiche mit Steuergeldern oder Schutzmaßnahmen künstlich am Leben zu halten. Weil das aber nicht gleichzeitig auch die Nachfrage am Leben erhielt, wichen viele deutsche Unternehmen von der Binnenorientierung auf Exportwirtschaft aus.

Zu Beginn der siebziger Jahre des vorigen Jahrhunderts löste die OPEC mit dem Öl-Preis-Schock folgenreiche wirtschaftliche Veränderungen aus. Die höheren Energiekosten erzwangen Einsparungen und spornten auf sämtlichen Gebieten zu Rationalisierungen an. Zentrales Instrument für Produktivitätsfortschritte wurde der Computer. Eine Konsequenz der Computerisierung, über deren weitere Folgen damals niemand nachdachte, waren die Einsparungen beim Personal. Personalabbau wurde durch umfangreiche und zum Teil großzügig gehandhabte *Frühpensionierungen* betrieben. Die Maßnahmen zielten auf die älteren Beschäftigten. Die Altgedienten hatten in der Schule noch keine Mengenlehre gelernt, und Computer waren für sie eher mit Schwierigkeiten als mit Erleichterung verbunden. Eine beträchtliche Anzahl von Erwerbstätigen wurde damit frühzeitig ins Rentnerdasein versetzt. Seither türmen sich Probleme auf, mit deren Spätfolgen wir uns heute beschäftigen müssen. Zum Abbau der Älteren war kein Krieg der Generationen nötig, das leisteten junge Manager mittels linearem Programmieren und Portfolio-Analysen.

Möglicherweise kommt der *Energiekrise* eine weltwirtschaftlich und weltpolitisch viel umfassendere Auswirkung zu, als ihr in der Literatur gemeinhin zugesprochen wird. Für diese Vermutung lassen sich Gründe angeben: a) Für die NATO-Staaten und für Japan wurde sie zu einem Beschleunigungsfaktor der zweiten industriellen Revolution. Erforderliche Energieeinsparungen und Rationalisierungen forcierten die Computerisierung der Wirtschaft; b) Die Sowjetunion hingegen, die sich mit Öl-Exporten sofort zum Trittbrettfahrer der OPEC aufschwang, verprasste ihren plötzlichen Geldsegen unter BRESCHNEW in der Rüstung und verpasste damit den Anschluss an die zweite industrielle Revolution. Das besiegelte ihren wirtschaftlichen Niedergang, den zuletzt GORBATSCHOW vergeblich aufzuhalten suchte. c) Die Entwicklungsländer, denen die Energiekosten zu hoch wurden, sahen sich vieler Projekte beraubt und infolgedessen seither in wachsende Verschuldung und Armut abgedrängt. d) Die superreichen Golf-Staaten recycelten ihre Petro-Dollars in den Westen, machten einerseits gemeinsame Sache mit den westlichen Öl-Multis und finanzierten ihren Luxuskonsum genau so wie palästinensischen Widerstand gegen Israel; schufen also enormes Konfliktpotenzial. – Man könnte es eingehenderer historischer Untersuchung für wert befinden, ob man das Auftreten der OPEC nicht als eine Weichenstellung für die gesamte weitere Weltpolitik im 20. Jahrhundert ansehen muss.

In Deutschland entschied man sich zu Beginn der siebziger Jahre, die Zuwanderung rigide zu begrenzen und nur EG-Angehörigen den Zuzug zu gestatten, daneben noch politischen Flüchtlingen. Man fürchtete, die Einwandernden würden den einheimischen Arbeitskräften die Stellen wegnehmen. Mit dem Verzicht auf Einwanderer verzichteten die Deutschen aber auch auf Zuwanderung von potenziell kinderreichen Familien beziehungsweise auf deren Gründung innerhalb Deutschlands. In Kombination mit der sich zur selben Zeit ausprägenden Fortpflanzungsverweigerung der Baby-Boomer-Generation nahm das der deutschen Alterspyramide jede Form von zukunftsträchtiger Basis. Reformen wurden für notwendig erachtet, um die Kinderfreundlichkeit deutscher Familien anzureizen und dennoch nicht in Angriff genommen. Vielmehr wuchs der Trend zu Singles. Die Pflege ausufernder Sozial- und Gesundheitssysteme belasteten die Unternehmen mit hohen Lohnnebenkosten, was in Kombination mit gewerkschaftlichen Forderungen dazu taugte, die Wirtschaft bis an den Rand eines gesamtwirtschaftlichen Wachstumsversagens heranzuführen. Die Wiedervereinigung, von der sich manche wahre Wunder erhofft hatten, brachte kein Zurück zu Wirtschaftswunderzeiten. Aus Lahmen wurden Gelähmte. Deutschlands Baby-Boomer-Generation steht deshalb heute vor einem Rentengebirge.

Fazit: Wo keine Arbeitskräfte zuwandern dürfen, die zu Besitz und Wohlstand kommen wollen und damit die Nachfrage am Leben erhalten, bewirkt die schrumpfende Bevölkerung auch schrumpfende Märkte. Wenn nicht neue Produkte wie etwa elektronische Geräte neue Konsumwellen auslösen, werden die vorhandenen Produktionskapazitäten unrentabel, Unternehmen wandern ab, hinterlassen hier Arbeitslose und schaffen stattdessen Arbeitsplätze fernab. Entindustrialisierung findet statt. Enttäuschung macht sich breit.

In Zukunft, zwischen 2020 und 2030, kippt die Altenlastquote für die deutschen Erwerbstätigen unwiderruflich ins Unbezahlbare um. Zusätzlich wirkt sich kritisch aus, dass eine ganz schmale Schicht Nachwachsender mit einer schier unvorstellbaren Wirtschaftskraft ausgestattet werden müsste, um die künftigen Lasten tragen zu können. Für eine Korrektur steht nur noch ein begrenzter Zeitraum zur Verfügung. Denn die Korrekturmaßnahmen müssten nicht etwa nur

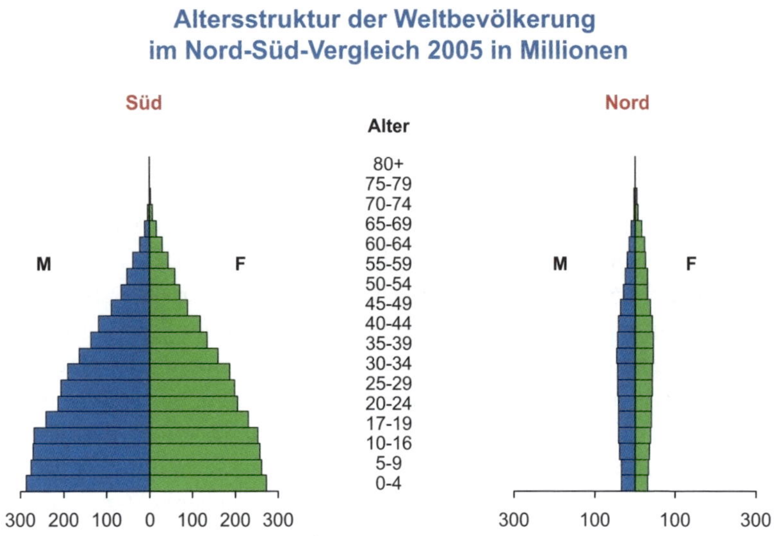

Abbildung 8 Altersstruktur der Weltbevölkerung im Nord-Süd-Vergleich 2005. Die im gleichen Maßstab gezeichneten Pyramiden verdeutlichen nicht allein das imponierende Übergewicht des Südens über den Norden, sondern zeigen mit der Verschlankung im Altersaufbau des Nordens auch dessen Vergreisungstendenzen überdeutlich an.

beschlossen sein, sondern bereits voll gegriffen haben, bevor die Baby-Boomer im Rentnersaal zum Tanz antreten.

Deutschland ist kein Einzelfall. Die hoch entwickelten Nationen heben sich in ihrer Altersstruktur allesamt von der in den Entwicklungsländern ab. Die Alterspyramiden sind nach Konfiguration und Größe in Nord und Süd grundverschieden (Abbildung 8).

Die im gleichen Maßstab gezeichneten Profile nehmen sich aus, als hätte man eine Weltraumrakete neben eine riesige buddhistische Stupa gestellt. Die Unterschiede beruhen weitgehend auf historisch zurückverfolgbaren Wechselwirkungen. Die heutige Wirtschaftsmacht der hoch entwickelten, westlichen Industrienationen verdankt einen Teil ihrer ökonomischen Stärke dem vorangegangenen Kolonialismus; und die ausufernde Größe der südlichen Alterspyramide geht weitgehend auf die moderne Medizin des Nordens zurück, die bei den Armen eine gesteigerte Lebenserwartung hervorrief.

4 Populationsdynamik

Die Bevölkerungsdynamik ist mit der Wirtschaftsdynamik gekoppelt. Es gibt gute Gründe, anzunehmen, die Wirtschaft habe zu allen Zeiten bestimmend auf die Bevölkerung eingewirkt. Ökonomie war durch die Menschheitsgeschichte hindurch bis zum Beginn des kapitalistischen Zeitalters weit überwiegend Agrarökonomie. Alles Überleben hing zuvörderst von der Nahrungssicherung ab. Das ist auch heute faktisch nicht anders, fällt uns aber wegen des dafür notwendigen, geringen Arbeitsaufwands nicht sonderlich auf. Denn die für die Nahrungssicherung verantwortliche Agrarökonomie bildet in der gegenwärtigen westlichen Welt nur noch einen verschwindend kleinen Teil der wirtschaftlichen Tätigkeit. Das Leben und Überleben ist in Bezug auf Nahrung völlig unproblematisch. Mit wenigen Beschäftigten im Agrarsektor werden heute weit mehr Menschen ernährt als früher. Die moderne kapitalistische Wirtschaftsweise hat das Thema Hunger in der westlichen Welt ad acta gelegt.

Resümiert man die Erfahrung all der Generationen, die vor der Industrialisierung gelebt haben, dann würden wohl allesamt der Meinung zugestimmt haben, die Höhe des Arbeitsaufwands für Nahrungssicherung sei für die Ewigkeit festgeschrieben. Denn sie blieb über Jahrtausende gleich. Mit der Industrialisierung ergab sich das bis dahin Unvorstellbare: In der, weltgeschichtlich gesehen, kurzen Zeitspanne, in welcher wir mit der kapitalistischen Wirtschaftsweise vertraut geworden sind, hat sich der Aufwand für die Nahrungssicherung von etwa zwei Drittel des gesellschaftlichen Gesamtarbeitsaufwands auf winzige zwei bis drei Prozent gemindert (Abbildung 9).

Für 99 Prozent der überschaubaren Weltgeschichte gilt der Satz vom gleichhohen Arbeitsaufwand zur Nahrungssicherung. Moderne Techniken beschworen dann ein wirtschaftliches Zeitalter herauf, in dem die Produktion materieller Güter und immaterieller Dienstleistungen mit Landwirtschaft und Nahrungssicherung nur noch wenig zu tun hat. Bei der Entstehung der Bruttosozialprodukte erbringen produzierende Gewerbe und Dienstleistungen zusammengenommen

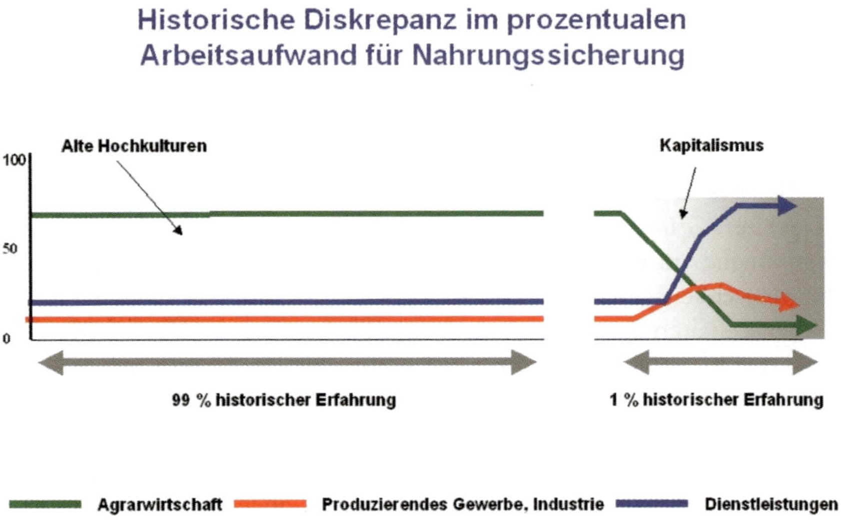

Abbildung 9 Historische Diskrepanz im prozentualen Arbeitsaufwand für die Nahrungssicherung. Jahrtausendelang war der Aufwand für die Nahrungsversorgung gleich bleibend hoch und machte ungefähr zwei Drittel aller Arbeiten aus. Heute beträgt er in den westlich kapitalistischen Volkswirtschaften nur noch zwei bis drei Prozent. In der Übergangszeit blieb die innere Einstellung der Menschen aber vielerorts noch lange dem Rhythmus und den Gewohnheiten des Landlebens verhaftet, während sich die äußeren Lebensbedingungen schnell wandelten. Die Umstellung in den sozial-historisch angeeigneten Denk- und Verhaltensmustern erfolgt langsamer als die Umstellung im Berufs- und Alltagsleben.

einen Anteil von weit über 90 Prozent. In den führenden westlichen Industrienationen rangiert der Anteil der Agrarwirtschaft inzwischen bei zwei bis drei Prozent.

Nimmt man in Abbildung 10 den Teil des Kurvenverlaufs unter die Lupe, der in Abbildung 9 das Zeitalter des Kapitalismus kennzeichnet, dann zeigt sich – schematisch gesehen – ein stetiger Rückgang der Kurve für die Agrarwirtschaft, ein Zwischenhoch für das produktive Gewerbe, das im Folgenden immer verkürzt als »Industrie« bezeichnet wird, und ein stetiger Aufschwung der Dienstleistungen (Abbildung 10).

Dieser Kurvenverlauf ist vom technischen Fortschritt diktiert: je mehr agrarwirtschaftliche Maschinerie, desto produktiver die Land-

Technisch diktierte Umschichtung der Sektorenanteile am Bruttosozialprodukt in Prozent

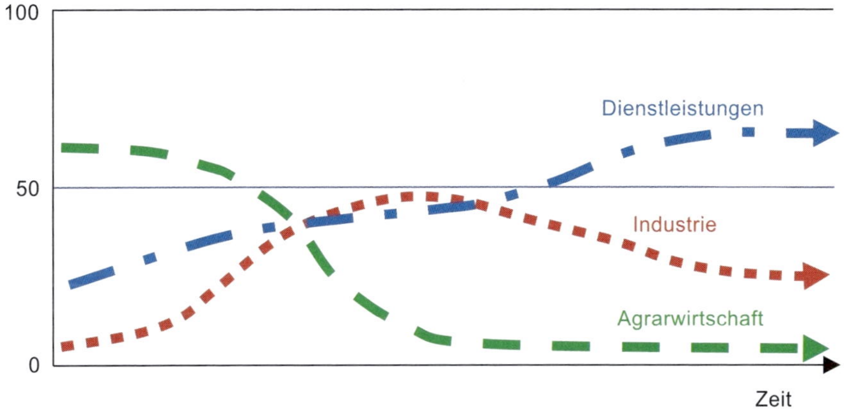

Abbildung 10 Technisch bedingte Umschichtung der Sektorenanteile am Bruttosozialprodukt. Dass sich die Anteile der drei Sektoren am Gesamtprodukt, die in ihrer Summe immer 100 Prozent ausmachen, verschieben, geht ursächlich auf technische und technologische Fortschritte zurück, die in der Wirtschaft zum Einsatz kommen. Mit der Verschiebung der Sektorenanteile haben sich auch die Beschäftigungsschwerpunkte verschoben. Dadurch ergaben sich ständig neue Anforderungen an die Erwerbstätigen hinsichtlich ihrer Qualifikation in einer immer stärker ausdifferenzierten Wirtschaft. In der Konsequenz wuchsen auch die Anforderungen an das Schul- und Bildungssystem. Da sich in vielen Entwicklungsländern das Schema nicht wiederholen wird, weil die Wirtschaftsstrukturen im Zuge der früheren Kolonialherrschaft verformt wurden, ergeben sich dort völlig neue Probleme für die Koordination von wirtschaftlichem und gesellschaftlichem Wandel.

wirtschaft. Da die technischen Fortschritte von einer Nation an die nächste weitergegeben wurden, wobei England eine Vorbildrolle innehatte, gilt das Kurvenschema für alle Stammlande des Kapitalismus. Es kommt aber nicht in der gleichen Weise in Entwicklungsländern vor. Die meisten wurden durch die ihnen während der Zeit des Kolonialismus aufgezwungenen Wirtschaftsstrukturen (Plantagenwirtschaft, Monokulturen etc.) zu einer anders verlaufenden Entwicklung gedrängt.

Die Abbildung 10 zeigt als eine Gegenbewegung zum Abstieg des grün gezeichneten Sektors der Agrarwirtschaft den Aufstieg des rot gezeichneten Sektors der Industrie. Im produzierenden Gewerbe wurde die Maschinerie hergestellt, mit der die Bauern mit weniger Arbeitskräften mehr Nahrung produzierten. Die Landwirtschaft verdankte ihre höhere Produktivität dem industriell erzeugten Instrumentarium. Im weiteren Kurvenverlauf erkennt man eine vergleichbare Gegenläufigkeit von Industrie und Dienstleistungen. Der Industriesektor erhält dann seine produktivitätssteigernden Impulse vom Dienstleistungssektor. Transport, Verkehr, Handel, Banken, vor allem aber Bildung und Wissenschaft liefern der Industrie die Instrumente, um mit weniger Arbeitskräften mehr zu erzeugen. Der stark steigende Sektor rationalisiert jeweils den absteigenden. Heute neigt ein Teil des herkömmlich definierten Dienstleistungssektors zum Rückgang. Informations- und Kommunikationstechnologie machen sich als eigener Sektor selbständig und verleihen den klassischen Dienstleistungen neue Produktivitätsimpulse, man denke an das simple Beispiel, wie weitgehend die E-Mail den Postboten überflüssig macht.

Der Anblick dieser sektoralen Umschichtungen hat unsere westlichen Vorstellungen von wirtschaftlicher Entwicklung genormt. Denn in allen westlichen Nationen sind die Kurvenverläufe dem Typ nach gleich. Sie sind lediglich im zeitlichen Ablauf verschoben und waren auch durch machtpolitische und kolonialwirtschaftliche Begleitumstände von Nation zu Nation etwas anders gestaltet.

In den Entwicklungsländern wird das Schema nicht repetiert. Es gibt weniger Annäherungen als vielmehr Abweichungen. Erstens hatten die Kolonialmächte durch Monokulturen (Baumwolle, Tee, Kautschuk usw.) und Plantagenwirtschaft vielen Entwicklungsländern bereits die Startvoraussetzungen zur Nachahmung eines westlichen Entwicklungswegs verdorben. Zweitens konfrontierte der Ost-West-Konflikt während der entscheidenden Aufbruchsperioden die Eliten in den Entwicklungsländern mit konkurrierenden Vorstellungen, welcher Weg zu gehen sei, ein kapitalistischer oder ein sozialistischer. Und das hat viele Regierende zwischen den Lagern schwanken lassen. Drittens hat die Entstehung der OPEC mit ihren Preissteigerungen, wie oben bereits erwähnt, vielen Entwicklungsländern den Ölhahn zugedreht, zumindest den Zugang zu den Energieressourcen erschwert.

Das bremste die weitere Entwicklung. Viertens ergab sich aus zahlreichen, segensreich aufgezogenen Hilfsprogrammen, allen voran denen der Weltgesundheitsorganisation, eine generelle Konfliktsituation: Die Lebenserwartung der Individuen stieg, aber die Unterhaltsmittel der Gesellschaft nahmen nicht im gleichen Maß zu, so dass es zu Rückständigkeit und Armut kommen musste.

Die Bemerkungen zu den Entwicklungsländern sind an dieser Stelle nur als Zwischenkommentar zu werten. Wie wichtig sie sind, wird sich Schritt für Schritt ergeben. Wir wenden uns zunächst wieder der Wirtschaftsgeschichte der westlichen Welt zu. Denn wer sich, wie wir das tun, mit der Alterungsproblematik als einem Teil der Bevölkerungsentwicklung beschäftigt, kann nicht umhin, die ursprünglich revolutionäre Veränderung der westlichen Wirtschaft mit ihren sich ständig verändernden Anforderungen an die Menschen gründlich in Betracht zu ziehen. Mit der wirtschaftlichen Dynamik des Kapitalismus verbindet sich eine Bevölkerungsdynamik, durch die das Verhältnis der Geburten- und Sterberaten völlig verändert wurde.

Geburten- und Sterberaten sind in ihrem Verhältnis zueinander die wichtigsten Größen des Bevölkerungsverhaltens. Man berechnet sie in Promille und kalkuliert so, wie viele Geburten und Sterbefälle pro Jahr auf tausend Einwohner kommen. Verrechnet man die Geburten mit den Sterbefällen, so ergibt sich die Veränderung der Gesamtbevölkerung. Die Bilanz kann positiv oder negativ ausfallen, je nachdem ob Geburten oder Sterbefälle überwiegen. Die Statistik belegt für vorindustrielle Zeiten ein ständiges Auf und Ab.

Da wir glücklicherweise über Geburten- und Sterbeziffern des Vereinigten Königreichs für die Zeit von 1540 bis 1780 verfügen, also für die Periode der letzten 2 ½ Jahrhunderte *vor* dem Beginn der industriellen Revolution in England, wissen wir, wie nahe die Zahlen beieinander lagen (Abbildung 11). Ihr Verhältnis zueinander ergibt für diese Zeitspanne ein geringfügiges Bevölkerungswachstum. Ein Pendeln der Ziffern um einen recht hohen Promillewert scheint zu allen früheren Zeiten die Norm gewesen zu sein.

Wenn man die eng beieinanderliegenden Kurven im Geist geschichtlich zurückverlängert, erhält man einen Eindruck von dem, was die Menschheit zu allen Zeiten als normal empfunden hat. Wir können daraus folgern, dass für die Bevölkerungsdynamik das gleiche

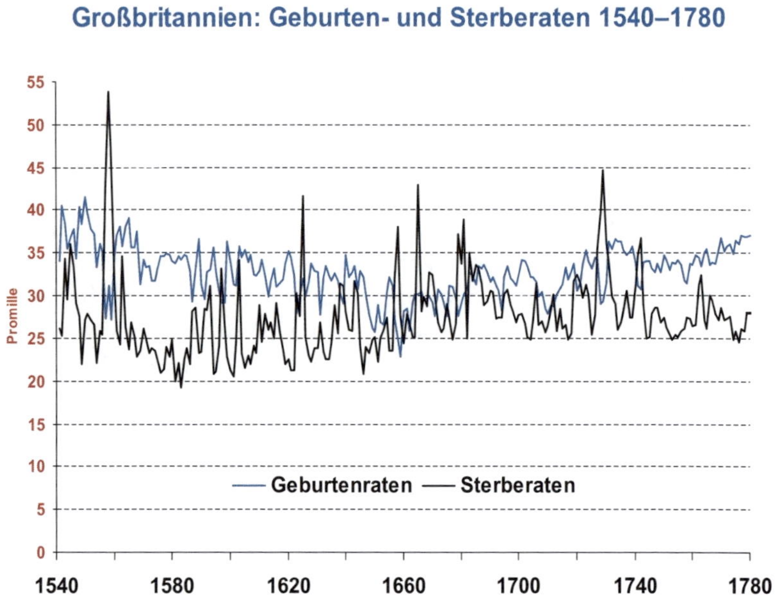

Abbildung 11 Großbritannien, Geburten- und Sterberaten von 1540–1780. Man darf diese Kurven als repräsentativ für alle agrarischen Gesellschaften ansehen. Auf jeden Ort mit tausend Einwohnern entfielen in vorindustriellen Zeiten jährlich rund dreißig Geburten und ebenso viele Begräbnisse. Dieser rein statistische Befund gibt indirekt auch ein Zeugnis der religiös-kulturellen, mentalen und gesellschaftlichen Begleitumstände von Geburt und Tod, wie sie mit Hochzeiten, Geburtstagen, Taufen, Begräbnissen und sonstigen Ritualen zutage treten.

gilt wie für die Wirtschaftsdynamik, wonach sich in 99 Prozent des Geschichtsverlaufs nichts Wesentliches änderte. Die Geburten- und Sterberaten glichen sich zu allen Zeiten auf hohem Niveau miteinander aus, pendelten sicherlich mitunter erheblich auf und ab, im Schnitt wahrscheinlich um die 30 bis 40 Promille herum.

Dann geschah mit dem Beginn des kapitalistischen Zeitalters etwas zuvor nie Dagewesenes: Geburten- wie Sterberaten begaben sich auf den Sinkflug. Nach Übergangsperioden, die national sehr unterschiedlich ausfielen, pendelten sich beide Kurven im vergangenen Jahrhundert auf dem niedrigen Niveau von 8 bis 10 Promille ein. Wir können das graphisch in Parallele zum Umbau der Wirtschaftssektoren zeigen (Abbildung 12).

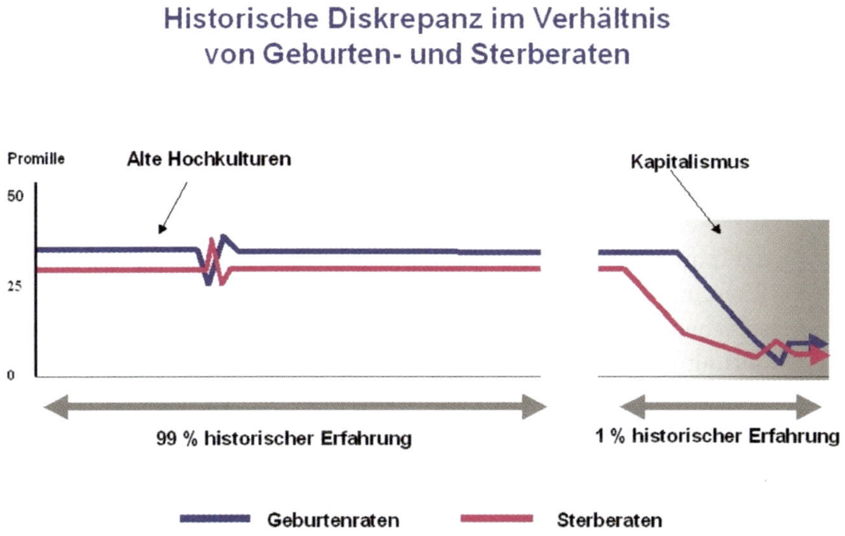

Abbildung 12 Historische Diskrepanz im Verhältnis von Geburten- und Sterberaten. Jahrtausendelang lebte die Menschheit mit einem hohen Bevölkerungsumsatz; d.h. sie musste zur Ausbalancierung vieler Todesfälle viele Kinder zur Welt bringen, um ihre Überlebensfähigkeit zu sichern. Die westlich-kapitalistischen Nationen haben sich von dieser Verhaltensweise, die für die Menschheit ein für allemal festzustehen schien, in historisch atemberaubender Kürze abgekoppelt und gelangten zu einem um zwei Drittel bis drei Viertel niedrigeren Bevölkerungsumsatz. Diese welthistorische Neuerung wird als demographischer Übergang bezeichnet. Als revolutionärer Wandel ist er der sektoralen Umschichtung des Arbeitsaufwands vergleichbar.

Die Kurven verliefen natürlich nicht so glatt, wie es das Schema suggeriert. Sie pendelten nach Art der britischen Kurven auf und ab. Wechsel der Witterung, gute und schlechte Ernten, Krankheiten und Seuchen, große Kriege und lokale Kämpfe, technische Fortschritte und politische Hemmnisse haben zu allen Zeiten ein Auf und Ab verursacht. Im Ganzen aber blieb Ausgleich auf hohem Niveau die Norm. Für uns Heutige gilt das nicht mehr.

Der Abstieg der Geburten- und Sterberaten, der demographische Übergang, bringt zwei Seiten einer Medaille zum Ausdruck: längere Lebenserwartung und langsamen Verzicht auf Kinderreichtum. Längere Lebenserwartung bedeutet auch höhere Verlässlichkeit des Überlebens der Nachkommen. Das erhöht die Chancen, von den eigenen Nachkommen im Alter versorgt zu werden. Dadurch ergab sich langsam auch eine sich über einige Generationen hinziehende Umorientierung familiärer Kalkulationen in Bezug auf Nutzen und Kosten von Nachkommen. Auf jeden Fall läuft der Übergangsprozess auf solche Kalkulationen hinaus. Frühere Lebensumstände verlangten nach vielen Kindern, um zu einer gesicherten Versorgung im Alter zu kommen, denn immer wieder fielen Nachkommen durch frühen Tod dafür aus. Säuglings- und Kindersterblichkeit waren hoch. Mit deren Rückgang (auf die Gründe dafür kommen wir noch ausführlich zu sprechen) drehte sich der Spieß gewissermaßen um. Familienvergrößerung bedeutete Erhöhung der Unterhaltskosten. Kinderreichtum und Armut gingen daher leicht in eins über. Aus der früheren Art, mit Altersversorgungsproblemen umzugehen, ergaben sich wegen Kinderreichtums nun Familienversorgungsprobleme. Kinderreichtum wurde deshalb zu vermeiden gesucht. Wie der Übergang zu dieser neuen Ordnung des Fortpflanzungsverhaltens in einzelnen Familien genau vor sich ging, lässt sich nicht ermitteln, statistisch ist jedenfalls ganz klar erwiesen, dass er stattgefunden hat.

In der Demographie definiert man, die Zeit vor dem Übergang sei durch *hohen Bevölkerungsumsatz*, die danach durch *niedrigen Bevölkerungsumsatz* charakterisiert; sprich, Geburten- und Sterbekurven bewegten sich vorher auf hohem, hernach auf niedrigem Verrechnungsniveau.

Für die Generationen, die diesen historischen Umorientierungsprozess erlebten, handelte es sich um dramatische Vorgänge. Mit jeder Generation änderten sich die Arbeits- und Lebensbedingungen. Von einer auf die andere Generation konnten darüber kaum verlässliche Erfahrungen weitergegeben werden, so sehr befand sich alles im Fluss. Gefühle der Unsicherheit, wie es mit Arbeitsverhältnissen und Einkünften weitergehen könne und würde, waren an der Tagesordnung. Fünf Punkte kann man nennen, die von Nation zu Nation hinsichtlich des Übergangsprozesses verschieden waren:

- der Zeitpunkt des Beginns,
- die Dauer des Übergangs,
- das Profil des Verlaufs,

- die Umstände der Politik,
- die technischen Voraussetzungen.

Für die Briten als Vorreiter der Industrialisierung war der Prozess am langwierigsten. Später kommende Nationen konnten Erfahrungen von ihnen übernehmen. Die zuletzt Startenden begannen bereits mit anderwärts entwickelten und inzwischen weit verbesserten technischen Voraussetzungen. Dennoch wurde jeder nationale Industrialisierungsprozess als einmaliger Umsturz alles Althergebrachten erlebt. Alle Lebensbelange veränderten sich. Landleben und dörfliche Wirtschaftsweise kriselten. Alte Gewerbe wichen den neu entstehenden Industrien, neue Gewerbe blühten auf. Technische Neuerungen und wissenschaftliche Einsichten diktierten bislang ungewohnte Verhaltensweisen. Wanderungen führten vom Land in die Städte. Arbeitsteilung schuf ebenso Reichtum, wie sie Massen in die Armut verstieß. Die soziale Problematik blieb nicht ohne politische Konsequenzen. Es entstanden neue Interessenvertretungen, Gewerkschaften und politische Parteien; und mit ihnen bildeten sich die modernen Staatswesen. Staat, Recht und Gesellschaft sahen am Ende des Prozesses jeweils völlig anders aus als zu Beginn.

Letztendlich war das Ergebnis überall das gleiche: Die Kurven sind unten angelangt und signalisieren niedrigen Bevölkerungsumsatz. Betrachtet man den Kurvenverlauf dorthin genauer, dann erkennt man Unterschiede. Manche Kurven verlaufen parallel, manche scheren auseinander. Das Verlaufsprofil, das die beiden Kurven relational zueinander zeichnen, war nicht überall das gleiche. Über die maßgeblichen Gründe dafür meinen wir heute genug zu wissen, da man in wirtschafts- und sozialhistorischen Forschungen viele nationale Übergangsprozesse auf die angegebenen fünf Punkte hin untersucht hat und so die Differenzen erklären kann. Dadurch kommen wir mit der Vergangenheit analytisch ganz gut zurecht.

Der demographische Übergang macht also, summa summarum, den Eindruck einer demographischen Gesetzmäßigkeit. Aber damit hat es einen Haken. Die Gesetzmäßigkeit ist nicht strikt genug, um mit ihr prognostisch umgehen zu können. Das aber widerspricht dem Begriff der Gesetzmäßigkeit. Wir können also nur von einer gewissen Regularität sprechen: Die Regel ist, dass sich mit der Modernisierung der Wirtschaft, mit der Einführung und Ausformung industrieller Arbeitsteilung, ein demographischer Übergang verbindet.

Da in den Entwicklungsländern die Modernisierung der Wirtschaft nicht genau so erfolgt wie in den Stammlanden des Kapitalismus, die sektorale Umschichtung dort vielmehr ganz anders vor sich geht und überdies noch sehr viel langsamer verläuft, kommt auch der demographische Übergang in Richtung des niedrigen Bevölkerungsumsatzes nur zögerlich voran. Im Weltmaßstab ist für ihn vorläufig noch kein Ende abzusehen. Der Prozess läuft noch immer. Seine Dramatik hat sich gesteigert. Denn zusätzlich zu den Übergangsproblemen im jeweiligen Land kommt es zu den Problemen zwischen den hochentwickelten Nationen, die den Prozess bereits hinter sich haben, und den Entwicklungsländern, die noch mitten darin stecken, dem Nord-Süd-Konflikt.

Man darf den Prozess also nicht streng gesetzmäßig auslegen, sondern muss ihn als Norm deuten, die eingehalten oder auch verfehlt werden kann. Die nachstehende schematische Darstellung des demographischen Übergangs (Abbildung 13), die sich an Darstellungen des für Bevölkerungsfragen zuständigen *UN Population Reference Bureau* anlehnt, zeichnet einen genormten Verlauf, dem die Stammlanden des Kapitalismus mit ihrer Entwicklung entsprechen, nicht aber die Länder der Dritten Welt.

Die Abbildung 13 zeigt, wie der Absturz der Geburten- und Sterberaten von einem hohen Niveau (in Phase 1) zum niedrigen (in Phase 4) über ein Auseinanderscheren der beiden Kurven hinwegführt. Der blau eingefärbte Abstand zwischen den beiden Kurven ist ein Maß für die das jeweilige nationale Bevölkerungswachstum. Bezieht man das Schema hypothetisch auf die ganze Menschheit, dann ist es ein Maß für die Weltbevölkerungsexplosion. Die Explosion setzt in Phase 2 ein, erlangt ihr größtes Ausmaß im Übergang zur Phase 3, und lässt in ihrer Wirkung erst in Phase 4 nach.

Die Bevölkerungsexplosion wird zuvorderst vom rapiden Rückgang der Sterbefälle ausgelöst, während die Geburten auf gleich hohem Stand verbleiben. Summarisch bleiben dadurch immer mehr Menschen nebeneinander am Leben: die Bevölkerung wächst. Die seit Jahrtausenden währende Erfahrung von der annähernden Balance zwischen Geburten und Sterbefällen wird damit in welthistorisch

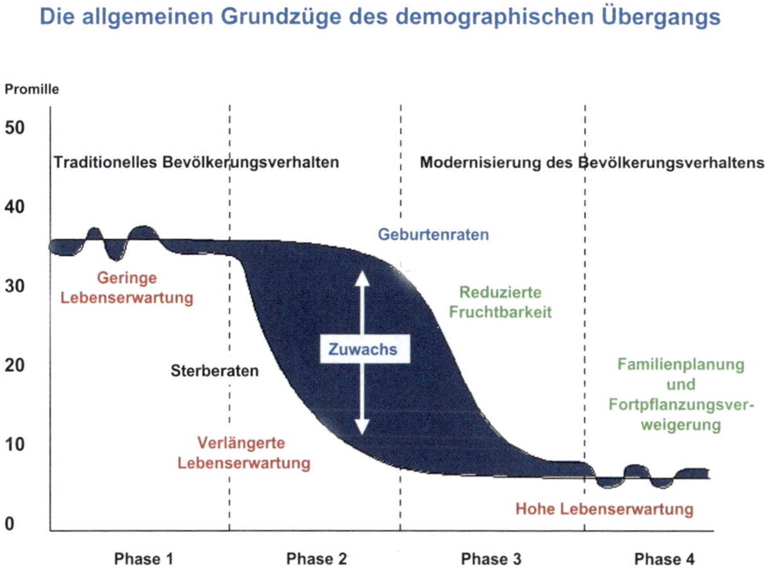

Abbildung 13 Die allgemeinen Grundzüge des demographischen Übergangs. Das Schema zeigt den Verlauf des demographischen Übergangs vom hohen zum niedrigen Bevölkerungsumsatz. Die mittleren Phasen demonstrieren die Dynamik der Bevölkerungsexplosion, die hier als Zuwachs bezeichnet wird. Geburten- und Sterberate verhalten sich in den beiden Phasen spiegelverkehrt zueinander. In Phase 2 ist die Sterberate veränderungsfreudig und die Geburtenrate veränderungsresistent. In Phase 3 ist es umgekehrt. Die beiden Begrenzungsphasen (1 und 4) sind bestandserhaltende Phasen, sie weisen also keine wesentliche Veränderung auf. Als Faustregel zum Effekt der Bevölkerungsexplosion kann man feststellen, dass die Bevölkerungszahl in Phase 1 mit einem Faktor zwischen fünf und zehn multipliziert werden muss, um die Bevölkerungszahl für Phase 4 zu erhalten. Aus vier Millionen Bewohnern der britischen Inseln wurden vierzig.

erst- und einmalig umwälzender Form durchbrochen. Bezogen auf die Weltbevölkerung bedeutet das bis heute eine Vermehrung auf weit über sechs Milliarden Menschen. Derzeit leben mehr Menschen gleichzeitig auf dem Globus als aufaddiert während der ganzen Menschheitsgeschichte vor der Industrialisierung geboren wurden.

Das Auseinandriften der Kurven und das Wiederannähern bezeichnet man als Scherenbewegung des demographischen Übergangs. Im Stadium 2 öffnet sich die Schere und im Stadium 3 schließt sie sich wieder. Das Extrem des Auseinanderscherens ist identisch mit dem Höhepunkt der Bevölkerungsexplosion. Dessen kumulativer Effekt setzt sich noch lange Zeit fort und hält bis in die Phase vier hinein an. Kumulativer Effekt heißt, dass die Bevölkerung insgesamt noch wächst, selbst wenn die Geburtenziffern bereits auf dem niedrigen Niveau angekommen sind. Erst in einer dem Schema hinzuzudenkenden Phase 5, in der die Geburtenraten so weit unter die Sterberaten sinken, wie das heute in westlichen Nationen bereits der Fall ist, geht die Gesamtbevölkerungszahl langsam wieder zurück.

Für den demographischen Übergang lassen sich natürlich unterschiedliche Öffnungs- und Schließwinkel der Scherenbewegung denken. Markiert man solche Unterschiede, dann kann man den demographischen Übergang grundsätzlich in vier denkbare Varianten eines möglichen Kurvenverlaufs aufspalten (Abbildung 14).

Übergangsvariante 1 verdeutlicht, dass man auch ohne die Scherenbewegung auskommen kann, um den Abstieg der beiden Kurven zuwege zu bringen. Wenn beide Kurven kontinuierlich parallel absteigen, kommt es entweder zu keinem oder nur zu minderem, auf jeden Fall aber nur zu einem langsamen Bevölkerungswachstum. Einige Nationen haben tatsächlich diesen Weg eingeschlagen. Als historische Beispiele mögen die Kurven für Frankreich, Italien und die Niederlande dienen (Abbildung 15).

Eine andere Form stellt die Übergangsvariante 2 dar (Abbildung 16). Hier geht die Sterbekurve sofort ganz dramatisch nach unten, während die Geburtenkurve noch einige Zeit auf altgewohntem Niveau bleibt. Die Geburtenkurve begibt sich erst mit erheblicher Zeitverzögerung in den Sturzflug, der dann steiler verläuft als jener der

Abbildung 14 Vier Varianten des demographischen Übergangs. Die schematische Darstellung des demographischen Übergangs lässt grundsätzlich vier Varianten zu, die sich auch in der Wirklichkeit finden. Drei davon – die Varianten zwei bis vier – beschreiben eine Scherenbewegung. Je nachdem, wie diese vor sich geht, erreicht die Bevölkerungsexplosion ihren Höhepunkt früher oder später. Im Unterschied zu der in Abbildung 13 gezeigten Vier-Stadien-Einteilung, wird hier und im Folgenden eine Fünf-Phasen-Einteilung vorgenommen, um der neueren Entwicklung schrumpfender Gesamtbevölkerungen in den westlichen Nationen gerecht zu werden.

Vier Varianten des demographischen Übergangs

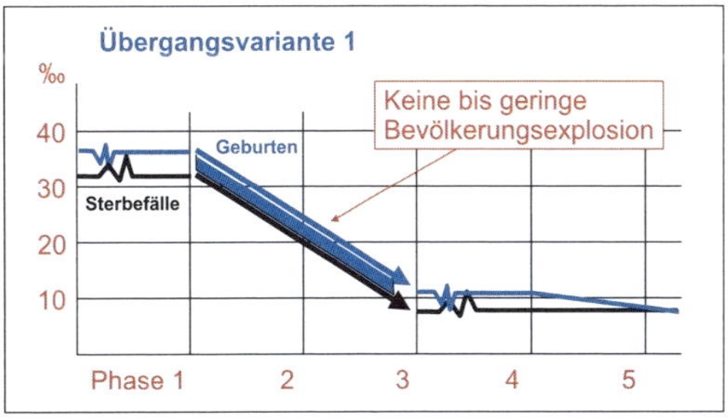

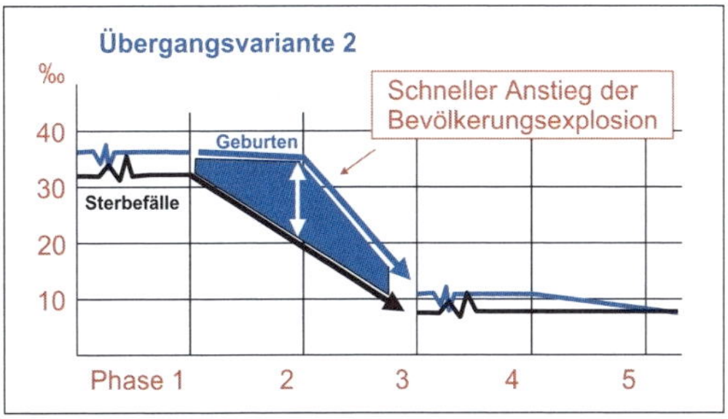

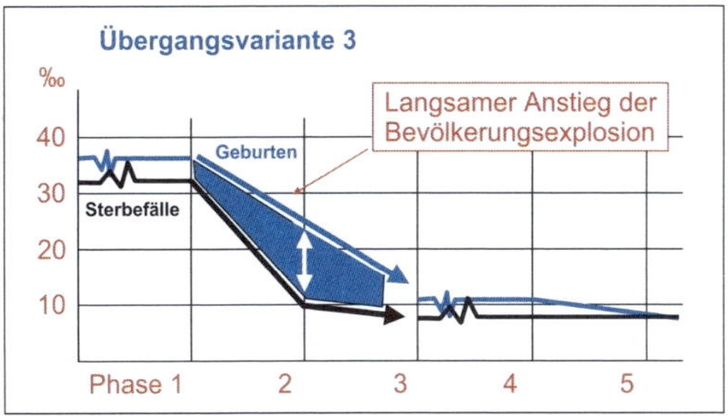

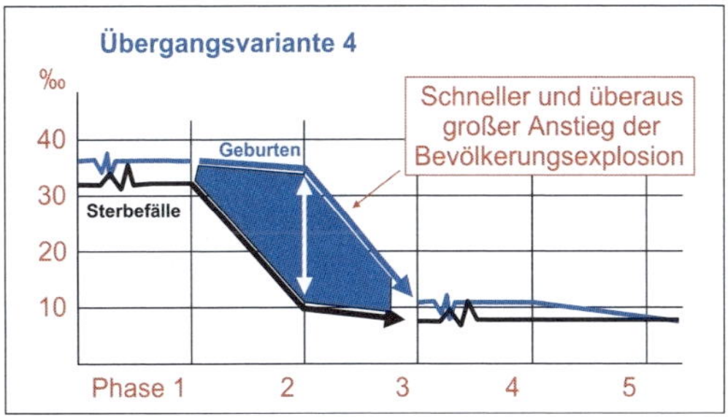

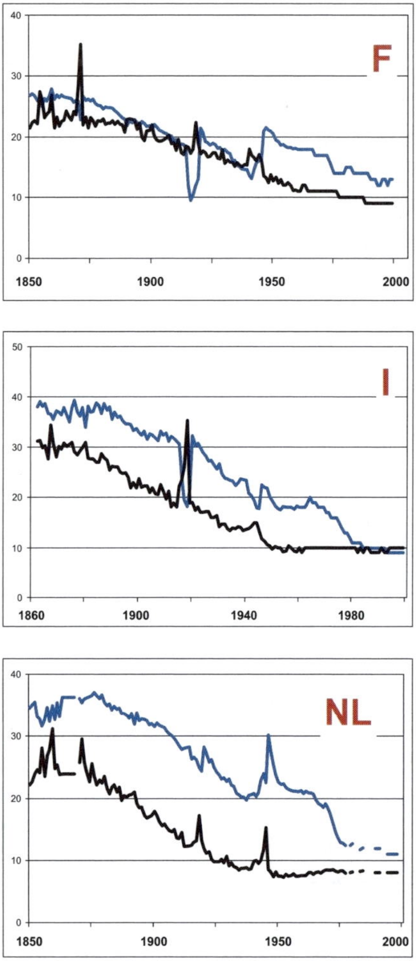

Abbildung 15 Übergangsvariante 1 am Beispiel Frankreich, Italien, Niederlande. Für die Übergangsvariante 1 gilt eine Verlaufszeit von etwa anderthalb Jahrhunderten. Die Geburten- und Sterbekurven beschreiben einen parallelen Sinkflug, also keine Scherenbewegung. Es kommt deshalb, wenn überhaupt, nur zu einer begrenzten Bevölkerungsexplosion. Das Wachstum der Gesamtbevölkerung verläuft zeitlich annähernd im Gleichmaß.

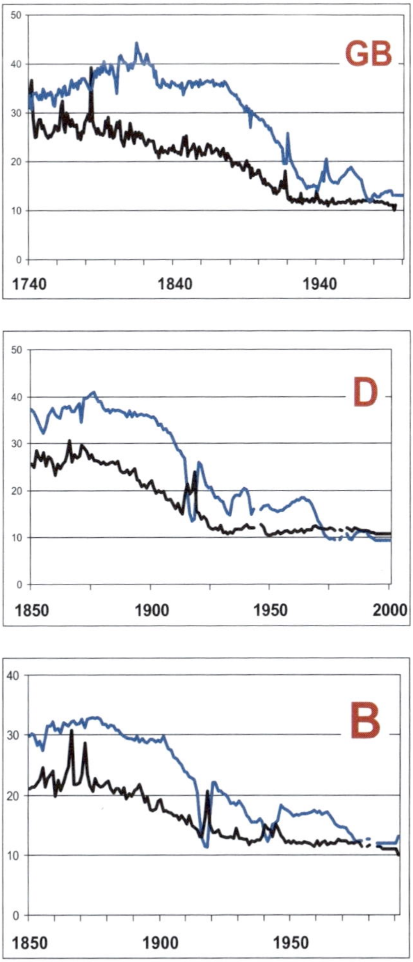

Abbildung 16 Übergangsvariante 2 am Beispiel Großbritannien, Belgien, Deutschland. In diesen Stammlanden des Kapitalismus ergibt sich bereits früh eine starke Bevölkerungsexplosion. Sie beruht anfänglich auf einem vorübergehenden Anstieg der Geburtenraten bei ansonsten gleichmäßigem Absinken der Sterberaten. Die Geburtenraten gehen erst nach einer zeitlichen Verzögerung stark zurück.

Sterbekurve. Auf diese Weise kommt es von Anbeginn des zweiten Stadiums an zu einer einseitig von der Veränderung der Sterbekurve ausgelösten Bevölkerungsexplosion. Die Explosionskraft lässt zwar mit Annäherung an das niedrige Niveau deutlich nach; das initiierte Wachstum der nationalen Gesamtbevölkerung dauert aber, wie bereits bemerkt, noch lange an.

Beispielhaft für die Übergangsvariante 2 stehen die klassischen Industrienationen Großbritannien, Belgien und Deutschland. Obwohl sie die eigentliche Scherenbewegung in recht unterschiedlichen Zeitspannen durchmessen haben (GB dehnt sie auf 150 Jahre aus, Deutschland rafft sie auf 70 Jahre zusammen), sind sie vom gleichen Typ.

Wiederum anders fällt die Übergangsvariante 3 aus (Abbildung 17). Geburten- wie Sterbekurve gehen gleichzeitig in den Sinkflug über. Der Gleitwinkel für die Sterbekurve ist dabei größer. Die Geburtenkurve folgt weniger steil nach. Auf diese Weise öffnet sich die Schere weniger abrupt, die Bevölkerungsexplosion wird zeitlich leicht hintangehalten und wirkt sich somit erst dann voll aus, wenn die ökonomische Entwicklung bereits weiter fortgeschritten ist. Beispiele dafür liefern Japan, Südkorea und Singapur.

In diesen Nationen erfolgte der demographische Übergang erst im zwanzigsten Jahrhundert, also sehr spät im Vergleich zu den übrigen westlichen Ländern; und er geht dann auch in überraschend kurzer Frist über die Bühne, vornehmlich in der Zeit nach dem Zweiten Weltkrieg.

Die realen historischen Abläufe vollzogen sich jeweils unter Umständen, über die man aus schematischen Darstellungen nichts erfährt. Politische und wirtschaftlich-technische Faktoren wirkten darauf ein. Kriege und Wirtschaftskrisen sowie technische Errungenschaften verursachten nationenspezifische Verformungen und hinterließen entsprechende Brüche und Sprünge in der Kurvenführung. Deutlich erkennbar ist das für Japan mit Bezug auf den Zweiten Weltkrieg und für Südkorea auf Grund des Koreakriegs.

Sucht man die Wurzeln der Bevölkerungsdynamik freizulegen, so findet man viele ihrer Keimzellen im mikrosozialen Bereich, das heißt also, im Intimverhalten von Familien. Die Antriebe des Fortpflanzungsverhaltens sind zwar biologischer Natur, gehorchen aber gesellschaftlich wandelbaren Gewohnheiten. Kulturell formbare

Abbildung 17 Übergangsvariante 3 am Beispiel Japan, Südkorea, Singapur. Die im Vergleich zu den westlichen Stammlanden des Kapitalismus spät in den Industrialisierungsprozess eintretenden Nationen senken die Sterberaten von Anfang an. Sie übernehmen bereits früh hygienische und medizinische Fortschritte des Westens, erhöhen damit die Lebenserwartung, und zwar schon bevor der vehemente Anstieg des Wohlstands die Tendenz zur Kleinfamilie fördert, die hernach den rasanten Abbau der Geburtenraten besiegelt. Die Bevölkerungsexplosion wird also langsam angebahnt und erreicht ihren Höhepunkt im Vergleich zu den Vorreiternationen zeitlich verzögert.

Traditionen geben den Rahmen für die intimsten individuellen Beziehungen und Leidenschaften ab. So gab es im Lauf der Geschichte gesellschaftliche Normen unterschiedlicher Art beispielsweise für Heiratsalter, Herkunft, Mitgift, Hochzeitsnacht, Stillzeiten – in denen Schwangerschaften vermieden wurden – und anderes mehr. Alle diese Normen haben in der modernen Gesellschaft ihren früheren Stellenwert verloren.

Was intime menschliche Beziehungen zur Folge haben mögen, ob sie Fortpflanzung erwirken oder unterlassen, vollzieht sich in geheimnisvoller Weise gleichgeschaltet mit den makro-ökonomischen und makro-sozialen Bedingungen, das heißt, mit dem Reifegrad des Kapitalismus am jeweiligen Ort. Der Kapitalismus wirkt bis ins Ehebett hinein. Fortpflanzung und Kapitalismus sind gewissermaßen wie kommunizierende Röhren miteinander verbunden. Sie hängen völlig kulturindifferent zusammen, also gleichgültig, ob die Vorgänge in den USA oder in Japan, in Norwegen oder Taiwan stattfinden. Gleichgültig ist es auch, ob es sich bei dem betreffenden Kapitalismus um eine ideologisch als *sozialistisch* oder *kommunistisch* organisierte beziehungsweise um eine russisch oder chinesisch drapierte Variante handelt.

Der Kapitalismus beschwört einen bestimmten Typ von gesamtgesellschaftlichem Fortpflanzungsverhalten. Das ist statistisch ersichtlich und zahlenmäßig belegt. Und dabei geht es nicht einmal um komplizierte statistische Verfahren, die zu Zweifeln Anlass geben könnten, sondern um simples Erfassen von Menschen nach Zahl, Alter, Geschlecht und Lokalität, um Größen also, die leicht einsichtig zu machen sind.

Wir schalten hier eine Zwischenbilanz ein: Den bislang beschriebenen bevölkerungsdynamischen Effekten haftet nichts Kulturspezifisches an. Die statistische Befunde verraten nicht, welche Völker mit welchen Kulturen und Religionen dahinter stehen. An der Kurvenführung der zu 85 Prozent aus Chinesen bestehenden Bevölkerung Singapurs ist nichts eigens Chinesisches zu erkennen, an den Kurven für Japan ist ebenfalls nichts spezifisch japanisch, alles erweist sich nur der makro-ökonomischen Modernisierung angepasst. An den Kurven für die Stammlande des Kapitalismus ist auch nichts Christliches zu erkennen. Die Kurvenführungen erweisen sich gleichgeschaltet mit dem Zustandekommen und der Durchsetzung der kapitalistischen Wirtschaftsweise. Und was sie voneinander absetzt, sind Varianten in Bezug auf die oben genannten fünf Punkte (S. 48–49).

Wenn die realen Kurvenführungen einer der drei bislang schematisch behandelten Übergangsvarianten entsprechen, dann bedeutet das natürlich nicht, dass alles Dahinterstehende auch schematisiert zu betrachten ist und der Kapitalismus alles Kulturspezifische einebnet. Sprachliche, ethnische, religiöse oder auch die jedem Touristen willkommenen kulinarischen Unterschiede bleiben bestehen und werden auch dann noch von Generation zu Generation weitergegeben, wenn sich die ökonomischen Lebensumstände und eben auch das Fertilitätsverhalten schon der Moderne angepasst haben. Umgekehrt: der Kapitalismus bewahrt ein gewisses kulturspezifisches Kolorit.

Einem besonderen Phänomen begegnen wir in Ländern der Dritten Welt, in denen sich die Geburten- und Sterberaten auf Grund des Einflusses westlicher Hygiene und Medizin isoliert gewandelt haben. In ihnen kommt es zu Irritationen der Sitten und Bräuche. Die noch gepflegten Traditionen bauen sich zum Teil zum Hindernis für die Übernahme der kapitalistischen Wirtschaftsweise auf. Das verleiht diesen Ländern ein Changieren zwischen »einerseits schon« und »andererseits noch nicht«.

Dieses wird durch die Betrachtung der Übergansvariante 4 verdeutlicht, die hier mit den Kurven für Indien, Mexiko und Ägypten illustriert wird (Abbildung 18).

Die Variante 4 ist für die historische Realität der meisten Entwicklungsländer repräsentativ. Sie bestätigt zwar den Zusammenhang von Kapitalismus und Fortpflanzungsverhalten, aber sie bestätigt ihn auf eine unangenehme und für die Betroffenen negative und leidvolle Weise, nämlich durch das Elend vieler Menschen. Schuld daran ist ein *modus deficiens*, ein Ausbleiben der vollen Entfaltung kapitalistisch westlicher Entwicklungsfaktoren, eine lediglich partielle Übernahme derselben, ja nicht einmal eine Übernahme, sondern mehr ein Eindringen und Aufnötigen dieser Faktoren, das man als ein Animpfen von Modernität bezeichnen kann.

Sprechen wir zunächst gleichnishaft: Moderne Winzer impfen heute den Most, den sie zu Wein verarbeiten wollen, mit Reinzucht-Hefe an, die sich nicht nur rasant vermehrt, sondern auch Wachstum

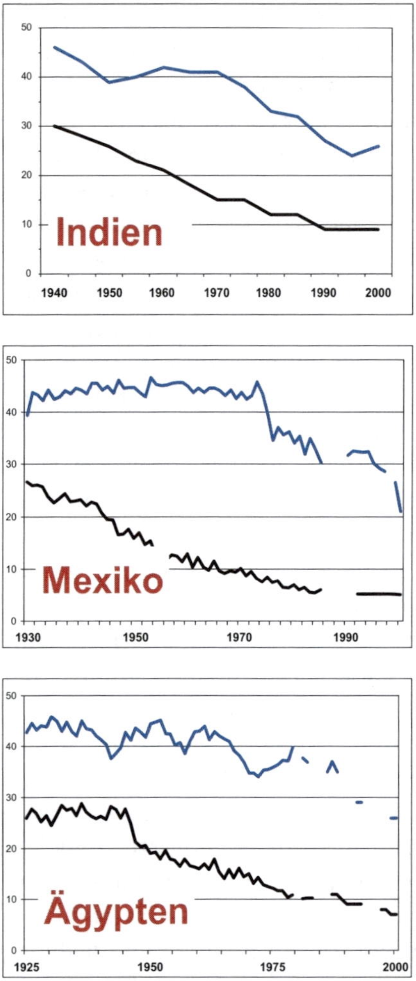

■ **Abbildung 18** Übergangsvariante 4 am Beispiel Indien, Mexiko, Ägypten. Diese Nationen repräsentieren das Schicksal der meisten Entwicklungsländer. Importierte Gesundheitsfürsorge, medizinische und hygienische Maßnahmen der Weltgesundheitsorganisation senken seit dem Ende des Zweiten Weltkriegs die Sterberaten, erhöhen die Lebenserwartung durch eine reduzierte Säuglings- und Kindersterblichkeit und lösen eine sofortige Bevölkerungsexplosion aus. Mangelndes wirtschaftliches Wachstum lässt kaum Wohlstand aufkommen, so dass die Familien ihre Altersvorsorge weiterhin durch viele Kinder zu sichern versuchen; daher hält die Bevölkerungsexplosion an, im Lauf der Zeit zwar mit Einschränkung, aber hoher Nachhaltigkeit.

von anderen Hefestoffen unterdrückt, die minder guten Wein ergeben würden. Ähnlich reizte man in der Welt des westlichen Kapitalismus mit Gesundheits- und Bildungssystemen die wirtschaftlich leistungssteigernden Faktoren der Bevölkerung an und unterdrückte gleichzeitig die Faktoren, die das Leben verkürzen. In der Dritten Welt haben wir, bildlich gesprochen, aber den falschen Most angeimpft: Es war gar kein Kapitalismus vorhanden, der mit Gesundheit und Bildung zu veredeln gewesen wäre. Was nun gesellschaftlich zum Gären kommt, ist schwerlich genießbar. Statt wirtschaftliche Modernität zu fördern, kommt es zu vorzeitiger Bevölkerungsexplosion. Diese geht konsequenterweise dem wirtschaftlichen Wachstum voran und verzehrt laufend schon dessen (meist spärliche) Erträge. Die Menschen werden ärmer. Es werden nur wenige Investitionen getätigt. Man weiß nicht, wozu die westlichen Einflüsse eigentlich gut sind. Sie erscheinen vielen gar nicht erstrebenswert.

Diese ausgewählten Kurven dokumentieren exemplarisch die dramatische Größenordnung der Bevölkerungsexplosion in der Dritten Welt. Denn je weiter die beiden Kurven auseinanderscheren, desto größer ist das Bevölkerungswachstum. Und je länger sie weit voneinander entfernt bleiben, desto länger dauert das explosive Wachstum an.

Die Geburtenraten sinken gegenüber den Sterberaten zeitverzögert, und das nur mit mäßigem Gleitwinkel; und sie harren insgesamt auf dem hohen Niveau von ca. 20 Promille aus. Die Sterbefälle pro Tausend nehmen weit schneller ab. Die Sterbekurven gehen so zurück, wie wir das von den vorher betrachteten Varianten kennen. Es sind die Geburtenkurven, die eine Beharrungskraft von zuvor ungekannten Ausmaßen zeigen. Wenn sie nach geraumer Zeit zögerlich nach unten gehen, hat sich die Schere bereits weit geöffnet. Die Bevölkerungsdynamik äußert sich lange Zeit als explosives Wachstum. So nimmt die indische Population im Beobachtungszeitraum um das Vierfache zu, von 250 Millionen auf über 1000 Millionen, die Mexikos steigt um mehr als das Fünffache, von 18 auf 100 Millionen an, und Ägyptens Bevölkerung wächst von 13 auf knapp 65 Millionen.

Bevölkerungswachstum und wirtschaftliches Wachstum sind nicht mehr im Lot. Die Wirtschaftsdynamik fehlt; und die Bevölkerungsdynamik erscheint zweigeteilt: Lediglich die Sterberaten gehen in den erwarteten Sinkflug über. Die Geburtenraten bleiben, auch wenn sie leicht sinken, auf hohem Niveau.

Wie ist das zu erklären? Welches Ursachen-Wirkungs-Verhältnis besteht? Ruft wirtschaftliche Unterentwicklung demographische Überentwicklung hervor? Beschwört umgekehrt demographische Überentwicklung die wirtschaftliche Unterentwicklung? Warum gehen aber die Sterbekurven so zurück wie in den hoch entwickelten, reichen Nationen? – Die Erklärung ergibt sich aus dem Animpfungsverfahren.

Blicken wir auf die Außenwirkung des Kapitalismus, seine Wirkung auf die Bevölkerung anderer Nationen: Der Kapitalismus wirkt weit über die Grenzen seiner Stammlande hinaus, und seinem Einfluss müssen wir auch zuschreiben, dass in den Entwicklungsländern eine Bevölkerungsexplosion entstanden ist. Die Bevölkerungsexplosion der Dritten Welt ist weniger hausgemacht als fremdentfacht. Zu ihrem Entstehen haben sicherlich viele Faktoren einen Beitrag geleistet; allen voran steht aber, dass die Verbreitung der westlichen Pharmazie und Medizin höhere Überlebenschancen verschafft hat und dass mit dieser individuell segensreich empfundenen Wirkung die Gesellschaft in der Dritten Welt im Ganzen in ein Missverhältnis zu ihren ökonomischen Gegebenheiten geraten ist. Wir wollen diesen Zusammenhang im Folgenden erklären. Dazu ist ein Rückblick auf die Stammlande des Kapitalismus notwendig.

5 Höhere Einkommen, weniger Nachkommen

Wenden wir uns noch einmal der Bevölkerungsdynamik zu, wie sie sich im Norden mit kapitalistischer Wirtschaftsweise ergeben hat. Wir greifen die Übergangsvariante 2 (siehe oben Abbildung 16) wieder auf, um die Faktoren genau zu bestimmen, die im einzelnen für die Absenkung der Geburten- und Sterberaten verantwortlich waren. Variante 2 zeigt, dass für die Bevölkerungsdynamik, die zunächst vom Rückgang der Sterbekurven geprägt wird, drei Faktoren maßgebend waren: Nahrung, Hygiene und Medizin.

Jeder dieser Faktoren leistete einen gewichtigen Beitrag zur Steigerung der Lebenserwartung, und zwar in der historischen Reihenfolge:

- Nahrung,
- Hygiene und
- Medizin.

Analysieren wir, wie der Vorgang in Europa ablief, um später den Unterschied zur Entwicklung in der Dritten Welt bestimmen zu können (Abbildung 19).

Die Bevölkerungsdynamik der westlichen Welt hat sich in fünf Phasen vollzogen:

Phase 1 bildete Ausklang und Ende der vorangegangenen Epochen bloßer Selbstversorgung, die Zeit des Abschieds von der alten Bevölkerungsweise mit ihrem hohen Bevölkerungsumsatz, das letzte Verharren in einem Zeitalter, in dem Kinder die einzige Kranken- und Altersversicherung darstellten.

In *Phase 2* senkte sich zwar bereits die Sterbekurve, aber das Geburtenverhalten blieb auf hohem Niveau. Die Menschen begriffen nicht auf Anhieb, was die neuen wirtschaftlichen Verhältnisse mit sich brachten. Es bedurfte der Erfahrung einiger Generationen, ehe allgemein realisiert wurde, dass die rationalisierte Agrarwirtschaft, die mehr und bessere Nahrung mit sich bringt, auch mehr Menschen länger überleben lässt, ergo weniger Kinder zur Alterssicherung nö-

Bevölkerungsdynamik in den Stammlanden des Kapitalismus

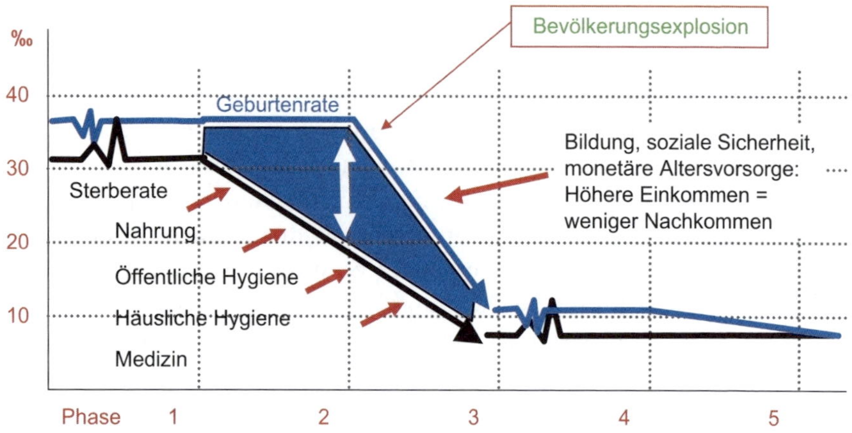

Abbildung 19 Bevölkerungsdynamik in den Stammlanden des Kapitalismus. Die eingehende Analyse der Bevölkerungsentwicklung in den westlichen Industrienationen zeigt die Wirkungsfaktoren, die zur Senkung der Geburten- und Sterberaten geführt haben. Auf die Sterbekurve wirken die Faktoren Nahrung, Hygiene und Medizin (Phase 2 und 3) und verursachen in dieser Reihenfolge eine zeitlich gestaffelte Absenkung. Sie geht mit der Erhöhung der Lebenserwartung einher. Bei der Geburtenkurve setzt in Phase 3 (also mit Blick auf die Sterbekurve zeitlich verzögert) die Wohlstandswirkung der Industrialisierung ein. Sie lässt höhere Einkommen entstehen, die (in Form von Ersparnissen, Alters- und Lebensversicherungen) zum monetären Unterpfand dafür werden, dass man auch mit weniger Nachkommen im Alter abgesichert ist. Phase 4 hält den erreichten Zustand einige Zeit stabil, bis in Phase 5 eine Sinneswandlung zutage tritt: in Gestalt kontinuierlicher Fortpflanzungsverweigerung, die heute für die Überalterung der westlichen Nationen verantwortlich ist. Die Geburtenraten sinken unter die Sterberaten. Es kommt zum Bevölkerungsschwund.

tig sind. Daneben bewirkten die deutlich verbesserten hygienischen Lebensbedingungen in den Städten eine weitere Erhöhung der Lebenserwartung.

In dem Prozess, der die höhere Lebenserwartung mit sich brachte, wirkten in erster Linie die landwirtschaftlichen Fortschritte. Es wurde mehr Nahrung und bessere Nahrung zur Verfügung gestellt. Das stabilisierte die Gesundheit. Man konnte auch sehr viel leichter als in früheren Zeiten Vorratshaltung betreiben und vermochte damit

Hungersnöte als mögliche Folge von Missernten zu vermeiden. Hygienische Fortschritte wirkten in zweiter Linie. Sie verstärkten die verlängerte Lebenserwartung. Durch sie wurden Infektionen reduziert, Erkrankungen vermieden und Seuchengefahren gemindert.

Impfkampagnen bewirkten später weitgehende Seuchenunterdrückung. Deren Erfolge sind bereits dem Konto der pharmazeutischen und medizinischen Errungenschaften gutzuschreiben. Medizin wirkte im Prozess steigender Lebenserwartung als dritter und, zeitlich gesehen, letzter Faktor. Obwohl sie der jüngste der drei lebensverlängernden Faktoren ist, gilt sie vielen Menschen als dominierender Faktor. Die Wunder, die Medizin und Pharmazie heute im Westen für die Gesunderhaltung und die Steigerung der Lebensqualität bewirken, erscheinen beachtlicher als die simple und gesicherte Nahrungsbesorgung. Nahrung und Hygiene werden weit selbstverständlicher hingenommen und in ihrer historischen Rolle weit weniger gewürdigt als Medizin und Pharmazie, was wahrscheinlich damit zu tun hat, dass letztere immer wieder mit sensationellen Verbesserungen aufwarten und dadurch Medienpräsenz erlangen.

Im *Übergang von Phase 2 zu Phase 3* führte das Verhältnis der Geburten- zur Sterberate zu einer ansteigend positiven Bevölkerungsbilanz. Die Bevölkerung explodierte. Als Großbritannien im 19. Jahrhundert auf den Höhepunkt dieser Explosion zuging, theoretisierte der Geistliche Robert Malthus (1766–1834), alsbald würde die Nahrung nicht mehr für die wachsende Bevölkerung ausreichen. Er vermutete ein weiteres Ansteigen der Geburtenziffern (wie in Abbildung 20 übertrieben dargestellt). Malthus konnte noch nicht erkennen, dass die Landwirtschaft auf Grund der neuen Produktionsmittel vor einer Revolution stand und die Nahrungsprobleme in einiger Zeit gelöst sein würden. Zu seiner Zeit nahmen die Nöte ja auch zu. Da er keine ökonomische Lösung des Problems sah, schlug er eine demographische Lösung vor: sexuelle Enthaltsamkeit. Damit argumentierte er ganz im Sinn der herkömmlichen Moralvorstellungen.

Marx und Engels sahen die Problemkonstellation völlig anders. Sie interpretierten die zunehmenden Nöte als eine Folge der Ausbeutung des Proletariats durch die Kapitalisten. Sie schlugen daher eine politisch-ökonomisch revolutionäre Lösung vor. Aber auch ihr Lösungsvorschlag erledigte sich im weiteren Verlauf von selbst. Die Bevölkerung schränkte ihr Wachstum von sich aus ein (Abbildung 20).

In allen westlichen Nationen war der demographische Übergang mit prekären sozio-ökonomischen und krisenträchtigen politischen Umständen verbunden. Die Sterberate der Armen war hoch, die der Reichen niedrig. Zahlreiche Bedrängte wählten die Emigration und gingen nach Übersee, vorzugsweise nach Nordamerika. Europa hat die Probleme seiner eigenen Bevölkerungsexplosion weniger gelöst, als vielmehr – drastisch und bildlich formuliert – beerdigt oder exportiert. Der demographische Übergang geriet unter Herausbildung zeitweilig schlimmster proletarischer Existenzformen zunächst in seine kritische Phase und gelangte nur langsam und mühevoll über sie hinaus.

Erst in *Phase 3* setzten sich bei der Bevölkerung jene Einsichten durch, die sowohl den Annahmen von Malthus wie denen von Marx und Engels einen Strich durch die Rechnung machten. Wir müssen in der Phase 3 unseren Blick von der Sterbekurve abwenden und auf die Entwicklung der Geburtenkurve hinlenken. Denn auf der Seite der Geburten vollzog sich nun eine »kapitalistische Bevölkerungsrevolution«.

Wie sich in der Intimsphäre die zugehörigen Willensbildungen vollzogen haben, wissen wir nicht, aber im Lauf der Zeit müssen mehr und mehr Familien zu der Einsicht gekommen sein, sie seien gut beraten, wenn sie nur wenige Kinder zeugten. Sicherlich hat zu dieser Einsicht auch die Entwicklung der Medizin und die der zunehmenden Gesundheitsfürsorge sowie allgemeine Aufklärung beigetragen. Die Ärztedichte nahm zu, Krankenhäuser verdrängten die alten Spitäler. Medizinische und pharmazeutische Errungenschaften, die sich im Gleichtakt mit dem allgemeinen technischen und wissenschaftlichen Fortschritt ergaben, verschafften Kranken höhere Heilungschancen und reduzierten herkömmliche Todesursachen. Durch sie konnten die Schwächsten der Gesellschaft, Säuglinge, Kleinkinder und Alte, gestärkt werden. Krankenkassen sicherten immer mehr Menschen die Behandlungsmöglichkeiten.

Weiter kam hinzu, dass mit dem Wohlstand auch das Bildungsniveau anstieg, besonders nach Einführung der allgemeinen Schulpflicht. Die Akzeptanz für Arbeitslosen-, Kranken- und Altersversicherungen,

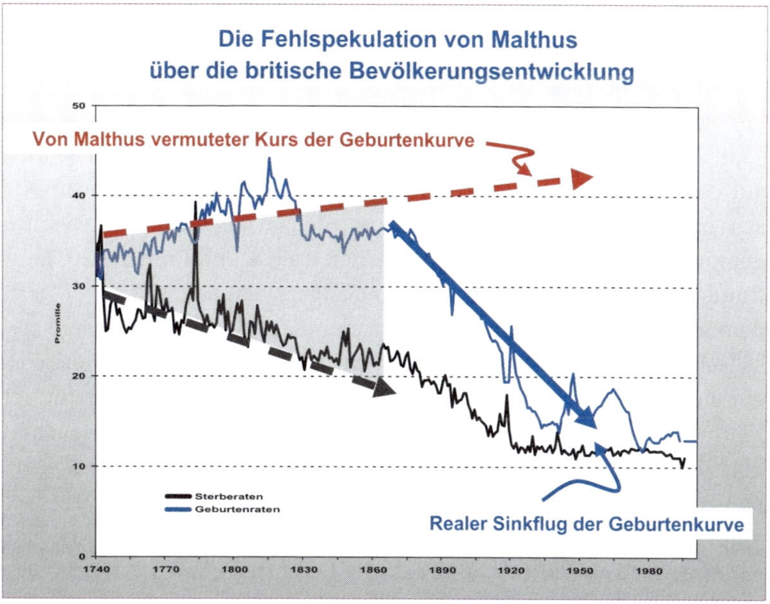

Abbildung 20 Die Fehlspekulation von MALTHUS. Die Darstellung sucht den Gedankengang von MALTHUS zu illustrieren. Verlängert man die Geburtenkurve (blau) und die Sterbekurve (schwarz), so entspricht die eingeschlossene Fläche einer überdimensionalen, katastrophalen Bevölkerungsexplosion. MALTHUS stellte diese Spekulation 1798 an. Sie erwies sich als falsch; die Rechnung war ohne die aufstrebende Ökonomie gemacht. In Wirklichkeit ergab sich ein industriell beflügeltes wirtschaftliches Wachstum, sorgte für Wohlstand, verschaffte Ersparnisse und sicherte die Altersversorgung monetär ab. Effekt: Die Geburtenkurve schnellte nicht (wie blau gezeichnet) auf hohem Niveau weiter empor, sondern sank (rot gezeichnet) dramatisch ab. Daraus lässt sich eine allgemeine Lehre ziehen: Bevölkerungsprognosen ohne Berücksichtigung der Ökonomie sind blind; Wirtschaftsprognosen ohne Berücksichtigung der Bevölkerungsentwicklung sind taub.

Witwen- und Waisenkassen stieg, gleichgültig, ob staatlich, privat oder gewerkschaftlich organisiert. Mit einer Wirtschaftsdynamik, die zu einer Gesamtbereicherung der Gesellschaft führte, ließ sich durch Ersparnisse eine geldliche Vorsorge fürs Alter treffen. So kam langsam, aber stetig die demographische Grundgleichung des westlichen Kapitalismus zur Geltung:

höhere Einkommen = weniger Nachkommen.

Höhere Einkommen bildeten den wichtigsten Faktor, der die Geburtenraten senkte.

In *Phase 4* stabilisierten sich dann die Geburten- und Sterberaten auf dem für alte Gesellschaften unvorstellbar niedrigen Niveau von acht bis zwölf Promille. Diese Phase wurde von den industriell westlich geprägten Nationen mehrheitlich in den dreißiger Jahren des 20. Jahrhunderts erreicht. Japan und einige Tigerstaaten folgten erst nach dem Zweiten Weltkrieg. Eine ihrer demographisch wichtigsten gesellschaftlichen Ausdrucksformen war die Kleinfamilie. Es bildet sich ein eindeutiger Trend heraus: Er läuft von der Großfamilie früherer Zeiten zur Klein- und Kernfamilie moderner Zeiten, zur Elternschaft von allein erziehenden Müttern und Vätern und zur Kinderlosigkeit. Die Aufmerksamkeit, die den Kindern zuteil wird, erhalten sie weniger direkt in der Familie als vielmehr indirekt in Kinderkrippen, Kindergärten, Vorschule und Schule. Die Eltern konzentrieren sich auf das Berufsleben.

Die Nationen verbuchen also ein Sowohl-als-auch; sie haben sowohl weniger Kinder zu betreuen als auch mehr Mühe, sich den wenigen angemessen zuzuwenden. Viele Erwachsene und Berufstätige wiederum weichen den Mühen des Elterndaseins zugunsten beruflicher Karrieren, wirtschaftlichen Erfolgs und der Realisierung eines Prozesses aus, den man gemeinhin als individuelle Selbstverwirklichung bezeichnet. Dieses gesellschaftliche Prägungsmuster ist natürlich mit einem Selbstliquidierungseffekt, einem generativen Selbstmordfaktor, ausgestattet.

Die *Phase 5*, die wir zusätzlich eingezeichnet haben, ist heute eine Angelegenheit von Nationen mit Bevölkerungsschwund, besonders von Staaten wie Portugal, Spanien, Italien und Deutschland. Noch prekärer ist es um die Bewohner der osteuropäischen Staaten bestellt. Prekär ist die Situation auch für die Japaner. Als einzelner großer Gruppe blüht in den USA den europastämmigen Weißen ein erheblicher Schwund. Sie geraten innerhalb der Vereinigten Staaten langsam, aber sicher in die Minderheit. Für die Eliten der USA ist das eine unvorstellbare Angelegenheit – ein Kulturschock.

6

Der Mohr kann gehen!

Die westlichen Nationen erlebten ihre Bevölkerungsexplosion im 19. und beginnenden 20. Jahrhundert unter den Umständen eines kulturellen Umbruchs, der auch die Trennung von Staat und Kirche mit sich brachte und Politik auch ohne Berufung auf christliche Fundamente erlaubte. Bevölkerungs- und Wirtschaftsdynamik vollzogen sich unter gleichzeitiger Umwälzung aller herkömmlichen Sitten, Bräuche und Gewohnheiten in Wirtschaft, Gesellschaft und familiärem Dasein. Land-Stadt-Wanderung, Arbeitsteilung, der Aufbau von Kohle-, Eisen- und Textilindustrie, Massenelend inmitten der aufblühenden bürgerlichen Gesellschaft, Schulpflicht und Bildungsbeflissenheit, soziale Unrast und politische Unruhe unter Entfaltung neuer Verfassungsordnungen und eines modernen Zivilrechts, Hader zwischen konservativen und liberalen Kräften, zwischen religiösen Überlieferungen und wissenschaftlichen Erkenntnissen und die politische Parteienbildung – das alles amalgamierte zu einem einzigen Prozess und zog sich über viele Jahrzehnte hin. Einige Nationen bildeten als Vorreiter Trends heraus, die andere aufnahmen.

Nach vielen imperialistischen Rivalitäten und zwei furchtbaren Weltkriegen mussten die europäischen Nationen fortan ohne ihre Kolonien auskommen. Der Kolonialismus hatte ausgedient. Er war ohnehin langsam vom Nutzen- zum Kostenfaktor geworden. Beim Aufbau der westlichen Industriegesellschaften hatten die Kolonien einen nicht geringen Teil der Kosten getragen. Sie lieferten Rohstoffe, ihre Bewohner verrichteten Arbeit und Hilfsdienste auf billige Art, sie stellten Absatzmärkte, hielten Handel und Wandel in Gang, ohne selbst die Wandlungen mitzuvollziehen, die sich bei den Kolonialmächten in deren Heimatgebieten abspielten. Unbeeinflusst waren die Kolonien dennoch nicht geblieben. Die spanisch-portugiesischen Besitzungen Südamerikas, die sich schon früh zur Selbständigkeit erhoben, erweckten vorübergehend den Eindruck, Anschluss an die Veränderungen in Europa und Nordamerika zu finden. Sie bauten ihre Exportwirtschaft aus und profitierten von der internationalen

Arbeitsteilung. In dem Maß, in dem ihre Rohstoffe weniger gefragt wurden (beispielsweise Düngemittel auf Grund synthetischer Ammoniakproduktion in Europa), fielen sie wirtschaftlich wieder zurück und verloren an Reichtum und Pracht.

Wie einst die Mauren auf der iberischen Halbinsel der dortigen Wissenschaft und Kunst zu mancher Blüte verhalfen und dann unter der Devise: *Der Mohr hat seine Schuldigkeit getan, der Mohr kann gehen,* der Reconquista zum Opfer fielen und verjagt wurden, so entledigten sich die Kolonialmächte nach dem Zweiten Weltkrieg ihrer Kolonien ohne Dank und Anerkennung für deren Dienste und ohne für deren Zukunft eine angemessene Vorsorge getroffen zu haben.

Vorsorge hätte geheißen, sich für die Veränderungen, die man den Kolonien aufgezwungen hatte, verantwortlich zu fühlen und Hilfe anzubieten, um mit diesen Verformungen fertig zu werden. Als Jahre später eine solche Hilfe angeboten wurde, ging sie von den damaligen Ergebnissen des eigenen Entwicklungsprozesses aus. Und diese Ergebnisse besagten, man müsse gesund und gebildet sein, um in der Welt bestehen, einen Beruf ausüben und Geld verdienen zu können, und im Hintergrund müsse dafür ein funktionierendes politisches System vorhanden sein. Dass Gesundheit, Bildung und funktionierender Rechtsstaat nicht die ersten Bausteine der eigenen Entwicklung waren, wurde nicht diskutiert. So konzentrierte sich die Hilfe nicht auf die Landwirtschaft und das produzierende Gewerbe, sondern sie bestand im Wesentlichen darin, Gesundheit, Bildung und Demokratie nach westlichem Vorbild in den früheren Kolonien zu etablieren. Von westlicher Seite geschah das unter der Herausforderung durch konkurrierende, sowjetische Bemühungen. Denn die Sowjets suchten natürlich die neuen Nationen in Richtung kommunistisch-sozialistischer Ordnungen umzuformen.

Was man den Entwicklungsländern offerierte, stellte die Entwicklungssequenzen geradewegs auf den Kopf. Man versetze sich, wie bereits angedeutet, in die Zeitumstände zurück, unter denen im Westen die moderne Entwicklung begann. Die Industrialisierung fand mit ungebildeten, zu nicht geringen Teilen noch analphabetischen Arbeitskräften statt. Es waren keineswegs robuste und gesunde Zuwanderer, die in den Städten das Proletariatsschicksal auf sich nahmen. Gesundheits- und Bildungssysteme, die später kamen, wurden mit den bereits vom Proletariat erwirtschafteten Erträgen finanziert. Zu Beginn der industriellen Entwicklung gab es im Westen auch keine republikanische oder demokratische Staatsordnung, indessen dergleichen nun den Entwicklungsländern mit Nachdruck empfohlen wurde. Dort, wo sich die Entwicklungsländer nach dem Zweiten Weltkrieg realiter befanden, war für den letzten Stand der Gegebenheiten des Westens gar kein angemessener Platz.

Was verkehrt gemacht wurde, erfolgte – man kann es als Ironie des Schicksals oder Dialektik des Geschichtsprozesses bezeichnen – in durchaus wohlmeinender Absicht. Demographen wie HERMANN SCHUBNELL haben bereits Mitte des vorigen Jahrhunderts eindringlich darauf hingewiesen, dass eine induzierte, gewissermaßen künstliche Senkung der Kindersterblichkeit und Erhöhung der Lebenserwartung ohne begleitende agrarökonomische Absicherung über kurz oder lang in den Entwicklungsländern zu erheblichen Problemen führen müsse.

Pikant ist, dass die Landwirtschaftshilfe für die Dritte Welt zu einer Zeit vernachlässigt wurde, in welcher der Agrarökonomie sogar im inzwischen längst industrialisierten Westen noch einmal besondere Aufmerksamkeit zuteil wurde. Denn zu den ganz eindringlichen Erlebnissen der Kriegs- und ersten Nachkriegszeit gehörte in Europa der Hunger. *Kanonen statt Butter* hatte CHURCHILLS Parole geheißen, als es darum ging, die Deutschen zu schlagen; entsprechend entbehrungsreich waren die Folgen der kriegswirtschaftlichen Anstrengungen.

Überall, bei Siegern wie Besiegten, hatte die Kriegswirtschaft zu einer zwischenzeitlichen Vernachlässigung der Landwirtschaft geführt. Auf den britischen Inseln hungerte man in der Nachkriegszeit nicht anders als in Deutschland. Die Landwirtschaft gedieh daher sofort zum Hätschelkind des Wiederaufbaus im zerstörten Europa. Komme was wolle, hungern wollte niemand mehr. Die Bauern genossen wirtschaftspolitische Aufmerksamkeit und profitierten am frühesten von der wirtschaftlichen Erholung. Seither haben sie ihre damalige Wichtigkeit unablässig als etwas ausposaunt, was für alle Zeiten gelte. Mit einer schier unglaublichen Geschicklichkeit und Ausdauer wussten westliche Landwirtschaftslobbys dies immer wieder politisch zu bekräftigen. Sie profitieren heute noch davon. Nicht durch Leistung, sondern durch Subventionen. Und das seit Jahrzehnten.

Gemessen an dem geringen Anteil, den die Landwirtschaft noch am volkswirtschaftlichen Gesamtprodukt hat, kann man die widersinnigen Subventionen für die Landwirtschaft heute im Westen finanziell durchaus verschmerzen. Die Subventionen richteten aber weltwirtschaftlich über die Jahre hinweg sehr viel mehr Schaden an, als man wahrhaben möchte. Sie unterminierten den freien Welthandel mit Agrarprodukten und beraubten die Entwicklungsländer ganz grundlegender Wachstumsimpulse. Nahrungsmittel- und Agrarprodukthandel hätte für die Entwicklungsländer nicht nur eine Einnahmequelle sein können. Aufblühende Agrarwirtschaft hätte den Bevölkerungen in den Entwicklungsländern auch sehr viel höhere Chancen dafür eingeräumt, sich heute selbst mit Nahrung versorgen zu können, statt dem Hunger ausgeliefert zu sein. Die Ausgangssituation ist aber nicht in diesem Sinn genutzt worden.

Was die Kolonien einst an Hilfe für die industrielle Entwicklung der westlichen Welt bedeuteten, das hätten im Gegenzug die entwickelten kapitalistischen Länder für die ehemaligen Kolonien auch leisten sollen: Anschubmärkte für deren Entwicklung zu sein. Diesen Ansatz zu einer weltweit friedlichen Ausdehnung der kapitalistischen Wirtschaftsweise hat die Hochzollpolitik des Westens nicht nur in bezug auf Agrarprodukte, sondern auch bezüglich Textilien verhindert.

Nachdem das alles der Vergangenheit angehört, hat man es heute natürlich leicht, Kritik zu üben. Im historischen Kontext des Ost-West-Konflikts nahmen sich die Dinge seinerzeit komplizierter aus. Während der Westen mit Schlagworten wie *Freiheit, Demokratie* und *Marktwirtschaft* operierte, ohne sie wirklich zu bewahrheiten, machten es sich die machtpolitisch glänzend etablierten Sowjets damit leicht, den westlichen Kapitalismus anzuklagen, um im Gegenzug mit dem Stichwort *Sozialismus* zu werben. Und mit Sozialismus als einer Alternative zum Kapitalismus liebäugelten nicht wenige Politiker in den Entwicklungsländern, die in engen Beziehungen zum Westen eine postkoloniale Rückkehr ihrer früheren Herren witterten. Man wollte durchaus keinem Neokolonialismus zum Opfer fallen. Da die Sowjets aber ihrerseits weit mehr dazu neigten, statt wirtschaftlicher Hilfe lieber militärische zu leisten, haben auch sie an der misslichen Situation des Ungleichgewichts von Bevölkerungs- und Wirtschaftsentwicklung in der Dritten Welt nichts verändert.

Landwirtschaftsentwicklung und Nahrungssicherung sind in der Dritten Welt als Entwicklungsfaktor auf den letzten Platz gerutscht. Statt der entwicklungspolitisch sinnvollen Sequenz:

Nahrung, Hygiene, Medizin,

erlebten die Entwicklungsländer die Abfolge:

Medizin, Hygiene, Nahrung.

Auf diese Weise hat westliche Entwicklungshilfe durch den Export von Medizin, Pharmazie und Krankenfürsorge ihren eigenen Absichten entgegen einen wesentlichen Beitrag zum Missverhältnis von ökonomischer und demographischer Entwicklung in der Dritten Welt geleistet. Dafür gab es freilich auch eine historische Anbahnung. Die Gesundheitsfürsorge in der Dritten Welt durch die Weltgesundheitsorganisation *(World Health Organization, WHO)* blühte nach deren Gründung 1948 nicht unvermittelt auf, sondern hat eine Vorgeschichte, die auf das 1909 in Paris gegründete *Office of Public Health* und dessen Aktivitäten zwischen den beiden Weltkriegen zurückgeht. Ging es anfänglich um Seuchenverhütung und speziell darum, die Ausbreitung tropischer Krankheiten und deren mögliche Übertragung in die Heimatländer der Kolonialmächte zu verhindern, so hat die WHO in deren Tradition weiter gehandelt. Sie hat dann weltweite Kampagnen zur Massenimpfung, zur Nutzung von Antibiotika und Insektiziden, zur Einrichtung von Krankenhäusern und Laboratorien für Frühdiagnosen, zur Hilfe für saubere Trinkwasserversorgung und Abwasserentsorgung und zur sexuellen Aufklärung der Landbevölkerung in der Dritten Welt auf ihre Fahnen geschrieben.

Natürlich ist anzuerkennen, dass damit beeindruckende Erfolge erzielt wurden. Cholera, Gelbfieber und Hauttuberkulose kamen unter Kontrolle, die Pocken sind faktisch ausgerottet. Was die WHO zur Reduzierung der Säuglings- und Kindersterblichkeit getan hat, kann nicht hoch genug bewertet werden. Diese Erfolge haben Millionen von Menschen glücklich gemacht, weil sie familiäre und individuelle Schicksale verbesserten. Sie schlugen sich aber im Bevölkerungswachstum nieder und enthüllten langsam eine Kehrseite, die sich auf das Schicksal der Nationen im Ganzen negativ auswirkte und die damit die Beglückung der Individuen konterkarierte. Spätestens zu dem Zeitpunkt, als das zu erkennen war, wäre es nötig gewesen, die Strategien zu überdenken. Die WHO hätte darauf bestehen müssen, flankierende, dynamisierend auf die Wirtschaft wirkende Programme zu fordern. Ohne diese musste ihre weitere Arbeit zur Problemzuspitzung führen. Und diese ist längst zutage getreten.

Inzwischen ist die WHO längst gezwungen, gegen Konsequenzen ihrer eigenen Aktivitäten anzugehen: Sie muss das indirekt von ihr forcierte Bevölkerungswachstum wieder bremsen. Das tut sie zwar, aber wieder nur mit ihren ureigenen Mitteln, statt ihre Arbeit eng mit Wirtschaftsförderung zu verzahnen. Sie tut es, indem sie die Bevölkerungsexplosion durch Kampagnen zur Geburtenregelung zu dämpfen versucht, durch Kondomzuteilungen, Kontrazeptiva, sexuelle Aufklärung und Propagierung einer Emanzipation der Frauen. Das beschwört wiederum Konflikte mit den Sitten und Bräuchen der Betroffenen herauf. Denn wenn Modernität nicht auf Grund eigener wirtschaftlicher Fortschritte auf breiter Front zum Zuge kommt, bleiben tradierte Sitten, Bräuche und Mentalitäten wie Beschneidungen und Heiratsarrangements noch lange bestehen. Diejenigen, die noch nicht vom Wohlstand zu einem modernisierten Fortpflanzungsverhalten verlockt werden, halten an althergebrachten Rollenvorstellungen fest und opponieren gegen die westlichen Einflüsse. Besonders prononciert kommt der Protest in den nahöstlichen, muslimischen Bereichen zum Ausdruck, wo man noch immer gegen die Emanzipation der Frauen eingestellt ist.

Mittlerweile spüren in der Dritten Welt Millionen und Abermillionen Menschen, dass ihnen die westliche Hilfe zwar zur verlängerten Lebenserwartung, nicht aber gleichzeitig zur gesicherten Nahrungsversorgung verholfen hat. Selbst die vielfältigen und überall begrüßten Hilfen zur schulischen Ausbildung und Studienförderung wiesen an manchen Orten die Schattenseite auf, dass für die besser Ausgebildeten keine Beschäftigungsmöglichkeiten vorhanden waren. So fanden jahrein und jahraus etwa in Kerala Studierte und Examinierte keine andere Arbeit als die von Taxichauffeuren.

Die Absenkung der Sterberaten mittels Export westlicher Medizin und Pharmazie ohne gleichzeitige ökonomische Absicherung der dadurch anschwellenden Bevölkerungsmassen verlängert deren Armutszustand, wenn sie ihn nicht sogar noch vergrößert. Denn die

Betroffenen suchen die Fürsorge für ihr Alter traditionsgemäß in eher mehr als weniger Nachkommen. Es zeigt sich ein Verhalten, das sich auf die Formel bringen lässt, die zur demographischen Grundgleichung für viele Entwicklungsländer geworden ist:

Niedrige Einkommen = viele Nachkommen

Welche explosive Kraft sich hinter dieser Formel verbirgt, verdeutlicht die Abbildung 21.

Die demographische Entwicklung ist zwar über die Phase 2 hinaus gediehen, wird aber in Phase 3 abgeblockt (in der Abbildung markiert durch die gestrichelte Linie), so dass sie seit Jahrzehnten in dieser Phase verharrt. Eine Phase 4 steht in weiter Ferne. Die Weltbevölkerungsexplosion dauert an.

Die unbeabsichtigten Resultate der Entwicklungshilfe konterkarieren inzwischen auch Intentionen, die mit Kreditvergaben von seiten der Weltbank verfolgt werden. Die Bevölkerungen der Dritten Welt müssen, gemessen an ihren geringen Einkommen, Unsummen für Gesundheits-, Schul- und bürokratische Verwaltungssysteme aufbringen, von den Summen für die Unterhaltung des Militärs gar nicht zu reden. Das versetzt weder viele in Lohn und Brot, noch bringt es gesamtgesellschaftlichen Wohlstand mit sich. Es sind Summen, die für dringend benötigte Investitionen in der Wirtschaft fehlen. Eigentlich müssten sich die ehemaligen Kolonialmächte und die Einfluss ausübenden UN-Organisationen verpflichtet fühlen, entweder einen Teil der Kosten für die angeimpften Systeme zu übernehmen oder, besser noch, ihre einseitig auf Vorteile der Industrieländer bedachten Handelsbeziehungen zugunsten der Entwicklungsländer revidieren.

Unterdessen hat sich manches noch verschlimmert. Die eigens als eine Art kapitalistischer Antriebsmotor von den UN gegründete *Weltbank*, die Finanzen für Investitionen zum Wirtschaftsaufbau in den Entwicklungsländern zur Verfügung stellen sollte, agiert ebenfalls in nicht wenigen Fällen kontraproduktiv. Die Schuld trägt der weitgehend US-amerikanisch bestimmte *Internationale Währungsfonds (IWF)*. Während er ursprünglich nur dazu gedacht war, die Währungen der Entwicklungsländer abzusichern, bestimmt er heute Einzelheiten und Auflagen, die mit der Kapitalunterstützung seitens der Weltbank verbunden sind. So hat der IWF die Gewährung weiterer

Bevölkerungsdynamik in den Entwicklungsländern

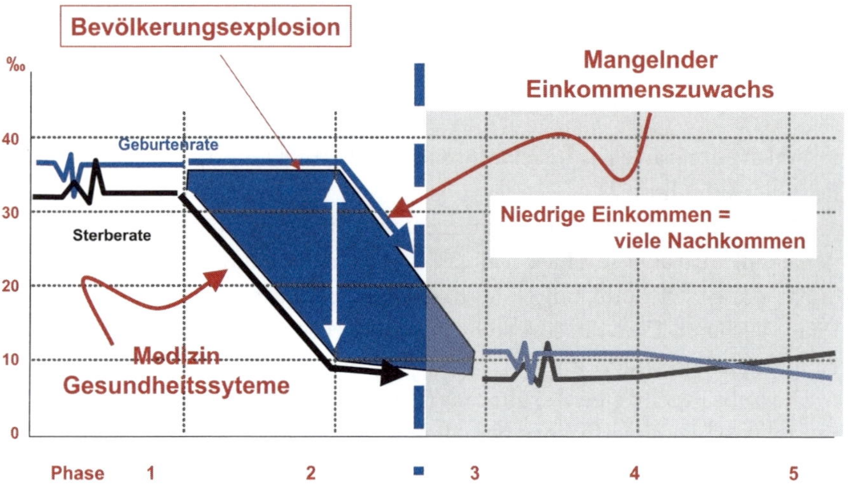

■ **Abbildung 21** Bevölkerungsdynamik in den Entwicklungsländern. Das Animpfen mit Modernität in den Entwicklungsländern durch die Einführung von Gesundheitssystemen, die mit Entwicklungshilfe finanziert und mit Unterstützung der Weltgesundheitsorganisation implementiert wurden, führte dazu, das sich die – individuell betrachtet – Segnungen höherer Lebenserwartung in Phase 2 weltweit verbreitet haben. Dem individuellen Glück steht aber eine gesellschaftliche Beeinträchtigung gegenüber: Armut. Niedrige Einkommen erlauben keine Altersvorsorge durch Ersparnisse. Die Altersversorgung wird deshalb von den eigenen Nachkommen erwartet. Die Geburtenziffern bleiben daher hoch. Die Bevölkerungsexplosion dauert an. Die Entwicklung bleibt in Phase 3 stecken. Die Politik der Weltgesundheitsorganisation hat dadurch einen zwiespältigen Charakter angenommen und darin eine eigene Dynamik entfaltet.

Hilfe in vielen Ländern von refinanzierenden, so genannten Kostendeckungs-Programmen abhängig gemacht. Danach kann es beispielsweise dazu kommen, dass auch ärmsten Familien in der Dritten Welt eigens Schulgebühren im Sinne solcher Kostendeckungs-Programme auferlegt werden müssen. Die Belastungen schlagen dadurch vom Staat bis zu den Familien durch und veranlassen natürlich viele Familien, zumindest ihre Töchter aus Ersparnisgründen nicht mehr zur Schule zu schicken. Und das alles geschieht nur, um private westliche

Banken in die Lage zu versetzen, sich Ausfallgarantien für mangelnde Kreditrückzahlungen über Weltbank und IWF einräumen zu lassen. Wie die individuellen Schicksale in Entwicklungsländern davon beeinflusst werden, interessiert dabei nicht.

Seit Joseph Stiglitz, zeitweiliger US-Präsidentenberater und ehemaliger Chefökonom der Weltbank, auf Grund seiner Erfahrungen im Jahr 2002 das Buch über *Die Schatten der Globalisierung* publiziert hat, sind für jedermann ganze Kaskaden solcher im Endeffekt verfehlter Maßnahmen zu überblicken. Das heißt keineswegs, man müsse nun alle Entwicklungshilfe unter diesem Gesichtspunkt betrachten. Aber in vielen Fällen läuft sie in eine falsche Richtung. Rechnerisch erfolgreiche Entwicklungsprojekte werden aneinandergereiht, indessen kaum jemand ermittelt, wie sie gleichzeitig vom erzeugten demographischen Gesamttrend konterkariert und in gewisser Weise ad absurdum geführt werden. Insgesamt läuft die Beeinflussung aller Länder dieser Erde durch den Kapitalismus weiterhin in die gleiche Richtung, nämlich das Wachstum der Weltbevölkerung ungewollt zu bekräftigen, indessen die gewünschte Verbesserung der Lebensumstände nicht im gleichem Maß Schritt hält. Religiöse und kulturelle Differenzen setzen dieser Beeinflussung nichts Spezifisches entgegen, der Einfluss erfolgt im Hinblick darauf völlig indifferent.

Für Indonesien signalisieren in der nachstehenden Abbildung 22 die weit auseinander klaffenden Kurven der Geburten- (blau) und Sterberaten (schwarz) den Effekt des dramatischen Anstiegs der Bevölkerungszahl (rot). Dieser Effekt verlängert sich in die Zukunft hinein. Die Bevölkerung Indonesiens umfasst heute 225 Millionen und schwillt bis 2050 auf nahezu 340 Millionen an. Angesichts der heutigen wirtschaftlichen Bedingungen ist es nahezu unvorstellbar, wie die Probleme von Nahrungssicherung, Wasser- und Energieversorgung, Infrastruktur, Arbeitsplatzbeschaffung, der Bildung und des Umweltschutzes in dem Inselstaat künftig gelöst werden sollen.

Mit den Abbildungen 23 bis 27 werden die Entwicklungen von Indien, Mexiko, Ägypten (drei Nationen, die wir bereits in der Abbildung 18 für die Übergangsvariante 4 en miniature berücksichtigt haben) sowie die von Vietnam und Nigeria illustriert. Die Graphiken verdeutlichen, wie das Bevölkerungsverhalten rund um die Welt durch den westlichen Einfluss umgeformt wird. Allenthalben befinden sich

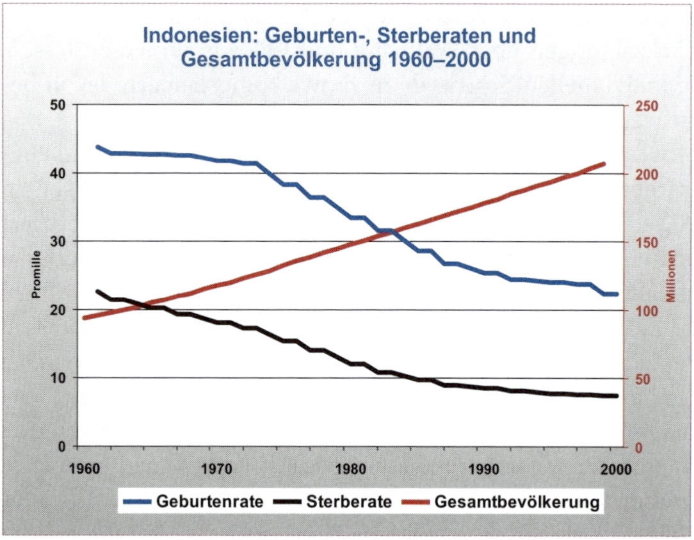

■ **Abbildung 22** Indonesien, Geburten-, Sterberaten und Gesamtbevölkerung 1960–2000.

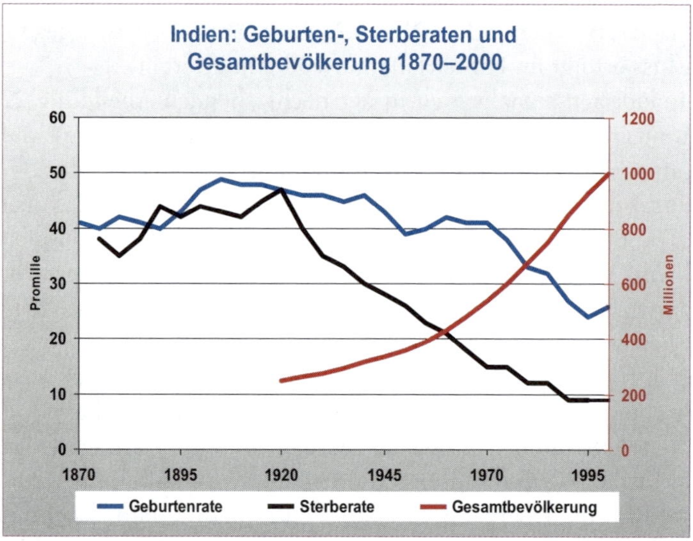

■ **Abbildung 23** Indien, Geburten-, Sterberaten und Gesamtbevölkerung 1870–2000.

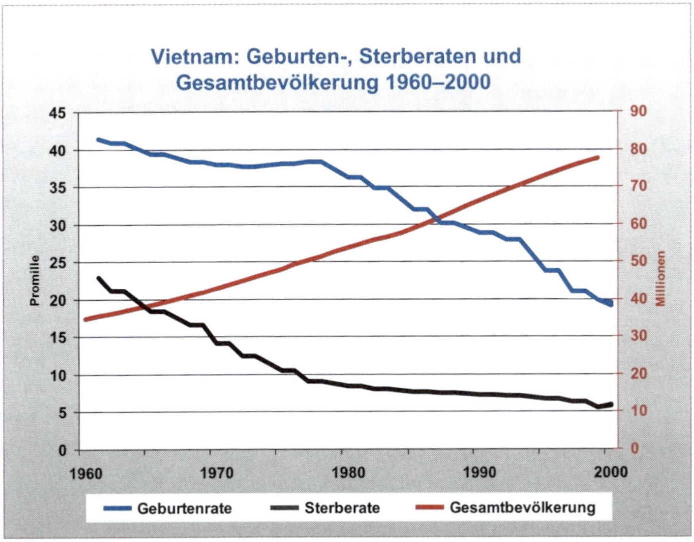

Abbildung 24 Vietnam, Geburten-, Sterberaten und Gesamtbevölkerung 1960–2000.

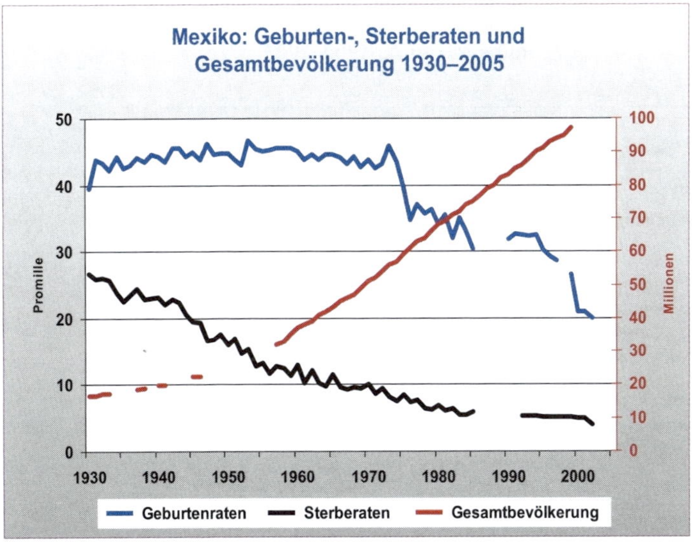

Abbildung 25 Mexiko, Geburten-, Sterberaten und Gesamtbevölkerung 1930–2005.

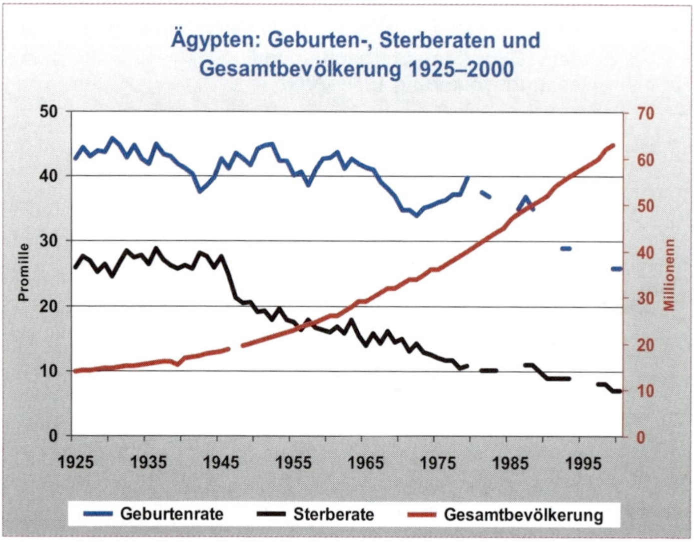

■ **Abbildung 26** Ägypten, Geburten-, Sterberaten und Gesamtbevölkerung 1925–2000.

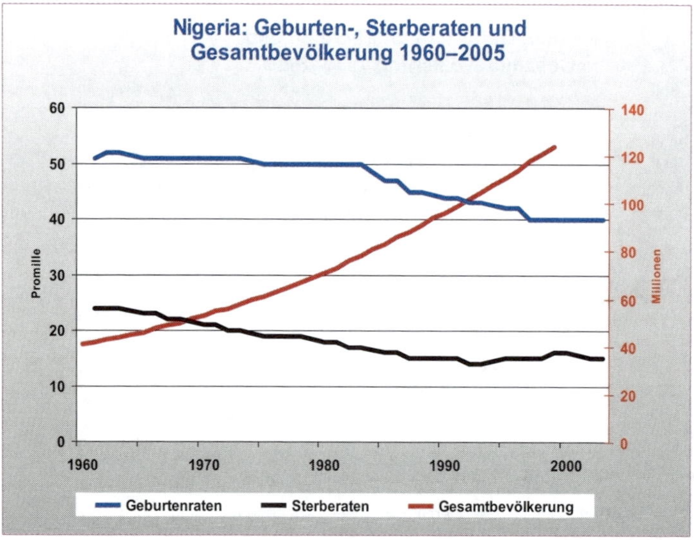

■ **Abbildung 27** Nigeria, Geburten-, Sterberaten und Gesamtbevölkerung 1960–2005.

die Sterbekurven im Sinkflug, während Geburtenkurven sehr viel zögerlicher folgen und insgesamt hoch über den Sterbekurven liegen, was – in den roten Kurven – die andauernde Bevölkerungsexplosion anzeigt. Die Abbildungen berücksichtigen Nationen mit kulturgeschichtlich und religiös völlig unterschiedlichem Zuschnitt.

Fügte man diesen Graphiken weitere für Bangladesh, Brasilien, Iran, die Philippinen oder die Türkei hinzu, so ergäben sich ähnliche Bilder. Sehen wir von China ab, auf das wir erst anschließend eingehen werden, so repräsentieren Indien, Indonesien, Vietnam, Mexiko, Ägypten und Nigeria das gesamte kulturelle Erbe aller großen Schriftkulturen und Weltreligionen, ohne dass sich dieses Erbe in den hier dokumentierten, das Schicksal der Nationen bestimmenden Prozessen irgendwie differenzierend auswirkt. Bis in die familiären Erfahrungen hinein zeigen sich die Entwicklungen dieser Nationen gleichgeschaltet.

In Indonesien und Ägypten sowie in Nord-Nigeria gehorchen die Menschen dem sunnitischen Islam, ethnisch sind sie völlig verschiedenartig. Süd-Nigeria hat wie Mexiko christliche Bewohner, die kulturhistorisch und ethnisch durch Welten getrennt sind. In Indien sind vier Fünftel der mehr als eine Milliarde Einwohner Hindus, die dem Hinduismus in diversen Ausprägungen huldigen. Vietnams Bevölkerung bekennt sich traditionell zum Buddhismus. Es sind also alle großen Weltreligionen vertreten. Würde man die Graphiken ohne Angabe der dahinter stehenden Nationen vorlegen, könnte man den Kurvenverläufen nicht ablesen, welcher religions- oder kulturhistorische Hintergrund dazu gehört. Die Nationen gleichen sich im Sinkflug der Sterbekurven und dem Beharren der Geburtenkurven auf hohem Niveau, woraus die fortlaufende Bevölkerungsexplosion resultiert.

Fazit: Dem, was die Nationen rund um den Erdball am eindringlichsten und wohl auch nachhaltigsten prägt, den vitalen Kennziffern und der Relation von Bevölkerungsdynamik zu Wirtschaftsdynamik, kann man den zugehörigen kulturellen Hintergrund nicht ablesen. Die Welt erweist sich in ihren wichtigsten Charakterzügen als zweigeteilt. Es gibt die Stammlande des Kapitalismus, denen sich weitere Industrieländer wie etwa Japan hinzugesellt haben. Und es gibt daneben die Entwicklungsländer, deren Infizierung durch den Kapitalismus in der wirksamen Umformung ihrer Gesundheits- und Bildungssysteme besteht. Deren Wirtschaftsdynamik hinkt der induzierten Bevölkerungsdynamik hinterher, was speziell in Schwarzafrika zur völligen Abkoppelung von der Modernisierung geführt hat.

Auch wenn die Menschheit ein multikulturelles Antlitz bietet, ist es sinnvoll, strikt dichotomisch von den *reichen Ländern des Nordens* und im Gegensatz dazu den *armen Ländern des Südens* zu sprechen. Wir leben nach dem Ende des Ost-West-Konflikts wieder in einer bipolaren Welt. Die multikulturelle Welt heute multipolar im Sinn eines mit vielen Frontlinien ausgestatteten *Kampfes der Kulturen* zu deuten, wie das der amerikanische Politikwissenschaftler HUNTINGTON versucht hat, geht an der Sache vorbei, denn der Nord-Süd-Konflikt ist in erster Linie eine Angelegenheit der Ökonomie. Auch die Tatsache, dass HUNTINGTONS These viele Anhänger gefunden hat, macht sie nicht besser. Es zeigt nur, wie eindrucksvoll Vordergründiges zu wirken vermag, selbst wenn das Wesentliche dadurch vernebelt wird.

Einen Beweis für das Zurücktreten kultureller Faktoren gegenüber den ökonomischen liefert China (Abbildung 28). Den chinesischen Kurven können wir Erstaunliches ablesen.

Chinas Geburten- und Sterbekurven sind denen der Stammlande des Kapitalismus vergleichbar. Sie haben einen Sinkflug absolviert und sich auf niedrigem Niveau eingependelt. Wie das zustande gekommen ist, unterscheidet sich aber ganz grundlegend von den Vorgängen im Westen. Die Relation von Wirtschafts- und Bevölkerungsdynamik entspricht nicht den Regeln der kapitalistischen Entwicklung.

China versuchte unter MAOS Führung wirtschaftlich einen eigenen Weg zu gehen. Die Partei befahl zwar zu Beginn Agrarreformen, scheute aber davor zurück, einen langwierigen Umweg zur vorherigen Ausreifung der Landwirtschaft einzuschlagen und suchte deshalb frühzeitig die Industrie zu forcieren, und zwar durch Rekrutierung der Landbevölkerung für eine Doppelrolle, als Bauern und Industriearbeiter, um dadurch einen – wie es hieß – *Großen Sprung nach vorn* zu bewerkstelligen. So wurden 1958 die so genannten Volkskommunen gegründet, in denen neben Getreide beispielsweise auch Stahl produziert werden sollte. MAOS *Großer Sprung nach vorn* endete allerdings im wirtschaftlichen und menschlichen Desaster. Sowohl im agrar- als auch im industriewirtschaftlichen Bereich kam es zum Niedergang.

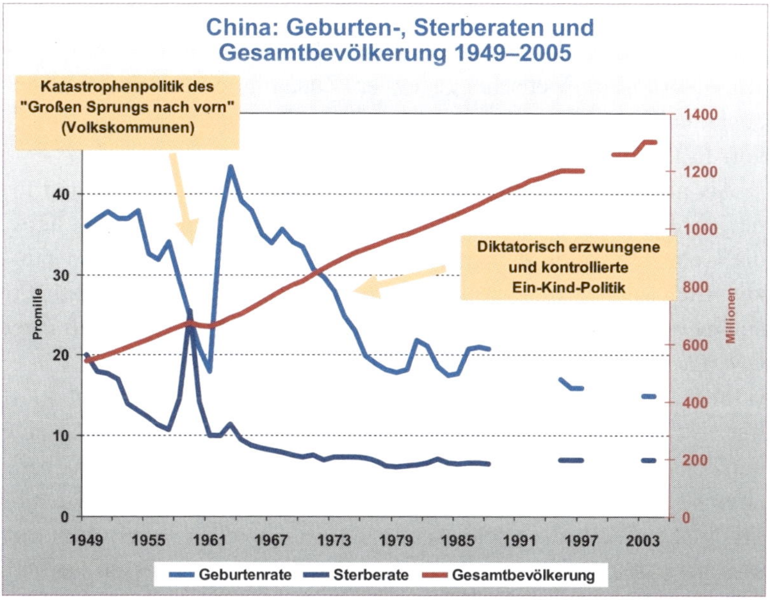

■ **Abbildung 28** China, Geburten-, Sterberaten und Gesamtbevölkerung 1949–2005. Die chinesischen Geburten- und Sterbekurven sinken zwar so, wie die der hoch entwickelten Nationen des Westens, sind aber nicht aus ökonomischen, sondern politischen Gründen so geformt. Der Sinkflug der Geburtenraten ab Mitte der sechziger Jahre beruht nicht auf Wohlstandseffekten, sondern auf einer den Familien diktatorisch aufgezwungenen Geburtenkontrolle. Viele wollten darin ein Vorbild zur Eindämmung der Weltbevölkerungsexplosion erkennen. Damit wurden aber die inneren Bedingungen der chinesischen Gesellschaft verkannt. MAO versuchte nämlich Ende der fünfziger Jahre zunächst mit dem so genannten »Großen Sprung nach vorn« die Wirtschaftsentwicklung dem Bevölkerungswachstum anzupassen. Das führte zu einer Katastrophe, die rund dreißig Millionen Chinesen verhungern ließ und Geburtenausfälle von weit mehr als 100 Millionen verursachte. Hernach suchte die chinesische Führung umgekehrt die Bevölkerungsentwicklung durch ihre Ein-Kind-Politik an die wirtschaftlichen Gegebenheiten anzupassen. Staatliche Altenversorgungssysteme wurden dabei aber nicht geschaffen. So hat sich ein 1-2-4-Syndrom herausgebildet, wonach jedem Einzelkind in China bevorsteht, künftig für zwei Eltern und vier Großeltern aufkommen zu müssen. Chinas weitere Entwicklung steht somit vor großen Altenversorgungsproblemen.

Innerhalb von zwei bis drei Jahren verhungerten mindestens 30 Millionen Chinesen. Es war die größte selbst organisierte Katastrophe einer Nation seit Menschengedenken. Zusammen mit den Geburtenausfällen jener Jahre dürfte sie die Chinesen eines Humanpotenzials von 150 Millionen Menschen beraubt haben.

Als nach der Liquidierung dieses Kurses, der MAO auf Grund innerparteilicher Kritik beinahe seine Machtposition gekostet hätte, die Geburtenzahlen enorm in die Höhe schossen, initiierte der inzwischen wiedererstarkte MAO 1965 die Kulturrevolution. Mit ihr suchte er dafür Rache zu nehmen, dass ihm die alten Kader mit ihrer Beharrungskraft und angeblich bürgerlichen Gesinnung den, wie er wähnte, sicheren Erfolg seiner Politik des *Großen Sprungs* sabotiert hätten. Die Kulturrevolution brachte die Wirtschaft erneut in eine katastrophale Lage. Nach der Kulturrevolution versuchte deshalb die chinesische Führung die Bevölkerungsdynamik in rigider Form demographisch-diktatorisch der erkennbar schwachen Wirtschaftsdynamik anzupassen; und dazu mussten die Geburtenraten gedrosselt werden: Chinas Parteiführung terrorisierte Chinas Familien mit ihrer Ein-Kind-Politik.

Beruhte der Sinkflug der Geburtenraten in westlichen Nationen auf zunehmendem Wohlstand, so war dafür in China die Parteidiktatur verantwortlich. Die Führung reglementierte die Fortpflanzungsentscheidungen, erklärte sie zur Staatsangelegenheit und ließ Kader darüber verfügen, wann es in welchen Ehen zu einer Schwangerschaft kommen durfte. Im Licht der kulturellen Tradition Chinas, in der Ahnenverehrung, Großfamilie, enger Eltern-Kinder-Zusammenhalt und hoher Altersrespekt stets einen hohen Rang einnahmen, bedeutete diese Politik tatsächlich einen Kulturbruch.

Die Geburtenkontrolle wirkt noch heute. Nach der – rhetorisch und propagandistisch geschickt verbrämten – Liquidierung des Maoismus schlug die chinesische Führung ab 1978/80 einen Weg ökonomischer Reformen ein, auf dem der Landwirtschaft und der Nahrungssicherung endlich oberste Priorität zuerkannt wurde. Der Erfolg war enorm. Es wurde der urkapitalistische Entwicklungspfad beschritten. Handwerk und produzierendes Gewerbe blühten auf und leisteten Zubringerdienste für Stadt und Land. In den seither vergangenen 25 Jahren kamen private Industriebetriebe zu beachtlichen Erfolgen. Staatsbetriebe zeigten sich dagegen unrentabel. Von über einer halben Milliarde Chinesen, die noch vor 15 Jahren unter der Armutsgrenze lebten, ist mehr als die Hälfte inzwischen wenigstens diesen Bedrängnissen entronnen. Wie lange es dauern wird, ehe allgemeiner Wohlstand und soziale Sicherheit für alle geschaffen sein wird, damit Fortpflanzungsentscheidungen getrost auf privater Basis getroffen werden können und nicht mehr staatlichem Geheiß folgen müssen, steht vorläufig aber noch in den Sternen.

Chinas Entwicklung war ob ihrer maoistischen Um- und Abwege weder rein westlich kapitalistisch, noch folgte sie dem Muster des sowjetischen Kommunismus.

Fazit: Mit dem Blick auf die Bevölkerungsdynamik erscheint die multikulturelle Welt heute auf zwei Grundmuster eingeebnet, auf westlich ausgereiften Kapitalismus einerseits und auf angeimpften, selektiv verpflanzten, lediglich ansatzweise entwickelten Kapitalismus andererseits.

7

Wer will denn noch einwandern?

Die Europäer haben mit der Fortpflanzungsverweigerung von seiten ihrer Baby-Boomer-Generation nachhaltige, negative bevölkerungsdynamische Effekte hervorgerufen, deren Rechnung ihnen jetzt präsentiert wird. Das ging mit der zielstrebigen Entfaltung eines neuen Lebensstils einher, in dem Selbstverwirklichung großgeschrieben, höhere Gleichberechtigung durchgesetzt, Karriereorientierung und revidierte Formen der Partner- und Elternbindung bei gleichzeitigem Ausbau der sozialen Sicherungssysteme angestrebt wurde. Und nun zeigen sich die Urheber ganz erregt und bewegt von den finanziellen Konsequenzen ihres Tuns, beziehungsweise Unterlassens. Sie reagieren wie jemand, der eine Mahnung erhält, ohne von einem fällig gewordenen Rechnungsbetrag auch nur die geringste Ahnung zu haben.

Als vor Jahrzehnten Bevölkerungswissenschaftler, voran Herwig Birg, erste kritische Anmerkungen dazu machten, dass die deutsche demographische Entwicklung innerhalb einer berechenbaren, lebende Generationen betreffenden Frist zu ernsten Problemen der Rentenfinanzierung führen könne, schien das die Politiker nicht sonderlich beeindruckt zu haben. Immerhin stimmten sie der Gründung eines Bundesinstituts für Demographie zu, das seit 1973 den Sachverhalt erst einmal klären sollte, bevor man entsprechende gesellschaftspolitische Konzeptionen entwickeln wollte. Statt die Warnungen zu beherzigen, folgten sie Parolen, die sich wahltaktisch gut verkaufen ließen. Dabei wäre es damals vielleicht noch möglich gewesen, sich beispielsweise in bezug auf umfängliche und demographisch ausgleichende Einwanderung anders zu orientieren. Man hätte nur rechnen müssen.

Nach 1973 dauerte es fast zwanzig Jahre, ehe der Bundestag in seiner 12. Legislaturperiode 1992 eine Enquête-Kommission zu Fragen des demographischen Wandels einsetzte. 1994 legte die Kommission einen Zwischenbericht vor, danach wurde sie in der 13. Legislaturperiode erneut berufen. 1999 publizierte sie einen zweiten Zwischenbericht, der auch Probleme der Zuwanderung thematisierte. Zu einer dritten Einsetzung kam es in der 14. Legislaturperiode. Und nach genau zehn Jahren Arbeit lag 2002 endlich ein Abschlußbericht vor – drei Jahrzehnte nach Gründung des Bundesinstituts für Demographie.

Die Demographie hat in den letzten Jahrzehnten große Fortschritte gemacht. Das Statistische Bundesamt der Bundesrepublik Deutschland installierte im Rahmen seiner *Bevölkerungsvorausberechnungen* auf einer Webseite (http://www.destatis.de/basis/d/bevoe/bev_svg_var.php) eine animierte Alterspyramide, mit deren Hilfe man die Bevölkerungsentwicklung Jahr für Jahr über ein ganzes Jahrhundert hinweg, von 1950 bis 2050, genauestens verfolgen kann. Einige Details davon haben wir eingangs schon ausgedruckt (Abbildung 5 u. 6). Die nachstehenden Ausschnitte beziehen sich auf das Verhältnis von drei Hauptgruppen:

1. die Altenjahrgänge (rot)
2. die Jahrgänge im erwerbstätigen Alter (schwarz)
3. die Kinder und Jugendlichen (grau).

Die Menschen im erwerbstätigen Alter (schwarz), müssen *gleichzeitig* für die Alten (rot) und die Nachwachsenden (grau) aufkommen. Das Zahlenverhältnis der Erwerbstätigen zu allen Abhängigen, *also jungen plus alten,* bezeichnet man als *Gesamtabhängigkeitsquotient (total dependency ratio).* Das Zahlenverhältnis der Erwerbstätigen zu den Rentnern heißt *Altersabhängigkeitsquotient* oder auch nur *Alten-* beziehungsweise *Altersquotient.* Dessen Wert gibt an, wie viele Rentner von jeweils 100 Personen im erwerbsfähigen Alter unterhalten werden müssen. Dieser Wert ist von 27 im Jahr 1950 bis 1975 auf 40 gestiegen, danach bis 1993 wieder auf 36 gesunken. Seither verschlechtert er sich unaufhaltsam, um 2050 den Wert von 78 zu erklimmen.

Schauen wir uns den Wandel, wie ihn die Abbildung 29 spiegelt, genauer an: Die durch Kriegsverluste in der Pyramide von 1950 klaffende Lücke in den Altersrängen der Erwerbstätigen wandert bis 1975 nach oben und sorgt dort für eine reduzierte Zahl von Personen im Rentenalter. In der Periode von 1975 bis 2000 verfügt die Bundesrepublik über die für sie größtmögliche Zahl von Personen im Erwerbstätigenalter. Relativ viele Erwerbstätige mussten während dieser Zeit für

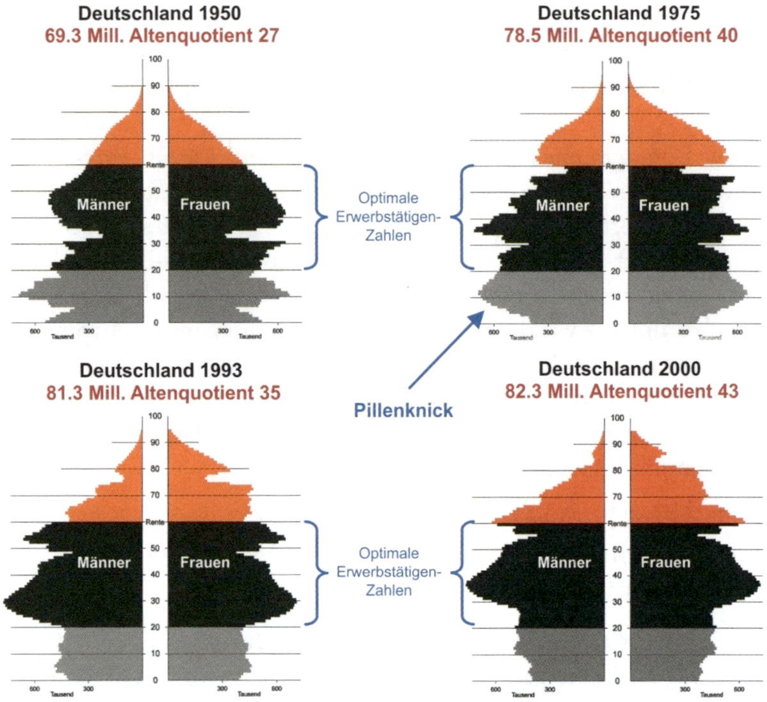

Abbildung 29 Deutsche Versorgungsstaats-Euphorie im Spiegel der Demographie. Die deutsche Alterspyramide weist von 1950 bis 2000 optimale Erwerbstätigenziffern auf. Diese sind den geburtenstarken Jahrgängen zu verdanken. 1993 erreichte die Zahl der Erwerbstätigen ein Maximum, und der Altenquotient ging auf den Wert von 35 zurück. Diese positive Entwicklung hat Illusionen über die Sicherheit der Renten entstehen lassen. Die Versorgungsstaatseuphorie erreichte mit Einführung der Pflegeversicherung ihren Höhepunkt. Seit sich die deutsche Wiedervereinigung als Dauerkostenfaktor erwiesen hat und der Altersquotient sich zunehmend verschlechtert, sind die euphorischen Zukunftserwartungen einem allgemeinen Katzenjammer gewichen.

nur relativ wenige Rentner aufkommen. Dieses entspannte Verhältnis, das – wie ersichtlich – bis 1993 andauerte, hat möglicherweise Illusionen darüber aufkommen lassen, die Renten seien auf Dauer sicher, und da auch der Gesamtabhängigkeitsquotient wegen der niedrigen Geburtenziffern niedrig war, wurden diese Illusionen noch bestärkt. Auch die Wiedervereinigung ließ Traumgebilde von »blühenden

Landschaften« im Osten entstehen. Vor diesem Hintergrund erlebte der deutsche Versorgungsstaat 1995 mit der Einführung der Pflegeversicherung einen (demographisch von vornherein fragwürdigen) abschließenden Höhenflug. Die Bruchlandung drohte umso früher, je mehr sich die Wiedervereinigung als Dauerkostenfaktor erwies. Es wirkt fast satirisch, dass man zur Finanzierung ausgerechnet den Buß- und Bettag abschaffte, wo man doch meinen sollte, es hätte ob des Sachverhalts eher eines zusätzlichen Feiertages dieses Namens und Inhalts bedurft.

Die Pyramiden der Abbildungen 29 und 30 weisen eine deutlich geschrumpfte Pyramidenbasis auf; und damit verbinden sich in zweifacher Hinsicht Schwierigkeiten: Erstens wird es zu einem Bevölkerungsrückgang insgesamt kommen. Zweitens ist von den Nachwachsenden umso mehr wirtschaftliche Tüchtigkeit gefordert, je weniger sie sind. Ihnen werden immer höhere Belastungsquoten aufgebürdet, also müssen sie sehr viel besser ausgebildet sein und besser als ihre Vorgänger mit produktivem Kapital ausgestattet werden. Das ist bei nachlassender Konjunktur und reduzierten Wachstumsraten schwerlich zu garantieren. Insofern ist die weitere ökonomische Entwicklung ausschlaggebend. Die Kosten des Sozialsystems wirken umso bedrückender, je höher die Arbeitslosigkeit ausfällt. Da gleichzeitig immer mehr Arbeitsplätze entfallen, weil sich billigere Arbeitskräfte im Ausland anbieten, wird die Lage zusehends kritischer.

Bis zum Jahr 2015 wird die Bundesrepublik über einen noch relativ günstigen Altersquotienten verfügen. Bis dahin steht ein Zeitfenster für Reformen offen. Danach wird es zwar langsam, aber mit unerbittlicher Konsequenz geschlossen. Was bis 2015/20 an Zukunftssicherung nicht geleistet ist, wird nicht mehr nachzuholen sein. Es sei denn, es kommen zwischenzeitlich außerordentliche ökonomische Segnungen auf uns zu, etwa durch die Erschließung neuer, großer Märkte oder durch überraschend günstige technische Neuerungen.

Zwischen 2025 bis 2034 wechselt die Generation der deutschen Baby-Boomer ins Rentenalter hinüber. Auch eine Erhöhung des Rentenalters auf 67 wird den Ansturm auf die Rentenkassen nicht sonderlich schmälern. Die Rentnerwelle braust heran. An der Alterspyramide prägt sich die Sargform immer deutlicher aus. Der Altenquotient steigt von 68 auf 72.

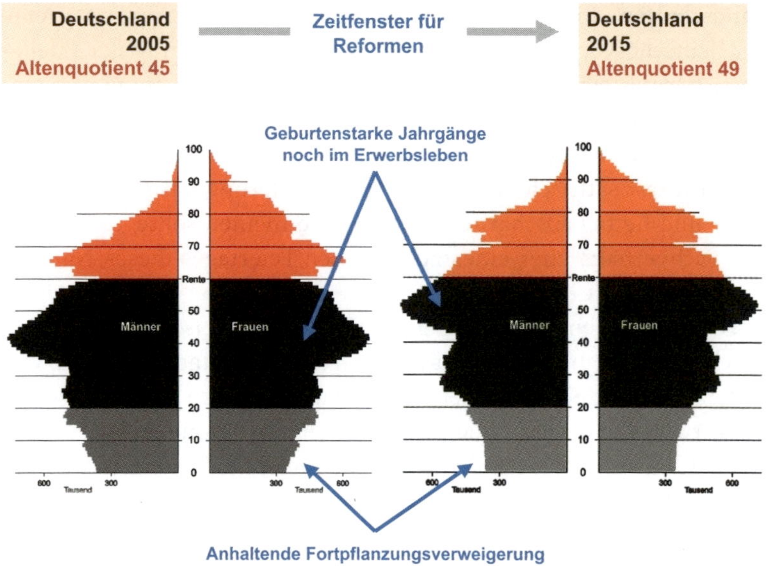

Abbildung 30 Das Zeitfenster für Reformen. Es gibt eine klare zeitliche Begrenzung geburtenstarker Jahrgänge im Erwerbsleben in Deutschland. Eine erste Verrentungswelle lässt den Altenquotienten bis 2005 auf 45 steigen. Die Verweildauer der geburtenstarken Jahrgänge im Erwerbsleben hält den Quotienten bis 2015 gerade noch unter 50. Danach steigt er rapide an (siehe Abbildung 31). Bis dahin drohen den älter werdenden Erwerbstätigen sowohl Erschwernisse als auch Arbeitsplatzverlust, und dies aus zwei Gründen: Zum einen bedingt die Informationstechnologie einen Wandel der Berufsanforderungen, denen viele nicht mehr gewachsen sind. Zum anderen wirkt die Schwächung der Nachfrage, die umso größer wird, je mehr die steuerlich verordneten hohen Lohnnebenkosten die Unternehmen zu Rationalisierungen und zum Abbau von Arbeitsplätzen veranlassen. Damit ist ein Teufelskreis in Bewegung gesetzt worden. Der zeitliche Spielraum, um wirkungsvolle Reformen in Gang zu bringen, beträgt nur noch ein Jahrzehnt.

Wer nur auf die Rentenproblematik blickt, verkennt einen wichtigen Teil der Gesamtsituation: An der Basis entscheidet sich die Zukunft. Minimale Kohorten junger Menschen müssen für maximale Produktivität ausgerüstet werden. Wer soll das bezahlen? Wenn heute bereits Hunderttausende von Arbeitsplätzen ausgelagert werden, bleiben Arbeitslose zurück, die nicht für Investitionen gerade stehen können. Es deutet sich also eine Abwärtsspirale an. Für das

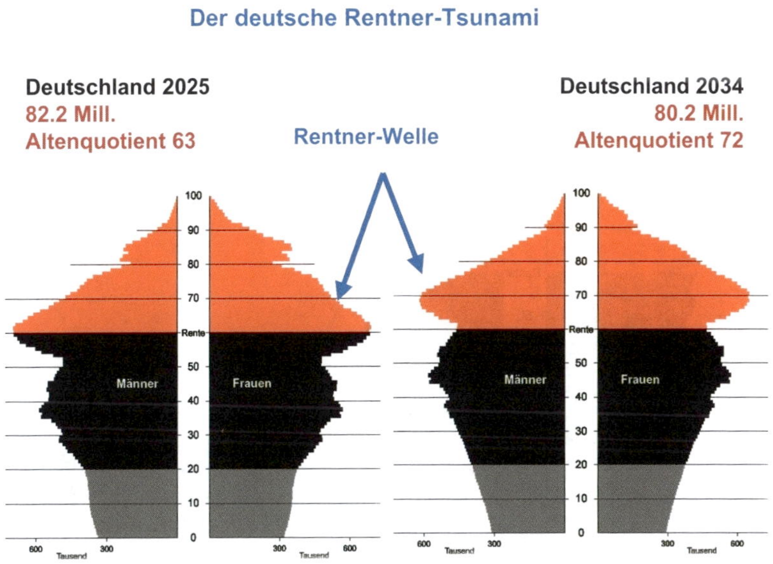

■ **Abbildung 31** Der deutsche Rentner-Tsunami. Die geburtenstarken Jahrgänge werden zu Beginn der dreißiger Jahre des 21. Jahrhunderts im Rentenalter sein. Der Übergang dorthin erfolgt ab 2025. Aus vier Gründen könnte die zu gewärtigende Situation dann äußerst kritisch werden: Erstens wird der Altenquotient enorm steigen, auf 72 bis 2034 und auf 78 bis 2050 (siehe Abbildung 32). Zweitens kommen alle westlichen Nationen zur selben Zeit in die gleiche Lage, die USA sogar noch früher. Das verspricht kein günstiges Wirtschaftsklima für die EU-Staaten. Drittens ist für die Entwicklungsländer zu befürchten, dass das Verhältnis von Bevölkerung und Versorgung prekärer wird, was die Nord-Süd-Spannung verschärfen könnte. Viertens müssen die ohnehin schmalen erwerbstätigen Jahrgänge dann mehr als jemals zuvor in ihren eigenen Nachwuchs investieren, der zahlenmäßig noch schmaler ausfällt, um später von ihm versorgt werden zu können.

Jahr 2050 sieht die Bevölkerungsschätzung des Statistischen Bundesamts für Deutschland eine dramatische Vergreisung der deutschen Bevölkerung mit einem Altenquotienten von 78 unter den Bedingungen einer schwindenden Gesamtbevölkerung voraus (Abbildung 32).

Die deutsche Alterspyramide nimmt sich 2050 wie ein in sich zusammensinkender Heißluftballon mit abgedrehter Flamme nach der

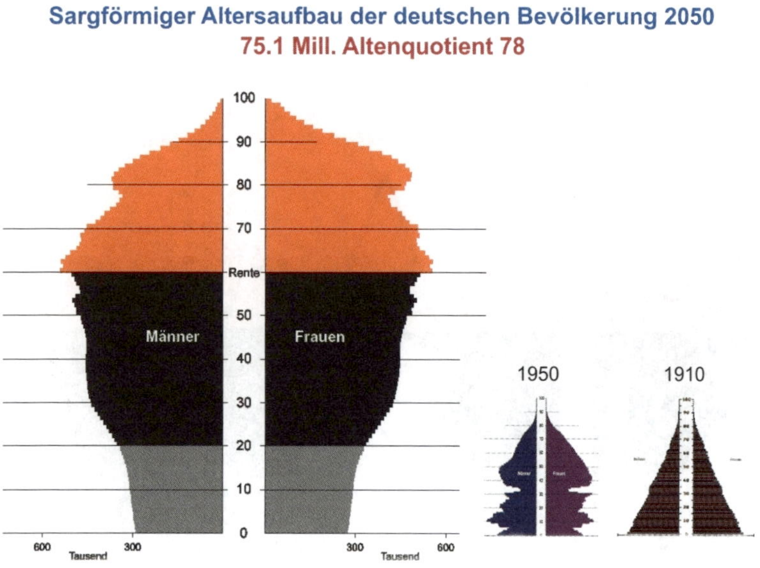

■ **Abbildung 32** Sargförmiger Altersaufbau der deutschen Bevölkerung 2050. Die demographischen Fakten von heute determinieren die weitere Bevölkerungsentwicklung für ein halbes Jahrhundert. Die Perspektiven stimmen pessimistisch. Eine Sanierung des Pyramidenaufbaus könnte allenfalls durch massive Zuwanderung erreicht werden.

Landung aus. Angesichts dessen nehmen sich die Pyramiden von 1910 und 1950 wie Zeichnungen aus fernen, fremden Welten aus.

Was hinsichtlich Deutschlands für 2050 gilt, trifft auch für andere Nationen zu. Dank der Arbeit des seit 1929 in den USA bestehenden *Population Reference Bureau (PRB)* und des *U.S. Census Bureau* verfügen wir über Bevölkerungsberechnungen, die uns für fast alle Staaten mit deren heutigen und künftigen Alterspyramiden vertraut machen. Die Übersichten liefert eine *International Data Base (IDB)* auf der Webseite: http://www.census.gov/ipc/www/idbnew.html. Die graphischen Übersichten beziehen sich dort standardisiert auf die Jahre 2000, 2025 und 2050 (lassen sich aber auch für Zwischentermine abrufen) und ermöglichen hoch interessante internationale Vergleiche.

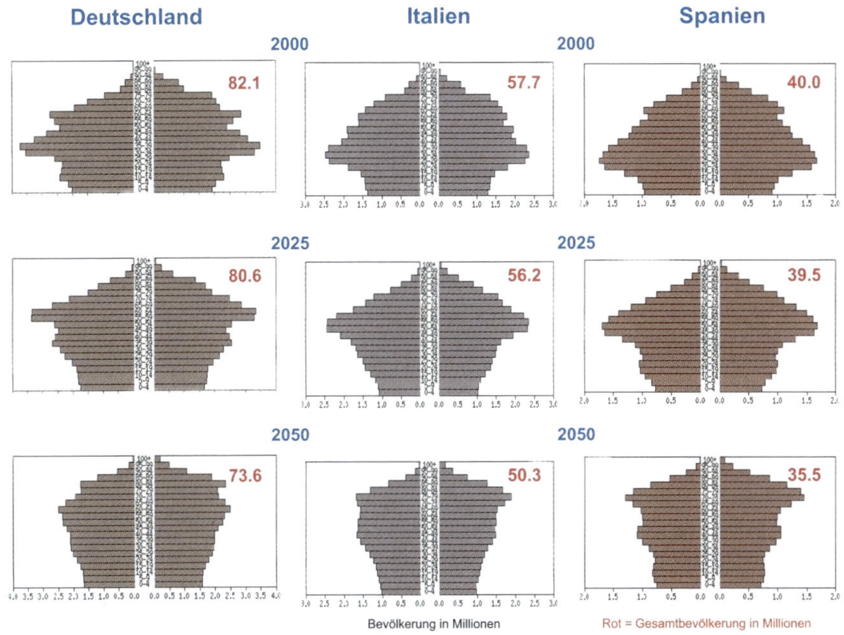

Abbildung 33 Altersaufbau Deutschland, Italien, Spanien für 2000, 2025 und 2050. Die Verschmälerung der Pyramidenbasis zeigt die zunehmende Überalterung an; der Schwund an Gesamtfläche signalisiert einen entsprechenden Rückgang der Gesamtbevölkerungszahl.

Verschmälerung der Pyramidenbasis mit zunehmender Kopflastigkeit bedeutet Überalterung der Bevölkerung, und genau dieses Bild zeigen die Pyramiden für die Zeit von 2000 bis 2050 in den hochentwickelten Nationen. In Europa wird die düstere Lage Deutschlands, wie Abbildung 33 zeigt, von der Italiens und Spaniens noch übertroffen. Für Portugal (hier nicht abgebildet) gilt das Gleiche.

Für den generellen Überblick genügt es, die einzelnen Pyramidensequenzen jeweils von oben nach unten mit einem schnellen Blick zu mustern, um die strukturelle Formveränderung in ihrer Tendenz einzuschätzen. Die Herausbildung einer Sargform ist unschwer zu erkennen. Die Vergreisung Japans sticht besonders hervor. Die katholischen Bevölkerungen Italiens, Spaniens und Portugals weisen einen

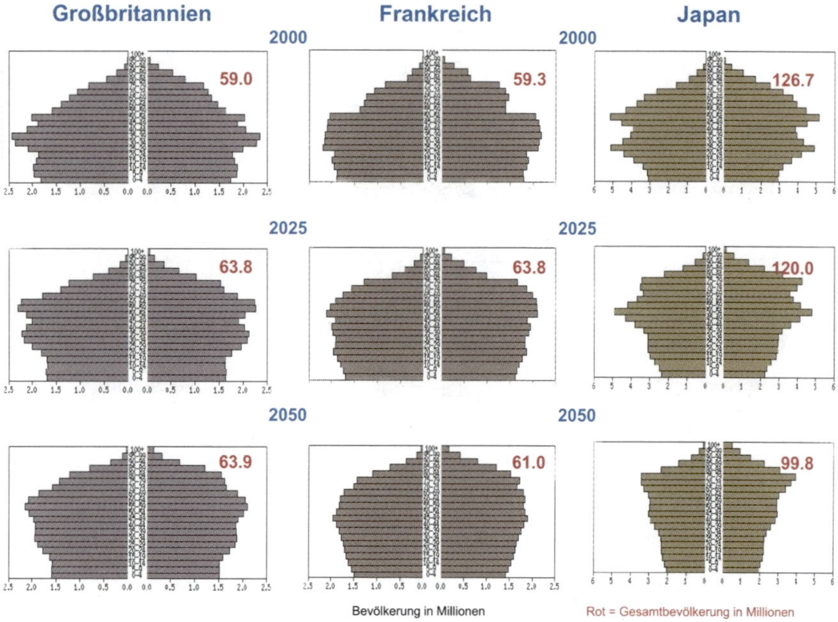

Abbildung 34 Altersaufbau Großbritannien, Frankreich, Japan für 2000, 2025 und 2050.

besonders hohen Nachkommensverzicht auf. Spezifische Gründe lassen sich dafür nicht angeben.

Von einem Schwund in der Gesamtbevölkerungszahl sind Deutschland, Spanien, Italien und ganz eklatant die Japaner betroffen. Großbritannien, Frankreich und Kanada gewinnen an Zahl. Als größter Gewinner erweisen sich die Vereinigten Staaten (Abbildung 35).

Die Bevölkerungsdynamik der Vereinigten Staaten kommt zu einer außergewöhnlich positiven Bilanz. Die Gesamtbevölkerung wuchs nicht nur in der Vergangenheit beständig an, sondern setzt diesen Trend auch in Zukunft ungebrochen fort. Damit sichern die USA ihrer Wirtschaft eine stabile Binnennachfrage und festigen so ihre bisher bewiesene Wirtschaftsdynamik. Die Altersstruktur der US-amerikanischen Bevölkerung ist weitaus besser als die aller anderen hoch entwickelten Länder. Sie garantiert den USA – wenn auch nur am Rand der Reproduktionsrate – weiterhin Nachwuchs. Bei der reichen

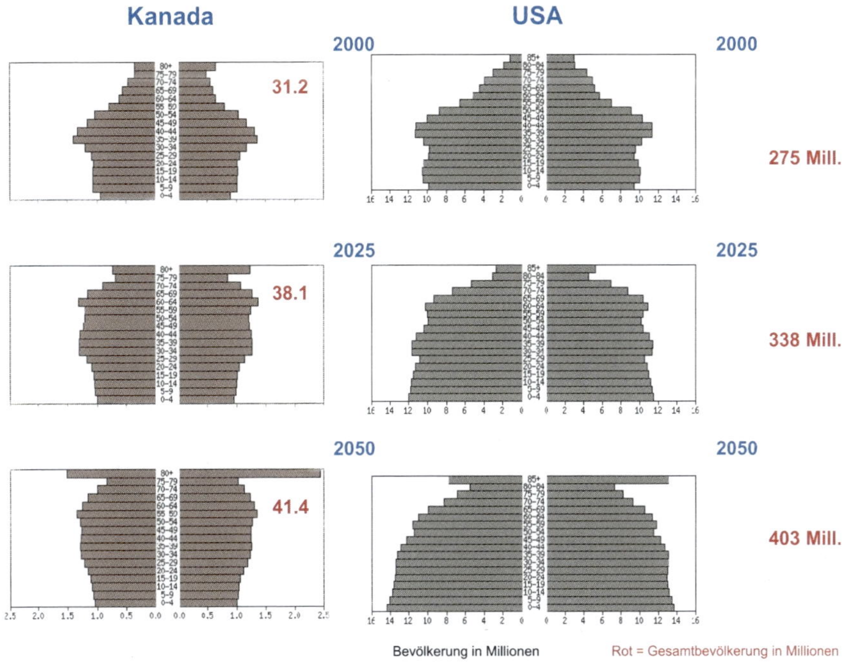

Abbildung 35 Altersaufbau Kanada und USA für 2000, 2025 und 2050.

wirtschaftlichen, technischen und wissenschaftlichen Ausstattung der USA wird man diesen Nachwuchs angemessen ausbilden und kapitalkräftig ausstatten können. Das Hauptproblem bildet die Finanzierung der Renten, da in den kommenden zehn Jahren die geburtenstarken Jahrgänge in Pension gehen werden. Die militärischen Kosten der machtpolitischen Führungsrolle Amerikas in der Welt sind in dieser Hinsicht eine konkurrierende Größe. Sollten es die USA jedoch bewerkstelligen, neben ihrer wirtschaftlichen auch ihre technologische Führungsrolle beizubehalten, dann würden sie sicherlich auch weltpolitisch unangefochten tonangebend bleiben.

Man kann nicht genug unterstreichen, welche ausschlaggebende Rolle die Zuwanderung für die Kraft und Größe Amerikas spielt. Die in Europa gepflegten Bedenken in bezug auf mögliche Überfremdung wirken geradezu närrisch, wenn man sich vor Augen hält, mit welch patriotischen Untertönen die aus allen Weltgegenden zusammenge-

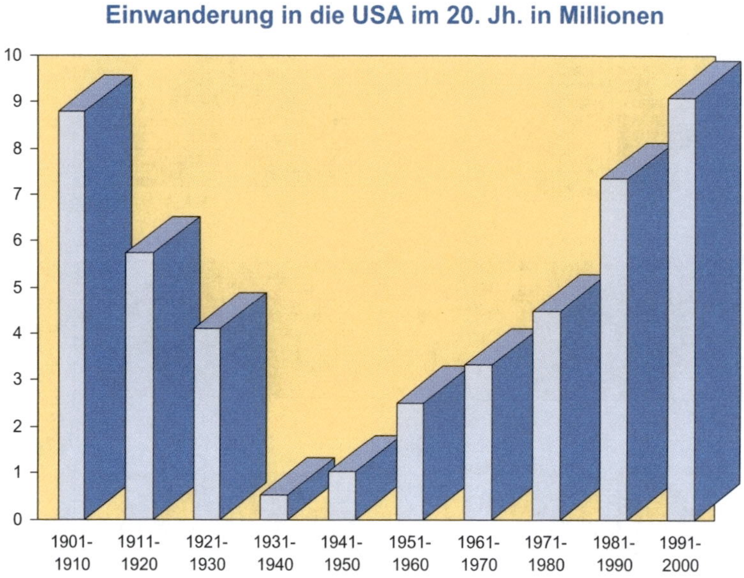

Abbildung 36 Einwanderung in die USA im 20. Jahrhundert in Millionen. Der Schmelztiegel der Völker, US-Amerika, nahm im 20. Jahrhundert fast 47 Millionen legale Einwanderer auf, im letzten Jahrzehnt ca. zehn Millionen. Wanderten zu Jahrhundertbeginn fast nur Europäer ein, so stellten seit 1980 Asiaten und Lateinamerikaner je zur Hälfte 80 Prozent der Immigranten. Begierig, am Wohlstand der reichsten Nation der Erde partizipieren zu können, leisten sie einen enormen Beitrag zum wirtschaftlichen Wachstum, ohne dabei die Prägung durch ihre Herkunftsländer völlig aufzugeben.

würfelten Amerikaner ihre nationalen Interessen geschlossen nach außen vertreten. Die auf ihre kulturelle Identität pochenden europäischen Nationen könnten sich davon eine Scheibe abschneiden. Wenn man in Europa die Vorbehalte mehr pflegt als die Offenheit für Einwanderung in großem Stil, so kann man auch keine Probe aufs Exempel machen, und man darf sich demgemäss nicht wundern, wenn die wenigen Fremdlinge exotisch wirken und am Ende gezwungen sind, ihre Identität außerhalb ihres Gastlandes zu suchen.

Die absoluten Zahlen der Einwanderer in die USA sind zwar für europäische Verhältnisse riesig, machten dort aber während der beiden letzten Jahrzehnte jeweils kaum 4 Prozent der Gesamtbevölkerung

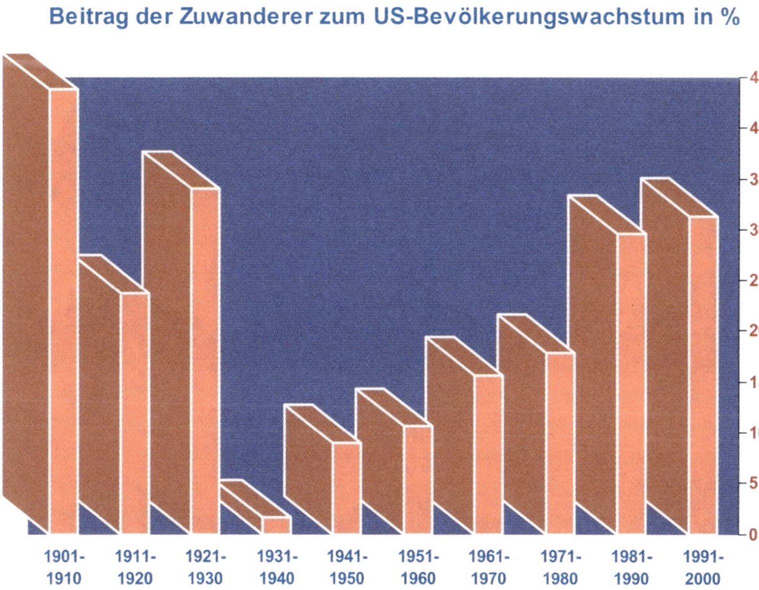

Abbildung 37 Beitrag der Zuwanderer zum Wachstum der US-Bevölkerung im 20. Jahrhundert in Prozent. Ausgestattet mit der in der kapitalistischen Welt des Westens einzigen überalterungsfreien Alterspyramide beweist Amerika, welche Vorteile aus der Zuwanderung erwachsen. Während alteingesessene Bevölkerungsgruppen, allen voran die europastämmigen Weißen, zur Überalterung neigen, stellen die neu Hinzukommenden ein beachtliches Jugendpotenzial dar und tragen derzeit mit rund 30 Prozent zu dem wahrscheinlich auch weiterhin stetigen Wachstum der Gesamtbevölkerung bei. Könnten die Europäer von den USA lernen?

aus. Beziffert man den Beitrag dieser nachwuchskräftigen Migranten zum Gesamtwachstum der US-Bevölkerung, so entfallen rund 30 Prozent auf deren Konto. Entsprechend wirkungsvoll ist natürlich auch ihr Beitrag zur Stabilisierung der wirtschaftlichen Binnennachfrage.

Die Bedeutung der Zuwanderung in die USA kommt also jenseits ihrer absoluten Zahlen vor allem in der Fertilität zum Ausdruck, einer Fortpflanzungstüchtigkeit, die den Bevölkerungen in den übrigen Stammlanden des Kapitalismus längst abhanden gekommen ist. Die Wachstumsraten, die aus der Zuwanderung resultieren, werden von den US-Statistiken eindrucksvoll belegt. Sie zeigen damit auch, welche Vorteile sich Europa entgehen lässt.

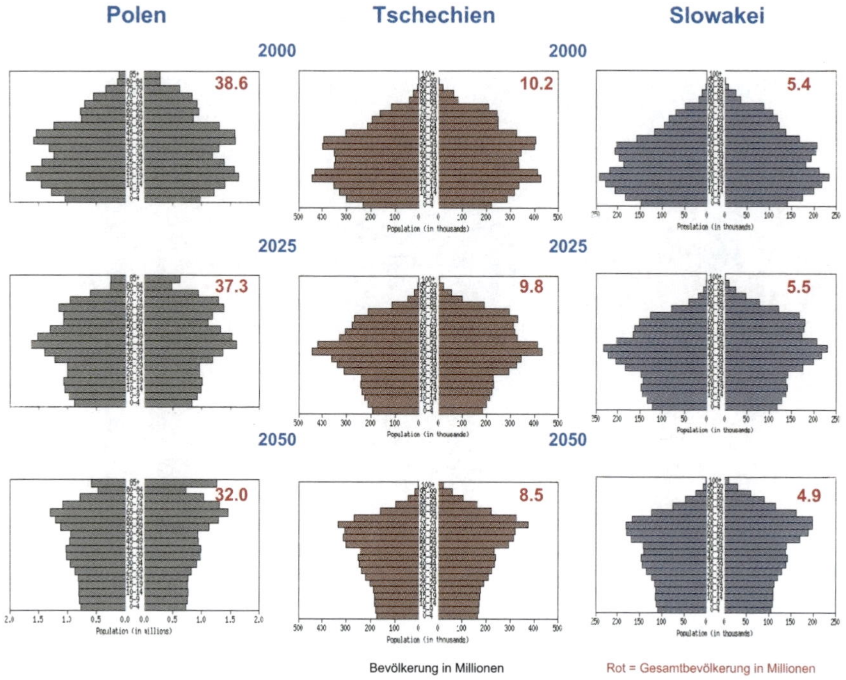

Abbildung 38 Altersaufbau Polen, Tschechien, Slowakei für 2000, 2025 und 2050. Mit der Osterweiterung der EU sind neue Mitglieder zum Club der nationalen Altersheime Europas hinzugekommen. Die Altersstruktur ist deswegen besorgniserregend, weil während der kommunistischen Ära keine Altenversorgungssysteme aufgebaut wurden, die den Ansprüchen der neuen wirtschaftlichen Bedingungen gerecht werden können.

Da einzelne Zuwanderer vielfach ihre Familien nachkommen lassen, ergeben sich Haushaltsgründungen, die zur Anschaffung aller dafür benötigten Einrichtungs- und Gebrauchsgegenstände führen und entsprechende Folgeinvestitionen von der Bauindustrie über den Einzelhandel hinweg bis hin zu Geräteherstellern mit sich bringen. Ein weiterer Effekt ist die Überweisung von Geldern und der Transport von Waren in die Heimatländer. Er hilft nicht nur der dortigen wirtschaftlichen Entwicklung, sondern bringt zuweilen auch die Gewöhnung an bestimmte Marken mit sich, was wiederum dem verstärkten Export der US-Wirtschaft dienlich sein kann. Nationen, die

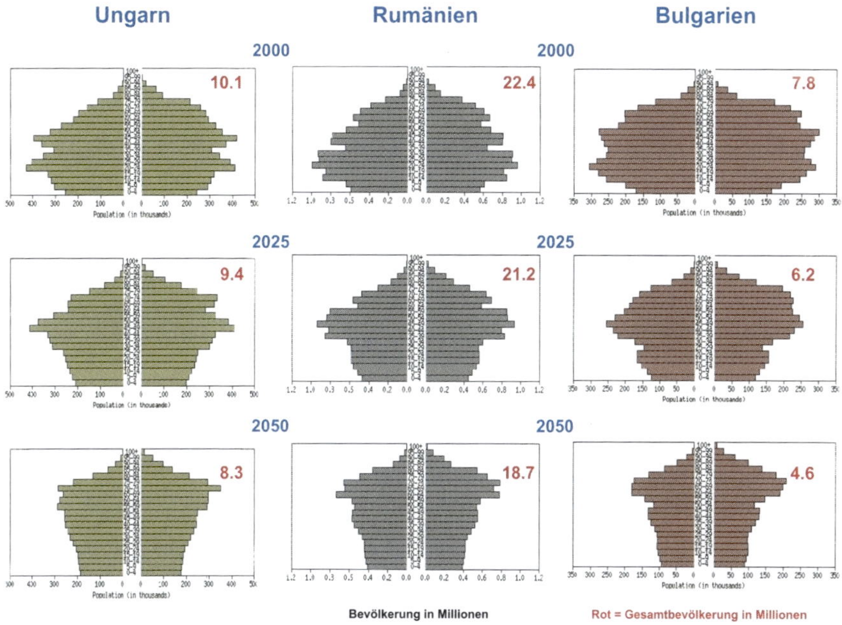

Abbildung 39 Altersaufbau Ungarn, Rumänien, Bulgarien für 2000, 2025 und 2050.

keine Einwanderung zulassen oder sie stark beschränken, berauben sich aller dieser Effekte.

Unter demographischen Gesichtspunkten wirkt es besonders kurios, dass sich die EU-Staaten von ihrer Osterweiterung wirtschaftliche Vorteile versprochen haben. In Wirklichkeit bereichert sich die EU um ein gigantisches Altersheim, das mit seinen künftigen Altenversorgungsproblemen alles in den Schatten stellt, was auf Westeuropa zukommt. Die Alterspyramiden der neu aufgenommenen Nationen und weiterer Anschluss-Kandidaten sehen in künftiger Entwicklung wie die Sargparade eines Sammelbegräbnisses aus (Abbildungen 38 und 39).

Den Rekord an Bevölkerungsschwund hält Russland (Abbildung 40). Einwanderung hat es seit mehr als einem Jahrhundert nicht mehr gegeben. Die Versorgung der Bevölkerung mit lebensnotwendigen Gütern war während der sowjetischen Herrschaft so schlecht, dass

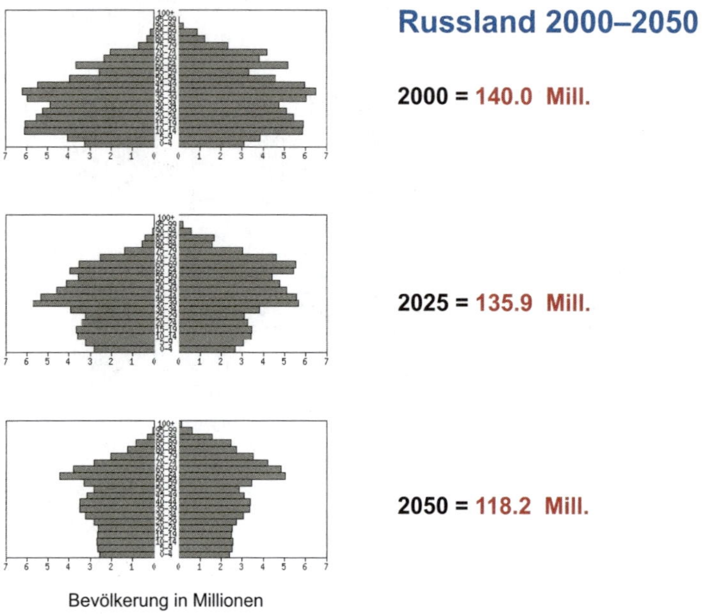

Abbildung 40 Altersaufbau und Gesamtbevölkerung Russland für 2000, 2025 und 2050.

die UdSSR zum einzigen Land auf der Erde wurde, in dem die Lebenserwartung, statt zu steigen, kontinuierlich zurückging. Selbstredend haben auch im kommunistischen Russland die Familien in dem Gefühl und unter der staatlichen Zusicherung, für ihre Altersversorgung sei Vorsorge getroffen, das bequemere Leben in der Kleinfamilie vorgezogen. Die beständige Wohnungsnot dürfte das ihre dazugetan haben.

Neben durchaus guter medizinischer Betreuung mangelte es vielfach an Hygiene, bedingt durch zu beengte Wohnungsverhältnisse in den Städten, während es in den ländlichen Gegenden an zentraler Wasserversorgung und Abwasserentsorgung fehlte. Einseitige und nicht immer reichlich bemessene Kost tat ein Übriges, um die Lebenserwartung nicht ansteigen zu lassen. Nach dem Zusammenbruch der Sowjetunion nahm sie sogar ab und lag für die männliche Bevölkerung bei knapp sechzig Jahren, selbst im Vergleich zu armen Entwicklungsländern ein äußerst niedriger Wert.

Russland wird in den nächsten Jahrzehnten einen Bevölkerungsschwund von rund 28 Millionen erleiden. Für den Großteil der Bevölkerung haben sich die Verhältnisse in den letzten Jahren kaum verbessert, wenn man von einigen Zentren absieht. Die Friedensdividende, die sich die Menschen vom Ende des Wettrüstens versprochen hatten, blieb aus. Die Transformation von der Planwirtschaft zur Marktwirtschaft nutzte eine schmale Schicht von raffinierten, korrupten und skrupellosen Oligarchen, um sich in einem gigantischen Ausmaß zu bereichern. Die Bevölkerung ging leer aus. Dank der Ignoranz von Weltbankinstanzen kostete die Systemtransformation auch den westlichen Steuerzahler Milliarden von Dollar. Russlands Wirtschaft basiert heute völlig einseitig auf der Ausbeutung von Bodenschätzen, vorwiegend Gas- und Ölvorkommen neben einigen Erzlagerstätten. Selbst bei einem anhaltenden volkswirtschaftlichen Rekordwachstum von 8 Prozent pro Jahr würde das Land auf Grund seiner miserablen Ausgangsbasis ein Vierteljahrhundert benötigen, um etwa den heutigen Lebensstandard Portugals, das einen prozentual vergleichbaren Bevölkerungsschwund aufweist, zu erreichen. Demokratische Verhältnisse, die westlichen Kriterien gerecht würden, sind bis heute nicht entstanden. Der politische Zuschnitt des Landes erinnert an südamerikanische Verhältnisse.

Spekulationen innerhalb der EU, mit Russland umsatzträchtige Absatzmärkte vor der Tür zu haben, sind so verfehlt wie die Hoffnung, mit der schon vollzogenen oder noch vorzunehmenden Osterweiterung die Binnenmärkte schnell und kräftig zu beleben. Der eigentliche Schock über die Liaison mit den neuen Staaten wird in der EU erst dann kommen, wenn das bereits gealterte Gros der osteuropäischen Industriearbeiter die Pensionsgrenze überschreitet und in Massen mitversorgt werden möchte. Rücklagen oder Einzahlungen in entsprechende Kassen existieren dafür nicht, und wenn, dann keineswegs mit der Liquidität, die den steigenden Erwartungen der Empfänger entsprechen könnte. Wie lange werden die Löhne in Osteuropa niedrig bleiben? Wer wird dort dann noch investieren? Wer will dort bleiben?

Viele gut qualifizierte, junge Leute aus der ehemaligen DDR haben sofort ihren Weg nach dem Westen angetreten. Eine gleichartige Wanderungsbewegung deutet sich in den der EU angegliederten osteuropäischen Ländern an. Der Zustrom von jungen, bereits mit EDV-

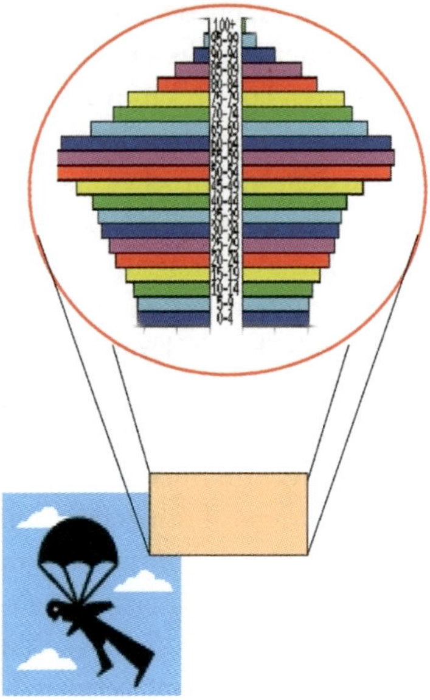

Das Problem der Elitenabwanderung

Könnte die bewegliche Elite einer Nation auf den Gedanken kommen, die Gondel des Altenballons zu verlassen?

Haben wir gar kein Einwanderungsproblem, sondern ein Auswanderungsproblem?

■ **Abbildung 41** Das Problem der Elitenabwanderung.

Kenntnissen ausgestatteten Arbeitskräften aus Osteuropa wird möglicherweise zu einer beschleunigten Verdrängung nicht entsprechend qualifizierter, älterer Arbeitskräfte in Westeuropa führen. Man kann unter diesen Umständen nicht sicher sein, dass nicht auch westeuropäische junge Eliten außerhalb Europas eine bessere Zukunft sehen und suchen.

Wenn sich heute in den zentraleuropäischen Staaten Politiker den Kopf darüber zerbrechen, wie sie als Einwanderer nur hoch qualifizierte Arbeitskräfte über die Grenzen hereinkommen lassen wollen, wie sie diese integrieren, wenn sie sich um keinen Preis davon abhalten ließen, ihr Glück auf Dauer bei uns zu suchen, so könnte das auch auf einer vollkommenen Fehleinschätzung beruhen. Die Zahl der Antragsteller ist über die Jahre hinweg kontinuierlich zurückgegangen.

Geradezu phantastische Erwartungen werden ganz im Gegensatz zur Realität in dem 2004 erschienenen Buch von FRANK SCHIRRMACHER mit dem Titel: *Das Methusalem-Komplott,* formuliert. SCHIRRMACHER möchte die kommende Überalterungsproblematik mittels trotzigen

Zusammenrottens der Baby-Boomer-Generation gelöst wissen und geht von dem irrwitzigen Zukunftsszenario einer bleibenden Anziehungskraft von Staat und Wirtschaft Europas aus: »Die Integrationsaufgabe, die den heute lebenden Generationen bevorsteht, ist außerordentlich: Sie müssen die Vielzahl der vermutlich überwiegend muslimischen Einwanderer integrieren, sie müssen unsere Kinder, angesichts einer Überzahl von Älteren, davon abbringen, das Land zu verlassen, und sie müssen gleichzeitig künftige junge Mütter in die Lebens- und Arbeitswelt integrieren. In einem Augenblick, da unsere Gesellschaft wegen ihres desaströsen Altersaufbaus selbst in eine Werte- und Selbstbewusstseinskrise geraten wird, muss es uns außerdem gelingen, die mindestens jährlich 200 000 Zuwanderer auf westliche Werte, die Landessprache und einen aufgeklärten westlichen Patriotismus zu verpflichten. Einer bedrohten Gesellschaft ein Selbstbewusstsein zu geben, das aus Lebenserfahrung und Weisheit kommt – das ist die große Lebensaufgabe derjenigen, die in 15 Jahren in diesem Land leben.« (S. 52f.)

Visionen dieser Art hätten dreißig Jahre früher der Politik als Leitbild dienen sollen. Heute wirkt die Erwartung, dass sich in Deutschland jährlich »zweihunderttausend vermutlich überwiegend muslimische« Zuwanderer einfinden und sich sowohl zum Sprachunterricht als auch zur Unterweisung in Patriotismus anmelden, nahezu absurd. Bereits Kanzler SCHRÖDERS Angebot, einige Tausend Computerspezialisten unter restriktiven Auflagen in die Bundesrepublik kommen zu lassen, fand kein Echo in der erwarteten Größenordnung. Es steht eher zu befürchten, dass die Europäer mit ihrer Erschwerungs- und Abschreckungsstrategie gegenüber potentiellen Zuwanderern Erfolg haben werden, so dass diese sich andere Kontinente als Ziel wählen.

Während die EU-Politiker von Europa als dem stärksten geschlossenen Wirtschaftsraum der Erde schwärmen, bleibt in ihm die Relation von Wirtschafts- und Bevölkerungsdynamik problematisch. Die Globalisierung der Unternehmensaktivitäten führt zum Outsourcing in Anschlussländern über Europas Grenzen hinaus. Durch diese Zubringerleistungen werden dort Arbeitskräfte in modernen Anforderungen trainiert. Es wird nicht nur die Produktion verlagert; es werden auch neue Produktionsstätten an Orten gegründet, wo nicht allein die billigen Löhne den Ausschlag geben, sondern sich auch neue Märkte auftun, augenblicklich bevorzugt in China, aber auch an ausgewählten Plätzen Südostasiens (Thailand und Malaysia) sowie Südamerikas (Brasilien).

Die Konzernzentralen, die von Europa aus ihre Niederlassungen in der Ferne dirigieren, senden mehr und mehr Spezialisten nach draußen. Es steht außer Frage, dass sich gerade besonders Begabte zu dieser Mission berufen fühlen. Elitenabwanderung ist eine Realität, Elitenzuwanderung eher eine Hoffnung.

Den Wünschen und Sehnsüchten vieler Menschen aus aller Herren Länder, ihren kummervollen Lebensumständen durch Übersiedlung nach Europa zu entfliehen, haben sich die Europäer viel zu lange und leider viel zu wirkungsvoll verschlossen. Sie haben die Zuwanderung abgeblockt. Mit den wenigen, die dennoch Einlass fanden, hat man nicht überall und nicht immer die besten Erfahrungen gemacht. Von den Problemfällen auf allgemeine Unverträglichkeit mit Einwanderern zu schließen, ist aber völlig unangemessen. Die Praxis in den USA ist dafür ein eindeutiger Gegenbeweis. Und der interessanten Möglichkeit, mit beschleunigter Aufnahme der Türkei in die EU einen begrenzten Testfall herbeizuführen, haben die Politiker in Brüssel mit dem angekündigten Verhandlungsmarathon einen Riegel vorgeschoben. Sie werden also die Zeit nicht nutzen, in der bis 2015 in den EU-Staaten die Weichen gestellt sein müssen, um die Überalterungsprobleme auch mit Hilfe von massiver Zuwanderung anzugehen.

Anhand der türkischen Bevölkerungsstruktur (Abbildung 42) kann man demonstrieren, von welch hohem wechselseitigen Nutzen deren sofortige Einbeziehung in die EU sein könnte. Die Türken sind heute eine beachtlich jugendliche Bevölkerung. Sie stellten also für die vergreisenden Nationen Europas eine dringend benötigte Verjüngungskur dar. Wären die europäischen Politiker gezwungen worden, zwischen einer Erweiterung der EU in Richtung Osteuropa und einer in Richtung des Ostmittelmeerraums zu wählen, hätten sie sich auf Grund von demographischen Kriterien für die letztere Richtung entscheiden müssen.

Am türkischen Bevölkerungsaufbau lässt sich auch ablesen, wie selbst dort die an der Basis bereits heute leicht eingebuchtete Pyramidenform bis 2025 in die Urnen- und im weiteren Verlauf bis 2050 in die Sargform übergeht. Dieser Umwandlungsprozess vollzieht sich

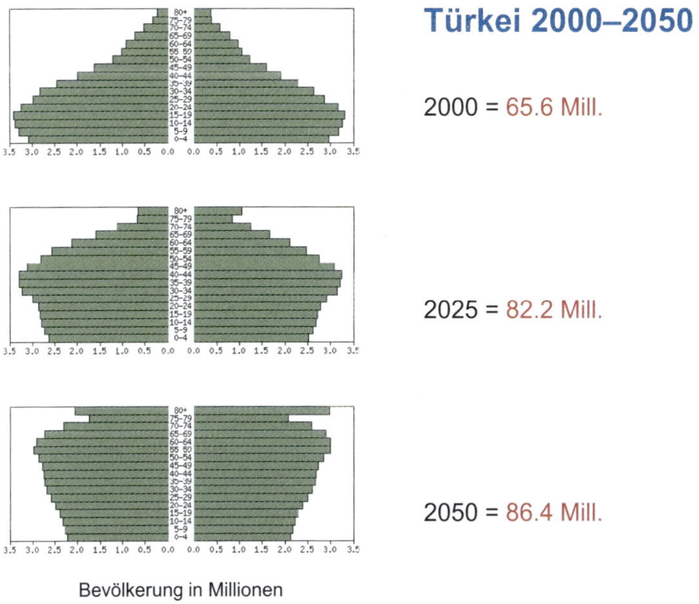

Abbildung 42 Altersaufbau und Gesamtbevölkerung Türkei für 2000, 2025 und 2050.

unter explosivem Wachstum der türkischen Gesamtbevölkerung. Was für eine isoliert bleibende Türkei zu Schwierigkeiten führen müsste, das könnte der EU mit ihrer ansonsten schrumpfenden Bevölkerung bei schneller Eingliederung zugute kommen. Im Gegenzug würde die Türkei durch EU-Anschluss enorme wirtschaftliche Impulse erfahren. Diese werden dort ebenso dringend gebraucht wie bei uns, da sich auch die Türkei innerhalb eines halben Jahrhunderts unausweichlich in große Altenversorgungsprobleme verstricken wird. Eine enorme Bürde in Anbetracht des heutigen türkischen Bruttoinlandsprodukts pro Kopf: knapp dreitausend Dollar im Vergleich zum fast Zehnfachen in Deutschland.

Man könnte Gedankengänge dieser Art auf den gesamten Mittelmeerraum ausdehnen. Dort befinden sich die Staaten, die in den nächsten fünfzehn Jahren den größten Zuwachs an Jugendlichen aufweisen (Abbildung 43). Betrachtet man sie ihrem Aufbruchwil-

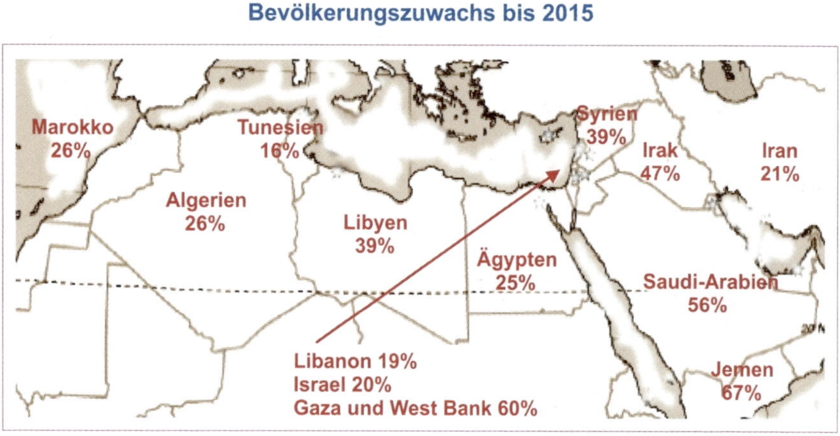

Abbildung 43 Bevölkerungszuwachs der Mittelmeeranrainer und Nah-Ost-Staaten 2000–2015.

len nach als künftige Verbraucher, so bieten sich in unmittelbarer Nachbarschaft der Europäer ökonomische Potenziale, die produktiv und konsumptiv langfristig vielversprechender sind als die an Jugendlichen ausgedünnten Regionen Osteuropas.

Natürlich geht es nicht in erster Linie darum, die Bevölkerungsdynamik der Mittelmeeranrainer als Zuwanderungspotenzial zur bloßen Verjüngung unserer eigenen Bevölkerung anzusehen, es geht vielmehr darum, die dortigen Länder durch einen möglichst engen Anschluss an die EU als Kooperationspartner zu gewinnen und Marktpotenziale zu wechselseitigem Nutzen zu entwickeln. Dies böte dem Mittelmeerraum die Chance eines ökonomischen Aufbruchs, und dem alten Europa bescherte es vielleicht eine willkommene Auslastung seiner vorhandenen Produktionskapazitäten und damit zugleich die Möglichkeit, Arbeitsplätze zu sichern. Engere Kooperation wird sicherlich nicht ohne eine Wanderung von Arbeitskräften vor sich gehen. Die Zuwanderung nach Europa wird aber umso geringer ausfallen, je mehr sich die Wirtschaft im Süden selbst entwickelt. Mit der bisherigen Abschottungspolitik und den verschärften Kontrollen auf See berauben wir uns aller Chancen, die sich im Süden bieten.

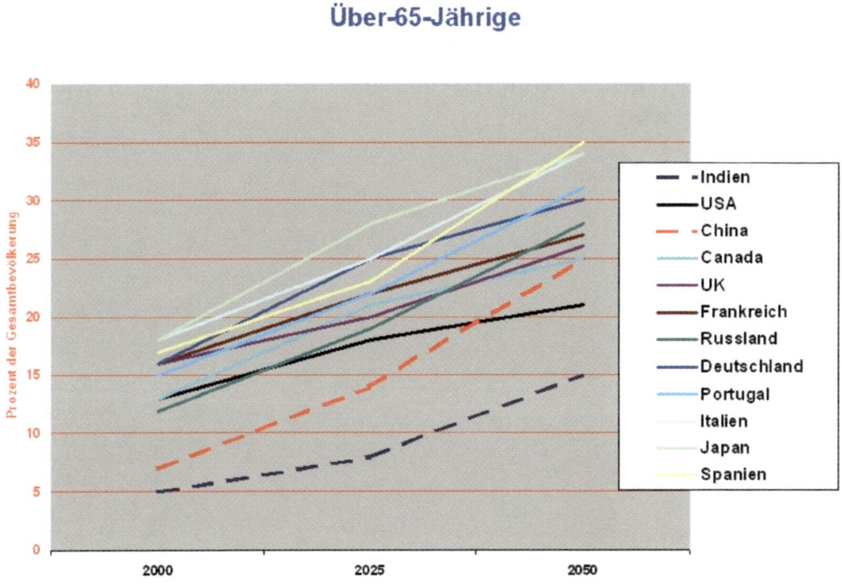

Abbildung 44 Ausscheren der USA aus der europäischen Alterungswelle und Einschwenken der Chinesen.

Als gelobtes Land unter den Hochentwickelten werden sich wahrscheinlich auch weiterhin die USA bewähren. Die Vereinigten Staaten haben gegenüber den Europäern zwar den Nachteil, ihre Baby-Boomer-Pensionswelle um knapp ein Jahrzehnt früher gewärtigen zu müssen, dafür genießen sie aber den unschätzbaren Vorteil, den Europäern in der Vergreisung den Vortritt zu lassen.

Die Abbildung 44 zeigt eine Kurvenschar, die das Wachstum im Anteil der über 65-Jährigen an der Gesamtbevölkerung für die Zeit von 2000 bis 2050 wiedergibt. Die europäischen Staaten und Japan folgen einem einheitlichen Trend zur Überalterung. Dem folgen heute auch die USA noch. Allerdings werden sie ab 2025 aus der Kurvenschar der anderen ausscheren und sich gewissermaßen einer Verjüngungskur unterziehen. Ganz anders die Chinesen, die sich von 2025 an in den Altersheim-Club der Europäer und Japaner eingliedern werden. Selbst die heute noch sehr viel niedriger liegende Kurve Indiens vollzieht dann einen ähnlichen Schwenk zum künftigen Wachstum der

Altenkohorte. China und Indien, die mehr als ein Drittel der gesamten Weltbevölkerung repräsentieren und demographisch unterschiedliche Wege gehen, verdienen eine nähere Betrachtung, die in Kapitel 9 erfolgen wird.

8 Die Metropolisierung der Dritten Welt

Aus einem Bündel von demographischen und ökonomischen Gründen wird uns die Welt bald unter einem anderen Blickwinkel als dem gewohnten erscheinen. Befangen von unseren westlichen Problemen, suchen wir deren Grundmuster auch in der Dritten Welt wiederzufinden. Und nicht nur das, wir meinen auch die Lösungen, die wir in unseren Kontexten für richtig halten, dorthin übertragen zu müssen. Dabei sind nicht nur Alterungs- und Altenversorgungsprobleme ganz anders gelagert, auch die sich daraus ergebenden ökonomischen sowie die sozialen und politischen Probleme sehen anders aus.

In der Dritten Welt entstehen bis zur Jahrhundertmitte keine überalterten Gesellschaften. Dazu ist die durchschnittliche Lebenserwartung, obwohl hoch, doch noch nicht hoch genug. Es entstehen Gesellschaften mit einem großen Anteil an Menschen im erwerbsfähigen Alter sowie einem ganz beachtlich hohen Jugendanteil. Man könnte sie als *Erwachsenengesellschaften mit minderen Erwerbschancen* klassifizieren. Ihre Probleme können sich zu Altenversorgungsproblemen auswachsen, denn die Rentenkassen sind wegen insgesamt geringer Einkommen leer. Das fällt jetzt bereits auf, obwohl die Zahl der Alten nicht sonderlich groß, im Vergleich zum Westen sogar gering ist. Fürsorge für die zahlreichen Nachkommen wird zum zentralen Problem. Wegen steigender Qualifikationsansprüche müsste sehr viel mehr Geld für Schulen und Universitäten ausgegeben werden, und es müssten höhere Investitionen in der Wirtschaft erfolgen, um ausreichend viele Arbeitsplätze bereitstellen zu können. Für beides fehlen die Mittel. Und die Lage erscheint besonders der Landbevölkerung aussichtslos. Denn die ländliche Armut steigt. Sie hat einen weltweiten Trend ausgelöst, nämlich die *Metropolisierung:* Die Menschen suchen ihr Heil in den Städten.

Obwohl die Städte keineswegs nur ein verlockendes Bild abgeben, wirken sie als Magneten. Besserer Anschluss an Nahverkehrssysteme, an Elektrizität und Wasserversorgung und an weit ausgedehnte soziale Kontakte sowie die Hoffnung auf Gelegenheitsarbeit lockt die

Weltmetropolen der Zukunft

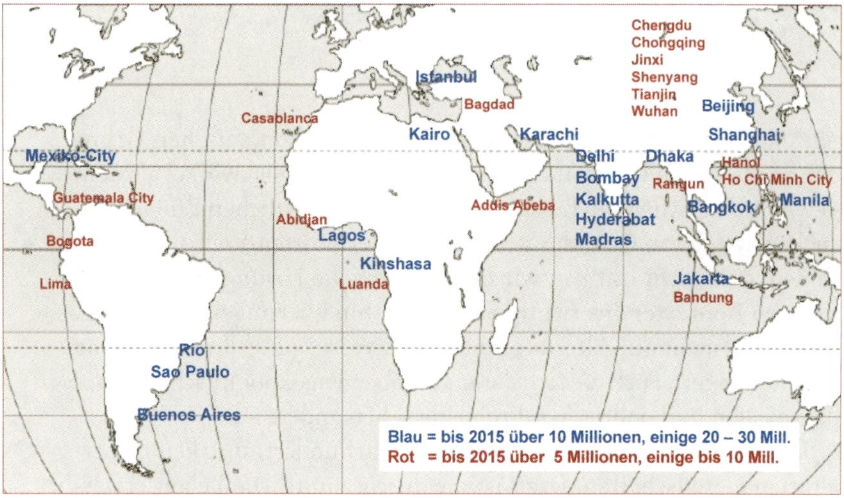

■ **Abbildung 45** Metropolenwachstum in der Dritten Welt bis 2015.

Menschen vom Land in Massen dorthin. Dem Metropolisierungsprozess sind die tatsächlich vorhandenen wirtschaftlichen Kräfte zur Schaffung angemessener Infrastrukturen bei weitem nicht gewachsen. Dennoch wird die Metropolisierung des Südens unsere Weltkarte in Zukunft am stärksten verändern (Abbildung 45).

Von den 25 Megastädten mit jeweils mehr als zehn Millionen Einwohnern, die es heute auf der Welt gibt, befinden sich zwanzig in Entwicklungsländern und nur fünf in kapitalistischen Stammlanden. Der Blick auf die Land-Stadt-Wanderung in der Dritten Welt zwingt uns, die Weltkarte anders zu betrachten, als die bisherige Schulweisheit es uns lehrt. Denn mit dem Wachstum der Metropolen geraten auch mehr Menschen in die Armen- und Elendsviertel und in die Slums. Es mögen heute bereits knapp eine Milliarde Erdenbürger sein, auf die das zutrifft. In Afrika südlich der Sahara leben 72 Prozent, in Südasien auf dem indischen Subkontinent 59 Prozent und in Lateinamerika 32 Prozent aller Stadtbewohner in Slumsiedlungen.

Was die Größe der Metropolen (Abbildung 46) anbelangt, so wirken die offiziellen Städte-Statistiken zum Teil verharmlosend, weil

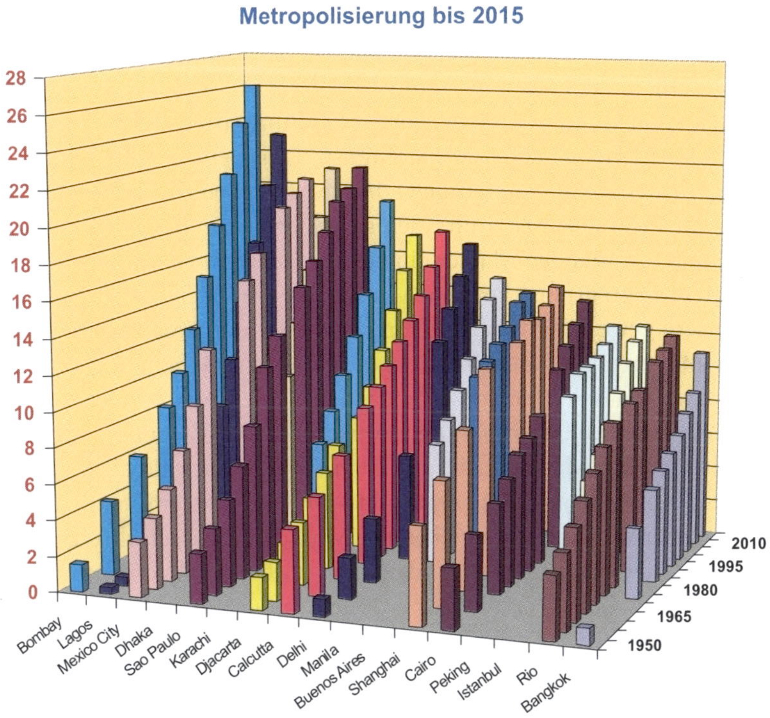

Abbildung 46 Metropolisierung im internationalen Vergleich 1950–2015 in Millionen.

diverse statistische Ämter die Einwohnerzahlen nur so registrieren, wie sie sich innerhalb der amtlich abgesteckten Grenzen von Verwaltungsbereichen ergeben, womit sie die Randgebiete und Wucherungen der Agglomeration nicht mit erfassen. Die amtlichen Angaben für Istanbul liegen, lokalen Schätzungen gemäß, um 3–5 Millionen unter der wahren Größe der Gesamtballungsgebiets. Man muss es deshalb hinnehmen, in diversen Veröffentlichungen auf recht unterschiedliche Angaben zu stoßen. Mexiko City, Sao Paulo, Shanghai, Jakarta werden zuweilen um 5–10 Millionen höher eingeschätzt, als es die nachstehende Graphik zeigt, die vor allem die Dynamik des Wachstums demonstrieren soll (Abbildung 46).

Die Metropolisierung ist ihrem Charakter nach etwas weitgehend anderes als die frühere Urbanisierung in der westlichen Welt. Die Urbanisierung war keineswegs nur eine Verlagerung der Menschen vom Land in die Städte, sondern ein komplexer Prozess. Schul- und Berufsausbildung gingen zusammen mit Anschluss an Infrastrukturen des Verkehrs, der Hygiene und Medizin, der Kommunikationssysteme und des Kulturbetriebs. Städtische Siedlungsweise bedeutete städtische Lebensformen in dieser vielfältigen Hinsicht. Metropolisierung ist demgegenüber nur ein Ausschnitt dieses Katalogs, denn die vom Land in die Städte strömenden Massen finden nur einen partiellen Anschluss, landen eben zu großen Portionen in Armen- und Elendsvierteln.

Unsere gewohnten Begriffe von staatlicher und gesellschaftlicher Ordnung versagen angesichts der Lebensbedingungen, denen sich die Massen in den Metropolen anpassen müssen. Vorstellungen von Freiheit, Recht und Demokratie erweisen sich demgegenüber als unangebracht. Die Metropolisierung ist ein Prozess, der ein eigenes gesellschaftliches Regelwerk herausbildet. Die auf engstem Raum unter improvisierten Umständen lebenden Menschen müssen ihre gesellschaftlichen Ordnungsmuster sozusagen noch einmal von Grund auf neu erfinden. Dabei entsteht ein Gefüge von Regeln, für die es keinen zuvor gewählten und ernannten Gesetzgeber gibt. Das Regelwerk umspannt die gesamte Skala menschlicher Beziehungen von wechselseitiger Hilfe bis hin zu krimineller Rivalität. Von harmlosen Jugendgruppen bis hin zu Mafia- und Verbrecher-Organisationen mit brutalen Slum-Lords an der Spitze hat sich ein eigenes gesellschaftliches Regelwerk herausgebildet, das weder die darin Befindlichen voll überblicken, noch etwa Außenstehende wie polizeiliche Ordnungskräfte.

Bei der Sozialisation spielen die modernen Massenmedien eine Rolle, denn die Fernsehsendungen gelangen noch in die ärmsten Wellblechhütten und unter die schäbigsten Plastiküberdachungen. Die etablierte Gesellschaft wird am Fernseher beäugt. Dass Television bei der Sozialisation eine Rolle spielt, ist unbestritten, wie sie im Kontext der Armut wirkt, ist zu wenig erforscht, als dass Aussagen darüber gemacht werden könnten. Man vergegenwärtige sich das Spektrum alles Ausgestrahlten und frage sich, was davon in welcher Weise die kindliche Seele oder die jugendliche Willensbildung beeinflussen mag. In Indien spielt Bollywood mit seinen Traumschnulzen eine so große Rolle in den Phantasiewelten der Armen, dass den Darstellern die Eigenschaften, die sie in den Filmen verkörpern, ad personam unterstellt werden, was geschickte Wahlstrategen dazu bringt, Filmstars für politische Wahlkampagnen einzusetzen. Wie Kriminal- oder Sexfilme und andere Genres in diversen sozialen und kulturellen Kontexten wirken, ist kaum untersucht. Auf jeden Fall ist man in allen Außenseitergesellschaften virtuell wie real mit der etablierten Gesellschaft verbunden. Was mit der offiziellen Gesellschaft verbindet, Geld und Verkehrsmittel beispielsweise, markiert auch die Abgrenzung von ihr durch einen minderen Grad von Verfügung darüber.

Die Besitztümer der Unterschichten und der Slumbewohner werden offiziell nicht zur Kenntnis genommen. Man hat sie zwar vor Augen, räumt ihnen aber keinen rechtlichen, eigentums- und versicherungsrechtlichen Rang ein. Genau so verhält sich die offizielle Gesellschaft gegenüber den dauernd in Anspruch genommenen Arbeitsleistungen der Unterschichten und den vielfältigen gewerblichen Leistungen der Slumbewohner. Sie werden offiziell nicht verrechnet. Sie zählen im amtlich ermittelten Bruttosozialprodukt nicht mit. Man spricht von all diesen Leistungen als *Schattenwirtschaft*. Ihr Beitrag zum Funktionieren der offiziellen Wirtschaft ist enorm und ihr Anteil groß, aber ihre rechtliche Würdigung ist gleich Null. Es hat sich eine seltsame Mischung von Nutzung der inoffiziellen Gesellschaft durch die offizielle mit gleichzeitiger Missachtung der inoffiziellen durch die offizielle ergeben, eine Quelle ständigen Ungemachs.

Hernando de Soto und seine Kollegen vom *Institute of Liberty and Democracy (ILD)* aus Lima in Peru fordern deshalb die rechtliche Würdigung des Besitzes der Armen, und sei dieser noch so gering, vor allem aber die rechtliche Anerkennung und Katastererfassung ihrer Behausungen, damit diese als Unterpfand für kleine Kredite bei Banken dienen können. Das brächte, so meinen sie, eine bedeutsame Wende mit sich, um etwa dem Wucher der Geldverleiher einen Strick zu drehen. Wie überhaupt Mini-Banking, das mancherorts mit gutem Erfolg erprobt wurde, mehr Aufmerksamkeit verdiente, um die Armen aus der Fessel privater Geldverleiher zu befreien.

In den Metropolen kommen vielerlei Spannungen zutage, deren Gemisch auch zur Bildung von politischem Sprengstoff beiträgt. Aus diesem Grund ergibt sich in den Metropolen parallel zur Bildung krimineller Banden auch immer ein gewisses Rekrutierungspotenzial für extremistische und terroristische Bewegungen. Deren Organisatoren sind aber in den seltensten Fällen die Armen selber. Dafür kommt eine besondere Sorte von Außenseitern ins Spiel: empörte Intellektuelle, fanatisch gesonnene Prediger und Drahtzieher vom Schlage Osama bin Ladens. Denen könnte man zu nicht geringen Teilen den Zulauf abspenstig machen, wenn es in großem Ausmaß Initiativen nach den Vorschlägen von de Soto geben würde. Statt mit scharfer Munition unter Aufwand riesiger Summen einen Krieg gegen den Terrorismus zu führen, ließe sich mit umfänglichen rechtlichen Reformen vielen Wurzeln der Gewalttätigkeit in den Metropolen der Dritten Welt das Wasser abgraben, – und das sehr viel kostengünstiger.

Eine geradezu schaurige Konsequenz aus dem zeitweise Überhandnehmen von kriminellen Vorfällen in Metropolen haben einige Regime gezogen: Todesschwadronen. Mit deren mörderischem Auftreten in Südamerika und, wie es scheint, neuerdings in Bangladesh stellt sich die etablierte Gesellschaft mit den Verbrechern auf eine Stufe. Es geht um einen Gesellschaftskonflikt, in dem sich begüterte Herrschende zu erbarmungslosen Herren über Leben und Tod machen. Tausende von Mordfällen sind in Lateinamerika noch immer ungesühnt. Welche

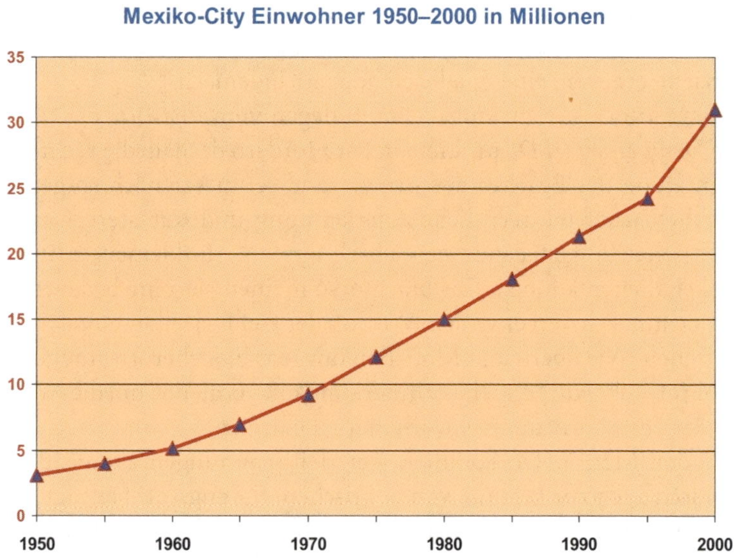

Abbildung 47 Mexiko-City Wachstum 1950–2000 in Millionen.

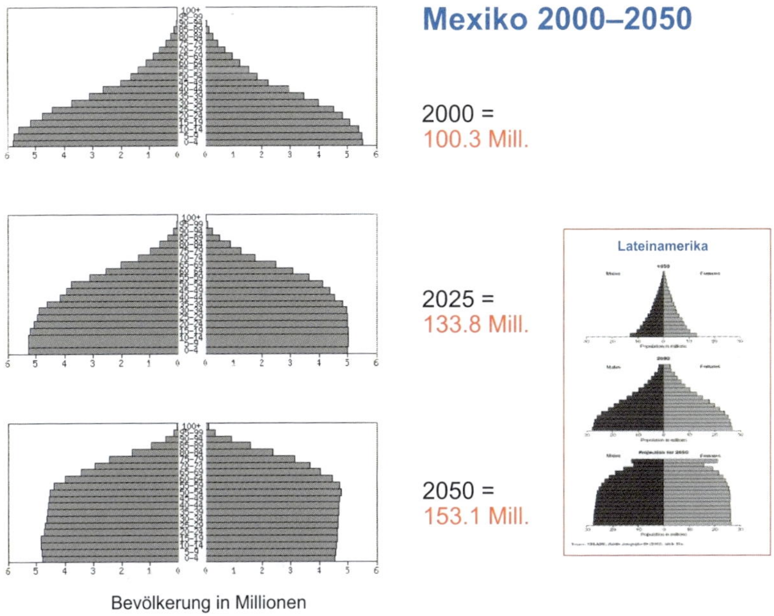

Abbildung 48 Altersaufbau und Gesamtbevölkerung Mexiko für 2000, 2025 und 2050 im Vergleich zu Lateinamerika insgesamt.

politischen Konsequenzen dieses Empörungspotenzial noch in sich birgt, wird sich erst in Zukunft herausstellen, zu übersehen ist es jedenfalls nicht.

Lateinamerika hält den Rekord an Metropolisierung. Mexiko-City bildet ein Paradebeispiel. Mit seiner Agglomeration von möglicherweise heute schon mehr als 30 Millionen Menschen ist es absolute Weltspitze (Abbildung 47).

Die mexikanische Alterspyramide (Abbildung 48) nimmt ab 2025 immer mehr eine Säulenform an. Die zugrunde liegende Bevölkerungsdynamik ist grundsätzlich der oben beschriebenen türkischen vergleichbar (Abbildung 42, S. 105), weist dabei aber einen noch größeren Jugendlichenanteil auf. Mexikos Bevölkerung wird sich bis zum Jahr 2050 um die Hälfte seiner heutigen Bevölkerung vergrößern. Über der Quelle junger Menschen türmt sich sozusagen ein Fels von Erwachsenen und später wohl auch von Alten auf. Mit derzeit einem

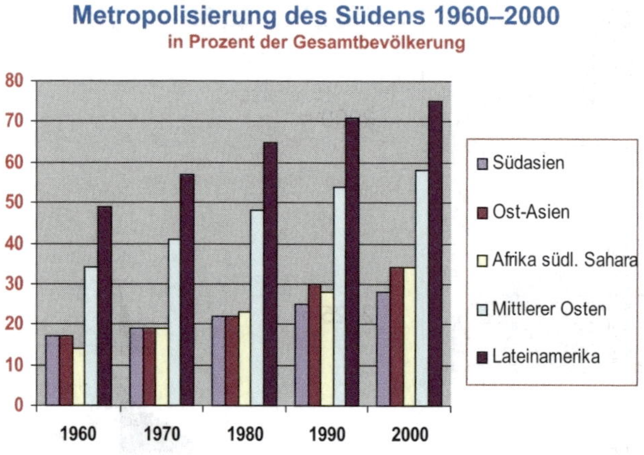

Abbildung 49 Metropolisierung des Südens in Prozent der Gesamtbevölkerung 1960–2000.

Zehntel des Bruttosozialprodukts pro Kopf des amerikanischen, 3.700 Dollar im Vergleich zu 34.000 Dollar, haben die Mexikaner wenig Spielraum, ihre Kinder und Jugendlichen zukunftstüchtig auszustatten, sie schulisch zu qualifizieren und mit Arbeitsplätzen zu versorgen.

Was über den Pyramidenaufbau Mexikos zu sagen ist, gilt grosso modo für ganz Lateinamerika. In Abbildung 48 sind zum Vergleich die Pyramiden für Lateinamerika insgesamt mit eingezeichnet. Sie zeigen für 2025 einen noch etwas größeren Jugendlichenanteil an, als ihn Mexiko heute besitzt. In dem Maß, in dem Mexiko mit seinem Hauptstadtwachstum ein Indikator für den Drang der Jugendlichen in die Metropolen ist, kann man sich ausmalen, was das für den gesamten Kontinent bedeutet.

Lateinamerika verfügt über den höchsten Verstädterungsgrad (Abbildung 49). Er liegt bei 75 Prozent der Gesamtbevölkerung von insgesamt etwas mehr als 600 Millionen Menschen.

Mit einer Metropolisierungsquote, die derzeit in Richtung auf 40 Prozent der Gesamtbevölkerung zielt, nimmt sich die Situation in Ostasien und Südasien auf den ersten Blick weniger dramatisch aus. Dass dem nicht so ist, sondern besondere Bedingungen auch zu besonderen Sorgen Anlass geben, zeigt sich im Blick auf die beiden größten Staaten der Erde, China und Indien.

9 Sonderfälle: China und Indien

China

In China ereignet sich derzeit eine Metropolisierung von geradezu gigantischem Ausmaß. Es fällt schwer, ihren Urbanisierungswert zu ermessen, der beachtlich hoch erscheint, weil einerseits in China die Slums bislang wenig hervortreten, andererseits aber gewiss ist, dass weit mehr als hundert Millionen Wanderarbeiter unter höchst beengten und zum Teil ganz erbärmlichen Verhältnissen in den großen Städten ihr Leben fristen.

China hat demographisch gesehen eine überalternde Gesellschaft. Es passt gewissermaßen dazu, dass sie von einer gerontokratisch hierarchisierten Partei geführt wird. Noch immer müssen die Chinesen die Ordnungsvorstellungen der kommunistischen Partei hinnehmen, die inzwischen ökonomisch dem Kapitalismus huldigt. Es steht in den Sternen, wie lange dieser Spagat zu meistern ist.

Die Chinesen gehen einerseits auf das Verhängnis zu, demographisch den vollen Anschluss an den Westen zu erlangen, ihn aber ökonomisch noch lange nicht zu erreichen. Die chinesische Alterspyramide verformt sich wegen der jahrzehntelangen Nachwuchsunterdrückung durch die Ein-Kind-Politik unkorrigierbar in Richtung Urnen- bis Sargform (Abbildung 50), hat also den Umriss, den wir von den Ost- und Westeuropäern sowie den Japanern her kennen. Man spricht, wie schon in der Erläuterung zu Abbildung 28 gesagt, von einem demographischen 1-2-4-Syndrom, wonach in vielen Familien ein Kind eines Tages für zwei Eltern und vier Großeltern wird sorgen müssen.

Die 1.3 bis 1.4 Milliarden Chinesen leben unter den Bedingungen eines niedrigen jährlichen pro-Kopf-Einkommens (2003 = 1.100 US-Dollar) Die Chinesen stellen zwar über 20 Prozent der Weltbevölkerung, verfügen aber nur über 4 Prozent des Weltbruttosozialprodukts; im Vergleich dazu gebieten die USA mit knapp 5 Prozent der Weltbevölkerung über 29 Prozent des Weltbruttosozialprodukts.

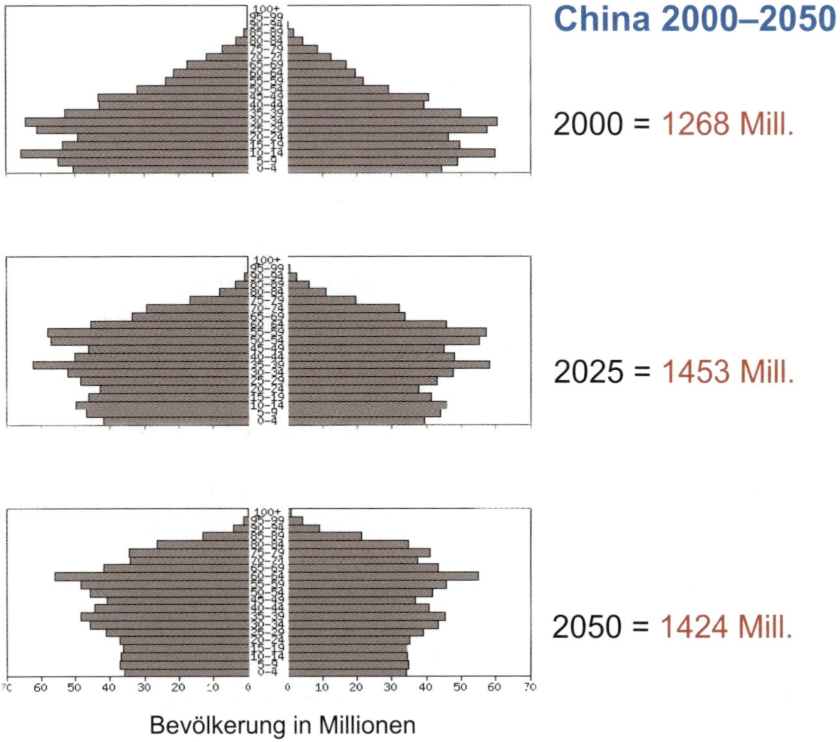

Abbildung 50 Altersaufbau und Gesamtbevölkerung China für 2000, 2025 und 2050.

Die Einkommen verteilen sich in China sehr ungleich zwischen den besser gestellten Küstenprovinzen im Osten und den benachteiligten Inlandsprovinzen im Westen, und sie weisen allesamt zudem noch das Gefälle zwischen Stadt und Land auf. Verständlich also, dass es die meisten armen und zugleich beweglichen jungen Chinesen in die Städte zieht, und zwar in die in Küstennähe. Man schätzt allein die Zahl der legalen Wanderarbeiter, wie diejenigen heißen, die sich für die Arbeit in der Ferne registrieren lassen, auf 100–150 Millionen. Die illegalen könnten weitere 50, vielleicht sogar 80 Millionen ausmachen. Durch sie und vermittels ihrer Arbeitskraft wachsen nahe der Ostküste Städte wie Harbin, Shenyang, Beijing, Tianjin, Nanjing, Shanghai und

Guangzhou sowie im Landesinneren Zentren wie Wuhan, Lanzhou, Xian, Chengdu, Chongqing zu Millionen-Zusammenballungen an.

Die Wanderarbeiter bilden Unterschichten, die man dem Proletariat der frühen Industrialisierungszeit gleichsetzen kann, da sie nach unseren westlichen Begriffen unter ähnlich elenden Bedingungen arbeiten und hausen. Außerhalb Chinas würden unter solchen Umständen unweigerlich Slums entstehen. Mittels rigider Kontrolle durch Polizei, Sicherheitskräfte und Parteikader hat man dergleichen bislang hintanhalten können. Bettler und Stadtstreicher können in China hart angefasst werden. Die Gerichte urteilen extrem streng. Nirgendwo werden so viele Todesurteile gefällt und vollstreckt wie in China. Westliche Maßstäbe versagen demgegenüber. Beobachter des Landesinneren, die das Leben in den küstenferneren Inlands- und Zentralprovinzen näher kennenlernen, schildern ein Ächzen und Stöhnen der bäuerlichen und kleinstädtischen Bevölkerung unter dem Druck korrupter Parteikader und Bürokraten, die in schamlos erpresserischer und mafiös organisierter Form die Bevölkerung schikanieren. Das erweckt bei vielen Älteren einen Zorn, der sich nicht nur gegen die örtlichen Parteifunktionäre, sondern gegen die Parteiherrschaft im Ganzen richtet; während Jüngere, die den Absprung an die Küste nicht geschafft haben, als Arbeitslose oftmals die Flucht in Ausschweifungen, Angebereien und Gaunereien, freilich auch in den Suizid antreten. Werden Chinas Unterprivilegierte solche Zustände auf längere Dauer hinnehmen?

Zur angemessenen Einschätzung der chinesischen Probleme bietet es sich an, einen genauen Blick auf den Populationsmaßstab am Fuß der Bevölkerungspyramide zu richten. Der Maßstab ist in 10-Millionenschritte unterteilt. Bei der oben abgedruckten Pyramide für die USA (Abbildung 35, S. 94) reichen einfache Millionenschritte aus. Deutschlands Pyramide lässt sich gut darstellen, wenn man Dreihunderttausenderschritte wählt. Ein maßstabgetreuer Vergleich der chinesischen mit der deutschen Alterspyramide verlangte, die chinesische Pyramide neben der deutschen nahezu hundertfach in die Breite zu ziehen. Im vorliegenden Druckbild hätte man also 50 Seiten früher anzusetzen gehabt, um auf der jetzigen Seite abschließend die Größe der chinesischen Pyramide neben einer halbseitig ausgedehnten deutschen begreiflich zu machen.

Die riesige chinesische Gesellschaft, deren Siedlungsgebiet von Zentralasien bis zum Pazifik und von der Mandschurei bis Burma jeweils mehrere Tausend Kilometer misst, stellt an die Regierung natürlich immense Anforderungen. Eine Weltregierung hätte zu Beginn des 20. Jahrhunderts auf der ganzen Welt weniger Menschen zu regieren gehabt als die chinesische Regierung heute in China. Wie sehr überfordert die Modernisierung in diesem Riesenreich längst schon alle Regierungsgeschicklichkeit? Und was geschieht, wenn Volkszorn überhand gewinnt? Chinas Gesellschaft hat in ihrer langen Geschichte nie Erfahrungen mit demokratischen Organisationen und Institutionen gesammelt.

Alle heute kursierenden optimistischen Einschätzungen von Chinas wirtschaftlicher Zukunft können sich als illusorisch erweisen. JOSEPH STIGLITZ bescheinigt der chinesischen Führungsriege, mit der er sich auskennt, eine ausgewogene Wirtschaftspolitik. Ihr komme es nach dem Gelingen der Landwirtschaftsreform darauf an, synchron mit dem Aufbau neuer Betriebe die soziale Sicherung zu gewährleisten, die Wohnungen voll in Privateigentum zu bringen, eine leistungsfähige Banken- und Börsenaufsicht herbeizuführen und mit dem vorsichtigen Abbau der alten Staatsbürokratie langsam auch die unrentablen Staatsbetriebe umzuwandeln. Auf diesem Weg sind beachtliche Erfolge erzielt worden. Im krassen Gegensatz etwa zu Russland, wo es den Massen heute schlechter geht als zu Sowjetzeiten, haben es die Chinesen heute besser als vor zehn und weit besser als vor zwanzig Jahren. Dennoch sieht STIGLITZ die Zukunft Chinas noch keineswegs gesichert. Alles in allem haben drei von vier Beschäftigten in China keinen Pensionsanspruch. Wenngleich die Sparrate in China sehr hoch ist, so müssen doch immer mehr Kosten der medizinischen Versorgung von den Erkrankten oder ihren Familienangehörigen aus eigener Tasche bezahlt werden, was das Ansparen von Beträgen für die Alterssicherung begrenzt. Zwei Drittel aller Chinesen über 65 leben mit ihren Kindern zusammen und sind auf deren Unterstützung angewiesen. Und es könnte nach den Lebenserwartungs-Schätzungen dazu kommen, dass Mitte des Jahrhunderts ca. 100 Millionen Chinesen über 80 Jahre alt sind. Die Gefahren, die den Chinesen aus dem Mitschwimmen auf der westlichen Alterungswelle erwachsen, sind daher mit allen denkbaren Risiken verbunden. Zusätzlich müssen nationenweit Übergangsprobleme gelöst werden, zu denen neben denen der Metropolisierung weiterhin die der Umstellung von der Planwirtschaft auf die Marktwirtschaft vor allem im Finanzwesen gehören.

Indien

Südasien erscheint in der Statistik der Gesamtverstädterung am unteren Ende. Das ist ein statistischer Effekt, der über die Probleme in den Ballungszentren wenig aussagt. Er kommt durch die ungeheuren Massen von Bevölkerung im ländlichen Raum Indiens zustande und lässt die Relation von Dorfbewohnern (70 Prozent) zu Stadtbevölkerung (30 Prozent) auf dem Subkontinent im Augenblick noch erträglich erscheinen. Was die Ballungszentren des zukünftig einwohnerstärksten Staates der Erde an Elend zeigen, spricht indessen eine ganz andere Sprache. Bombay hat inzwischen 18 Millionen, Kalkutta 14, Delhi 15, Madras 7, Bangalor 6,5, Haiderabad 6, Ahmadabad 5 und Poona 5 Millionen Einwohner. Nur wenige weitere Städte stellen in der Summe gleich viel an Bevölkerungszahl wie ganz Deutschland. Obwohl viele dieser Menschen in den Städten auf Arbeit in Industrie und Gewerbe angewiesen sind, besitzen nur 68 Prozent der Männer und 45 Prozent der Frauen der indischen Bevölkerung Lese- und Schreibkenntnisse.

Indiens Bevölkerung vermehrt sich täglich um ca. 50.000 und wächst damit von allen Entwicklungsländern am stärksten. Schul-, Ausbildungs- und Arbeitsplatzprobleme verbinden sich mit Engpässen bei Nahrung, Wasser, Wohnungen, Brennstoffen und Infrastrukturen. In allen Städten, nicht nur in den genannten, gehören Elendsviertel und Slums zum gewohnten Bild. Allein Bombay hat mehr als 3 Millionen Slumbewohner. Wohin geht die Reise?

Indiens Alterspyramide (Abbildung 51) besitzt die Form einer Stupa und die indische Bevölkerungsdynamik deutet auf eine ungeheuer anwachsende Zahl von Jugendlichen hin.

Würde man die indische Alterspyramide im gleichen Maßstab wie die deutsche drucken (Zweihunderttausenderschritte), so müsste man sie bis zur letzten Seite dieses Buches in die Breite ziehen. Der Alterspyramide Indiens entspricht auch die pakistanische. Beide Nationen absolvieren die gleiche demographische Entwicklung.

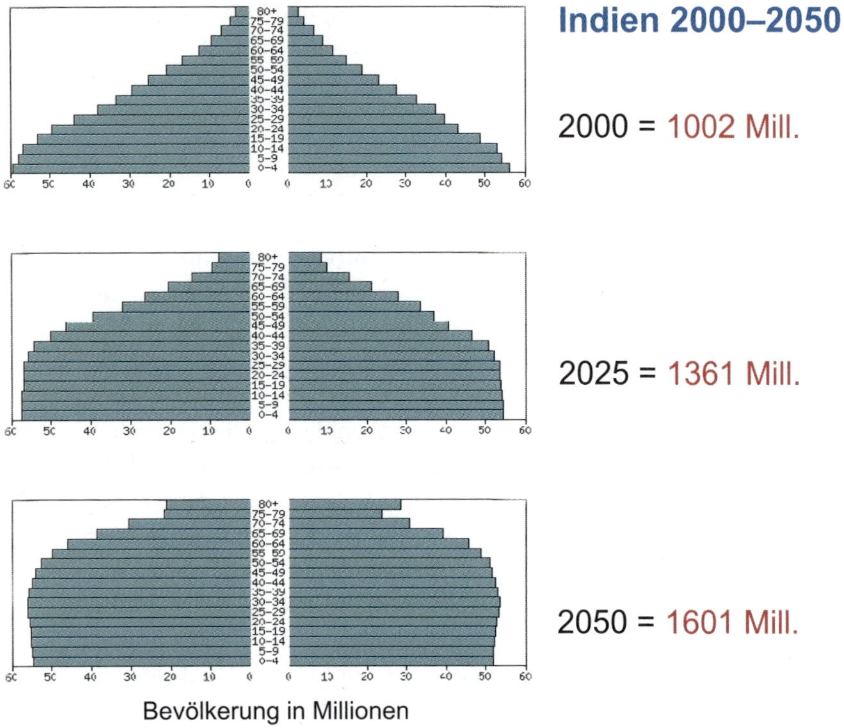

Abbildung 51 Altersaufbau und Gesamtbevölkerung Indien für 2000, 2025 und 2050.

Indiens Wirtschaftsdynamik kann bislang mit der Bevölkerungsdynamik nicht im Mindesten Schritt halten. Ob sich das in nächster Zukunft ändert, ist keineswegs so sicher, wie manche Beobachter glauben machen wollen. Nach den wirtschaftspolitischen Weichenstellungen, die seit 1991 getroffen wurden, scheinen auf Grund der volkswirtschaftlichen Wachstumsraten, die zwischen 5 bis 8 Prozent betragen, dafür gute Aussichten zu bestehen. Dem sind aber hinderliche Größen entgegenzuhalten: das Bevölkerungswachstum von 1.7 Prozent, das – wenn es anhält – in vierzig Jahren eine Verdoppelung der indischen Bevölkerung zur Folge haben würde; die Preissteigerungen von Verbrauchsgütern und Nahrungsmitteln von 8–10 Prozent; die schwer zu ermittelnden Abschreibungsraten auf veraltetes Inventar, die von beträchtlicher Höhe sind; schließlich die bereits erwähnte Analphabetenrate der erwachsenen Bevölkerung von insgesamt 45 Prozent. Alle diese Daten stimmen für die Zukunft wenig hoffnungsvoll.

Die Militärausgaben sind besonders hoch, da sich Indien mit Pakistan einen schier endlosen Konflikt um Kaschmir leistet und beide Mächte viel Geld für ihre Atomrüstung ausgeben. Kaschmir, das den Streitpunkt abgibt, ist eine schwer zugängliche Region, die mit ihren Himalaya-Gebirgszügen außer vormals prosperierendem Tourismus ökonomisch nichts Lohnendes aufzuweisen hat. Die wichtige Einnahmequelle des Fremdenverkehrs ist durch die Unsicherheit, welche die Auseinandersetzungen mit sich bringen, seit Jahren versiegt. Der Streit, der wirtschaftlich völlig sinnlos ist, wird weitgehend von religiösem Fanatismus getragen.

In den beiden Nachbarstaaten Bangladesh und Pakistan unterscheidet sich das Land-Stadt-Verhältnis kaum von dem indischen. Es wachsen gleichfalls Megastädte heran: in Bangladesh Dhaka mit 16 Millionen und Chittagong mit 4,5 Millionen, in Pakistan Karachi mit 12 Millionen und Lahore mit derzeit 6,5 Millionen Einwohnern. Die Analphabetenrate ist in beiden Staaten höher als in Indien, liegt zwischen 40–50 Prozent bei Männern und um 70 Prozent bei Frauen.

10 Drama: Afrika südlich der Sahara

Bei der Bevölkerungsentwicklung in Afrika südlich der Sahara begegnet man einer Form des Pyramidenaufbaus, mit der wir uns bislang noch nicht befasst haben. Es handelt sich um die Eiffelturmform. Deren Begrenzungslinien sind nach innen durchgebogen. In der nachstehenden Abbildung 52 werden die schwarzafrika-spezifische Pyramiden in der unteren Reihe zum Vergleich mit allen bislang aufgeführten Typen gebracht, und zwar für Afrika insgesamt, sowie für Nigeria und Äthiopien. Die Pyramidengröße ist kein Maß für jeweilige Menge an Bevölkerung, sondern soll nur den Typ der Altersstruktur verdeutlichen, der Schwarzafrika von allen anderen unterscheidet. Wie wir gesehen haben, sind alle Ausformungen mit speziellen wirtschaftlichen, gesellschaftlichen und politischen Problemen verbunden. Die Formgebung in Schwarzafrika ist die Signatur für Armut.

Die Alterspyramiden Afrikas südlich der Sahara signalisieren Kinderreichtum und eine im Vergleich zu allen anderen Regionen deutlich geringere durchschnittliche Lebenserwartung. Hunger, Armut und reduzierte Lebenserwartung sind die formgebenden Faktoren. Bei relativ hoher Geburtenrate schmilzt hohe Kindersterblichkeit die Begrenzungslinien der Pyramiden schnell nach innen ein. Hernach erreichen von einer vergleichsweise geringen Anzahl von Personen im erwerbsfähigen Alter nur noch ganz wenige den Greisenstatus. Wir befinden uns in Afrika südlich der Sahara auf dem Armuts- und Elendskontinent schlechthin. Es ist nicht etwa die Aids-Krankheit, die, wie zuweilen angenommen und geäußert wird, bei der Dezimierung der Erwachsenenbevölkerung die größte Rolle spielt; es ist die Unterversorgung, die Unterernährung, der Mangel an allen Schlüsselressourcen. Gerade deswegen drängen auch in Schwarzafrika Menschen vom Land in die Städte, weil sie in ihrer Verzweiflung dort noch – weitgehend unberechtigt – einen Hoffnungsschimmer für besseres Auskommen sehen.

Als ein typisches Beispiel sei Uganda herausgegriffen (Abbildung 53). In der Rangliste der 50 bevölkerungsreichsten Nationen steht

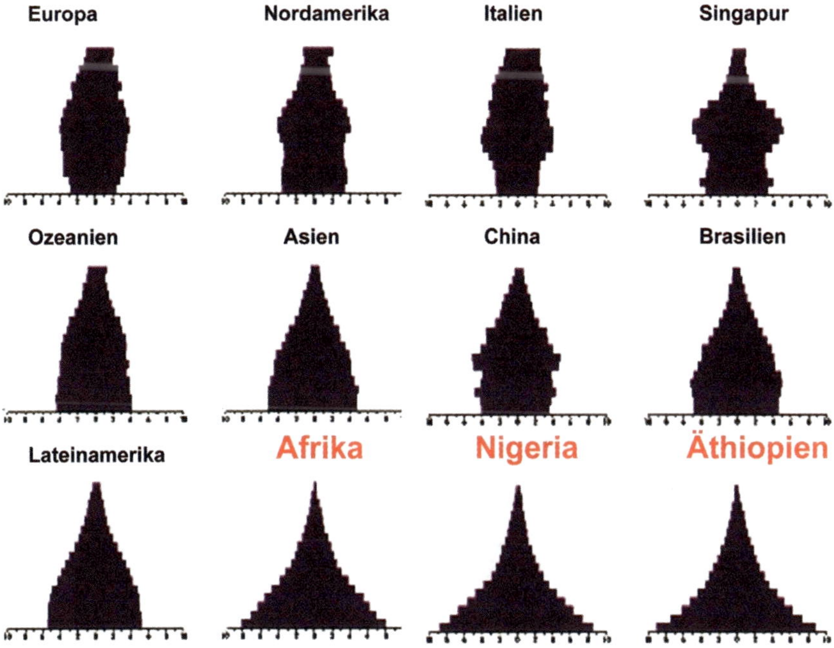

Abbildung 52 Spezifik des Altersaufbaus in Schwarzafrika im globalen Vergleich im Jahr 2000.

das ostafrikanische Land mit 23 Millionen Bewohnern an 41. Stelle. Ugandas Hauptstadt Kampala am Victoria-See ist aber bereits eine Agglomeration mit 1,2 Millionen Einwohnern.

Der Altersaufbau von Uganda weist mit seinen nach innen durchgebogenen Begrenzungslinien deutlich auf die fehlenden mittleren Jahrgänge hin. Kinder und Jugendliche sind überproportional vertreten. Dieses Missverhältnis wird zukünftig noch größer. In der ugandischen Gesellschaft, in der ungefähr ein Drittel der Bevölkerung des Lesens und Schreibens unkundig ist, mangelt es ganz eklatant an Erwachsenen, die für Erziehung und Bildung der Jugendlichen gerade stehen können.

Das prospektiv errechnete Bevölkerungswachstum würde, wenn es tatsächlich so eintrifft, dem Staat Uganda im Jahr 2050 eine Bevölke-

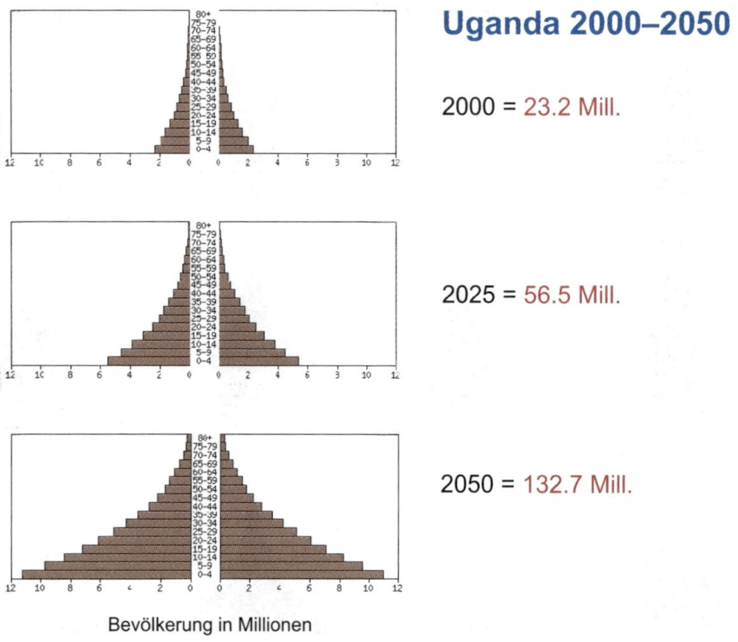

■ **Abbildung 53** Altersaufbau und Gesamtbevölkerung Uganda für 2000, 2025 und 2050.

rungszahl bescheren, die sechs mal so groß ist wie die von 2000 und dann doppelt so groß wäre wie die seiner früheren Kolonialmacht Großbritannien. In Anbetracht der heutigen wirtschaftlichen Lage Ugandas ist es unvorstellbar, wie jemals genügend Ressourcen an Nahrung, Wasser, Energie und Infrastrukturen für eine Bevölkerung dieser Größe beizubringen sein könnten.

Die Probleme Ugandas sind prototypisch für viele schwarzafrikanische Nationen. Erkennbar wird das an Hand des Altersaufbaus von Nigeria, Äthiopien und der Demokratischen Republik Kongo (Abbildung 54). Die zunächst der Eiffelturmsilhouette ähnelnden Begrenzungslinien wölben sich bei diesen Nationen zwischen 2025 und 2050 wieder nach außen. Diese Umformung deutet auf ein gigantisches Bevölkerungswachstum hin, das zwar nicht wie in Uganda das Sechsfache, aber doch in Nigeria und im Kongo das Dreifache und in

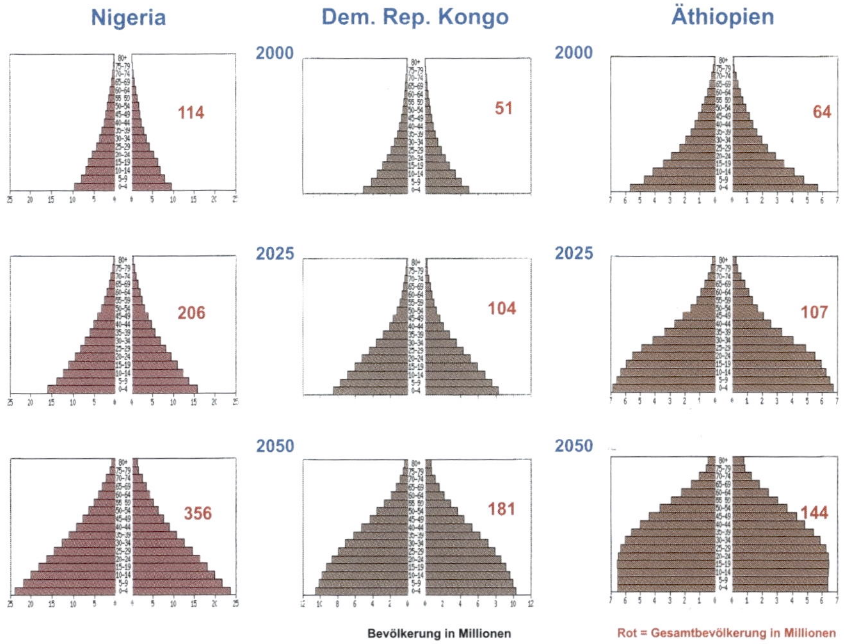

Abbildung 54 Altersaufbau und Gesamtbevölkerung Nigeria, Dem. Republik Kongo, Äthiopien für 2000, 2025 und 2050.

Äthiopien mehr als das Doppelte der Bevölkerung von 2000 im Jahr 2050 ausmacht.

Die Gesamtbevölkerungszahl in Millionen (rot) lässt ein geradezu überbordendes Bevölkerungswachstum erkennen. Nigeria, das unter den 50 bevölkerungsreichsten Nationen heute an neunter Stelle rangiert, rückt damit auf die vierte Stelle nach vorn, der Kongo vom 22. Rang auf den neunten und Äthiopien von der sechzehnten Stelle auf die zwölfte. Ökonomisch und sozial lässt sich dieses Bevölkerungswachstum unter den gegebenen politischen Umständen nicht absichern. Lösungen für die sich verschärfenden Probleme zeichnen sich nirgendwo ab.

Natürlich wird die Unsicherheit allenthalben empfunden, und von daher resultiert wohl auch der Drang in die Städte, den vor allem die Jugendlichen an Tag legen. Fast die Hälfte aller Stadtbewohner

Schwarzafrikas ist heute jünger als 19 Jahre. Vom Zustrom in die städtischen Agglomerationen hält auch die Tatsache nicht ab, dass mehr als 60 Prozent aller Stadtbewohner bereits in Slums leben. In Nigeria registriert man für Lagos mit seinen mehr als zwölf Millionen Einwohnern, dass dort 53 Prozent aller Haushalte unter der Armutsgrenze leben – die Zuwanderung hält dennoch an. Die Analphabetenrate beläuft sich in Nigeria auf 73 Prozent. Im Kongo nähert sich Kinshasa einer Einwohnerzahl von sieben Millionen. Das jährliche Wachstum beträgt über vier Prozent. Kinshasa würde damit 2015 auf knapp 10 Millionen Einwohner kommen. Selbst Äthiopien hat bei insgesamt noch 80 Prozent ländlicher Bevölkerung eine von 3,5 auf 5 Millionen wachsende Hauptstadtbevölkerung. Die Analphabetenrate Äthiopiens beträgt 60 Prozent. Ebenfalls 60 Prozent der Menschen leben unterhalb der Armutsgrenze.

Als Todesursache steht Fehl- und Unterernährung in Afrika an erster Stelle, danach folgt Aids. Hunger und Aids dezimieren vornehmlich die Erwachsenen. Immer mehr Kinder verlieren deshalb ihre Eltern, und zunehmend mehr Haushalte müssen von einem kindlichen Vorstand geleitet werden. Niemand hat die betroffenen Kinder auf solche Aufgabenstellungen vorbereitet; und dass sie sogar massenhaft zu Waisen werden, ist eine neue gesellschaftliche Realität, die nie zuvor bedacht worden ist. Aids, Armut und Hunger bedingen und steigern sich wechselseitig.

Innerhalb seiner Publikationsreihe *Population and Poverty* veröffentlichte der *United Nations Population Fund* 2003 eine Studie zu der Verbreitung und den Folgen von Aids in Afrika (Nr. 8, S. 49 ff.). Von den annähernd 850 Millionen Bewohnern Schwarzafrikas sind demnach etwa 28 Millionen von der Immunschwächekrankheit betroffen, das sind vier Fünftel von allen, die weltweit infiziert sind. Etwa 17 Millionen sind in Afrika an der Krankheit bereits gestorben. Stadt- und Landbevölkerung sind gleichermaßen betroffen.

Botswana ist das mit knapp 40 Prozent der Bevölkerung an Aids-Infizierten das am stärksten betroffene Land. Ausgehend von 5 Prozent Infizierten im Jahr 1990 ist die Prozentzahl bis 2001 auf 38,8 gestiegen. Rechnet man die dadurch zu erwartenden Sterbefälle hoch, so wird von der Alterspyramide Botswanas des Jahres 2000 nach fünfundzwanzig Jahren nur noch die durch hellere Farbe eingeschriebe-

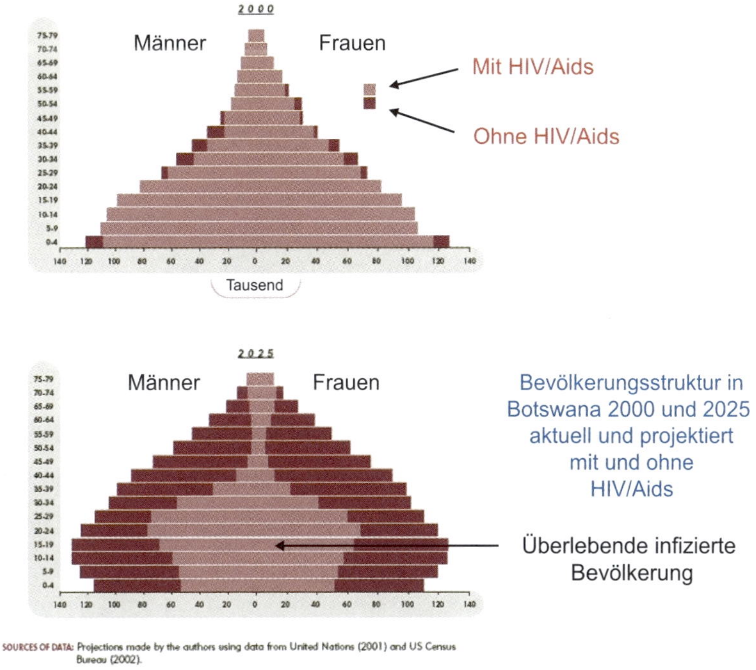

Abbildung 55 Bevölkerungsstruktur in Botswana 2000 und 2025 aktuell und projektiert mit und ohne HIV/Aids.

nen Binnenform übrig bleiben (Abbildung 55), was die grässlich dezimierende Wirkung der Krankheit an Hand dieses Extremfalls belegt. Sozial bedeutet das, dass sich in Botswana unter 1,6 Millionen Gesamtbevölkerung heute an die 70.000 Aids-Waisen befinden. Das ist eine relativ hohe Ziffer, absolut freilich eine geringe, wenn man an 900.000 Aids-Waisen in Kenia, 785.000 in Simbabwe und 665.000 in Südafrika denkt, alles Ziffern von 2001. Kenias Infiziertenrate beträgt 15 Prozent seiner Gesamtbevölkerung, die von Simbabwe 34 und die von Südafrika 20 Prozent.

Südafrikas Alterspyramide (Abbildung 56) bietet nahezu ein Horrorszenario. Die Gesamtbevölkerungszahl wird bis 2050 um 25 Prozent zurückgehen. Am stärksten wird die erwerbstätige Bevölkerung von diesem Rückgang betroffen werden. Von der heutigen Gesamt-

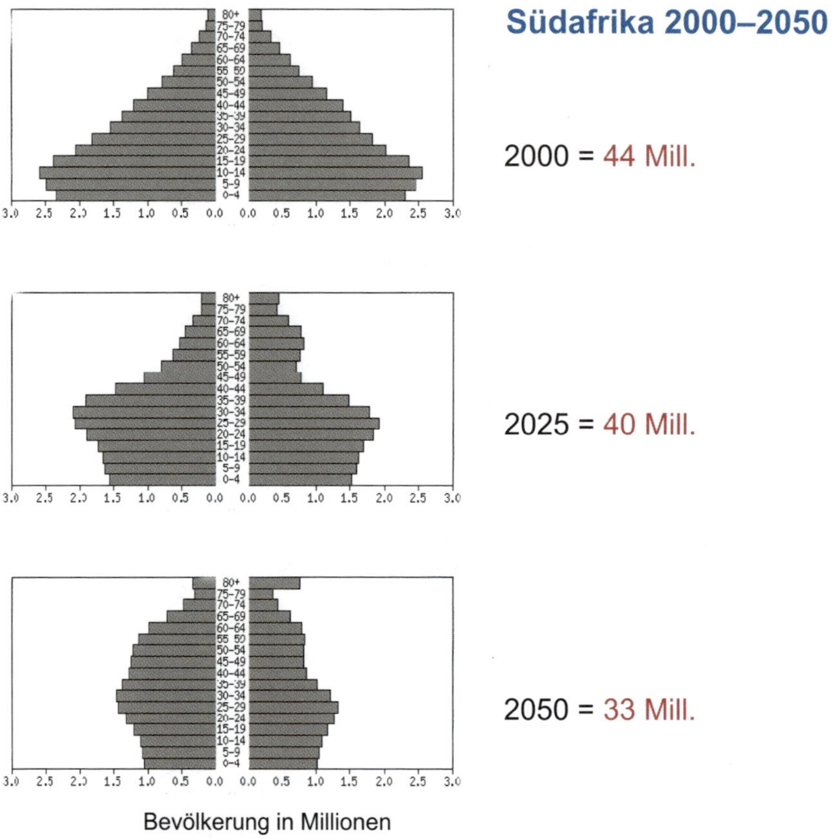

Abbildung 56 Altersaufbau und Gesamtbevölkerung Südafrika für 2000, 2025 und 2050.

bevölkerung sind fast 5 Millionen mit Aids infiziert. Das ist die weltweit größte Massierung von HIV-Infizierten in einem einzelnen Land.

Nach den Jahrzehnten der entrechtenden und demütigenden Behandlung der schwarzen Bevölkerungsmehrheit in Südafrika sind nun durch die hohe Arbeitslosigkeit und die große Zahl der Aids-Waisen bei ohnehin niedrigen pro-Kopf-Einkommen erneut enorme gesellschaftliche Spannungen entstanden. Diese haben sich hier wie kaum sonst wo auf der Welt zu einer besonderen Bedrohung für die ältere

Generation ausgewachsen. Mit 35 Prozent der Menschen, die weniger als 2 Dollar pro Tag zur Verfügung, und einer gleich hohen Anzahl, die kein Dach über dem Kopf haben, ist das Leben der Alten, die isoliert sind, vielfach von Furcht und Angst erfüllt. Nach dem Report *Situation and Voices. The older poor and excluded in South Africa and India* (UNFPA, Nr. 2, 2002) muss man annehmen, in Südafrika übersteige die Angst vor Gewalt noch die Gefühle der Hilflosigkeit und Unsicherheit, die ansonsten arme und alte Personen vor allem in Indien bewegt. In der Kriminalstatistik nimmt das Land heute überdies weltweit den Spitzenplatz in Mord-, Vergewaltigungs- und Überfallraten pro tausend Einwohner ein.

Hochgradige soziale und rechtliche Unsicherheit ist zu einem generellen Charakterzug der schwarzafrikanischen Staaten geworden: Es handelt sich von Anbeginn an um marode Staaten. Sie sind nicht erst im Lauf der Zeit in ihren miserablen Zustand geraten, sondern zeigten als Erbe der Kolonialherrschaft sofort die Tendenz zu autokratischen Regimes mit lediglich ansatzweise funktionierenden Staatsordnungen. Zwar lesen sich die meisten Verfassungen, als seien sie demokratisch ohne Fehl und Tadel, aber es existiert keine entsprechende Verfassungswirklichkeit.

Afrika ist der Kontinent mit den meisten innerstaatlichen Konflikten, Krisen und bewaffneten Auseinandersetzungen, mit der höchsten Konzentration von Elend und Gewalt. Und Afrika ist der Kontinent, auf dem Stärke hervorkehrende und sich bereichernde Autokraten gepaart mit rechtsstaatlich fragwürdigen, politisch leichtgewichtigen und ökonomisch ärmlichen Staatsgebilden zur Regel geworden sind. Die Kombination von selbstsüchtigen, überheblichen, korrupten Führungen mit Elendsgesellschaften und unzuverlässigen Rechts- und Staatsordnungen tritt hier am weitesten verbreitet zutage. Der Reichtum der Machthaber geht in Schwarzafrika auf die skrupellose Ausplünderung aller Einkommensquellen – Entwicklungshilfe-Gelder nicht ausgenommen – zurück. Zwar steht Schwarzafrika mit seinen autokratischen Staatsführungen nicht allein da, sie finden sich mit unterschiedlichen Begleiterscheinungen von Armut und Gewalt rund um die Welt, aber Schwarzafrika bildet ein Extrem.

Sucht man nach Erklärungen, so ergeben sich viele Gründe, von denen einige in vorkolonialen hierarchischen Strukturen, andere in kolonialen Vorbildern zu finden sind. Schließlich haben die Kolonialherren auch die Überheblichkeit vorgelebt, mit der inzwischen die ortsansässigen neuen Herrschenden auftreten. Deren Interesse gilt vorrangig ihrer eigenen, persönlichen Vorteilsnahme. Dabei werden Regierungsposten und öffentliche Ämter wie Privateigentum betrachtet und als Pfründe behandelt. Um Beistand und Unterwürfigkeit zu sichern, gehen Steuervorteile, Import- oder Exportlizenzen, Aufsichtsposten, militärische und polizeiliche Befugnisse und anderes mehr an einflussreiche Personen und sonstige Klientel. Die wiederum machen andere in untergeordneten Funktionen von sich abhängig, bis der Strom wohlwollender Zuwendung in Rinnsale ausmündet, insgesamt aber ein ausschlaggebender Teil der Gesellschaft von der herrschenden Clique in beständiger Gefolgschaft gehalten wird. Gegenüber dem Rest der Bevölkerung, der für die Führungselite von keiner besonderen materiellen Bedeutung ist, ergeben sich Einstellungen, die von Gleichgültigkeit bis Missachtung gehen, wobei es sich bei diesem »Rest« durchaus um das Gros der Bevölkerung handeln kann.

Direktes Regieren ihrer Besitzungen erschien den Kolonialmächten in Relation zu den mit Handelsvorteilen erlangten Gewinnen zu teuer. Sie begnügten sich daher in Schwarzafrika, das ja erst im 19. Jahrhundert kolonial erschlossenen wurde, von vornherein weitgehend mit einer selektiv auf lukrative Bereiche konzentrierten Kolonialverwaltung. Diese Verwaltung bildete bei der Entlassung der Kolonien in die Selbständigkeit die Grundlage der neuen Staatsverwaltung und war natürlich für diesen Zweck völlig unzureichend. Die auf inselartig konzentrierte Rohstoffausbeutung oder flächenhaft ausgedehnte Landwirtschaft bezogene Verwaltungsbürokratie der Kolonialmächte diente dann in den Händen der neuen Herren sofort als Instrument für deren eigene egoistische Ambitionen. Dafür ist sie bis heute gut. Sie regelt trotz schwacher Staatsordnung die Erhebung von Steuern, hält die Exportwirtschaft unter Kontrolle, ermöglicht den Empfang ausländischer Hilfe, verschuldet sich noch über hochverzinsliche Anleihen und wickelt den Verkehr mit der Weltbank ab. Kurzum: Sie sitzt an allen Geldquellen. Die Regierenden haben am Rest der Gesellschaft so wenig Interesse, dass Infrastrukturen, Versorgungs- und Bildungseinrichtungen vernachlässigt werden. Die Tätigkeit von Hilfswerken und Hilfsorganisationen kommt ihnen dabei sehr gelegen, nimmt sie ihnen doch lästige Bürden ab. So kommt eine Eigendynamik in Gang, bei der sich absurde Bereicherung an der Staatsspitze und gesamtstaatliche Verschuldung zu Lasten der Bevölkerung immer wieder die Hand reichen.

Natürlich erwecken solche Staatsführungen Neid, Missgunst, Rivalitäten und Machtkämpfe und provozieren infolgedessen Führungswechsel durch Staatsstreiche und Militärputsche. Es kommt, insbesondere wenn sich der Widerstand von unten her organisiert, zu Aufstandsbewegungen und endlosen Auseinandersetzungen, die sich zu Bürgerkriegen zuspitzen. Die Interpretation aber, wonach Afrikas korrupte Staatführungspraktiken durch stammesorientierte Autoritätsstrukturen und althergebrachte Stammesrivalitäten vordiktiert sind, konnte durch vergleichende Untersuchungen nicht bestätigt werden. Ethnizität spielt selbstredend eine Rolle, aber keine andere als in anderen Weltgegenden auch. Viele Faktoren haben in der Vergangenheit zusammengewirkt. Im Ost-West-Konflikt wurden die Autokraten von den beiden Supermächten und ihren Satelliten mit ökonomischen und vor allem auch militärischen Hilfsprogrammen umgarnt, um sie damit ideologisch und politisch der einen oder anderen Seite geneigt zu machen, unter anderem für UN-Abstimmungen. Die Gründung der OPEC und deren Preispolitik versetzte zahlreichen Entwicklungsprojekten den Todesstoß, ließ umfassende Entwicklungspläne zu Makulatur werden und die Zentralregierungen weiterhin nur auf ihr eigenes Wohl bedacht sein. Die Entwicklungshilfen mit ihren Kreditvergaben und Verschuldungsfolgen und neuerdings Schuldennachlässen sind ebenso zu nennen wie die in diesem Text genugsam erwähnten Gesundheits- und Bildungsprogramme der Weltorganisationen. Diverse Engagements von Kirchen, Hilfswerken und Nichtregierungsorganisationen, enorme Anstrengungen ganzer Entwicklungshilfeindustrien – wie man nunmehr schon sagt – dürften, wiewohl das nicht ihrer Absicht entsprach, zur Stärkung der autokratischen Strukturen einen gewichtigen Beitrag geleistet haben. Faktum ist und bleibt die Schwäche der Staatsordnungen im Vergleich zum autarken Auftreten der Regierenden.

Starke Männer und schwache Staaten, wohlhabende Herrscher und arme Bevölkerungen sind in Afrika südlich der Sahara zum Stereotyp geworden. Angesichts der beschriebenen demographischen Entwicklungen verheißt das Schlimmes. Ein Faktor könnte verschärfend hinzukommen. In Ländern, in denen der Islam an Boden gewinnen konnte, drohen Fundamentalisten neue oppositionelle Fronten zu eröffnen. Die Opposition ist doppelgesichtig, richtet sich sowohl gegen die Regierenden wie gegen deren Widersacher, wenn es sich bei denen um säkular orientierte Rivalen handelt. Sollte sich diese Opposition in Afrika südlich der Sahara verbreiten, dürfte die dortige Entwicklung noch unkalkulierbarer werden, als sie es ohnehin schon ist.

11 Naher Osten

In Nordafrika und im Nahen Osten finden die so genannten »starken Männer« der armen und weltpolitisch fast bedeutungslosen Staaten Schwarzafrikas ebenbürtige Partner, was Machtansprüche, Prestigedenken und Bereicherungsgeschick betrifft. Doch sind diese nicht nur allesamt wohlhabender, sie gebieten auch über Staaten, die in der internationalen Politik aus unterschiedlichen Gründen eine beachtliche Rolle spielen. Einige verfügen über Öl, andere sind *trouble spots,* auf manche trifft beides zu. Die Emirate gehören zum kleinen Club der reichsten Nationen dieser Welt. Wo kein oder kaum Öl zu finden ist, im Maghreb (Marokko, Algerien, Tunesien), in Ägypten, Jordanien und Syrien, da beziehen die höchst autokratisch auftretenden Führungseliten prächtige Einkommen aus staatlichen Monopolen sowie aus dem Geschäft mit dem Tourismus. Teile der städtischen Bevölkerung versucht man durch »Alimentation«, also eine Beschäftigung im Staatssektor oder in der öffentlichen Verwaltung, ruhig zu stellen. Für die Armen auf dem Land scheint sich hingegen kaum jemand zu interessieren. Die Herrschenden sehen sich zwar immer wieder durch kritische Intellektuelle, allen voran Journalisten und Schriftsteller, ins Visier genommen, wissen deren Aufbegehren aber durch Zensur, Verhaftungen und Gerichtsprozesse, die mit unangemessen hohe Strafen enden, im Zaum zu halten.

Bei den zahllosen Rivalitäten, die auf allen gesellschaftlichen Ebenen zu finden sind und ursächlich mit der Vetternwirtschaft und weit verbreiteten Korruption zu tun haben, durchschauen nur wenige Insider und Spezialisten, in welcher Weise Clans gegen Clans, religiöse, ethnische und regionale Gruppen sowie politische Parteien, die diverse Fraktionen und Kombinationen bilden, zueinander und gegeneinander stehen. Zugespitzt wird die Situation durch die Anhänger der radikal fundamentalistischen Opposition, deren Wurzeln weitgehend auf die 1928 in Ägypten gegründete religiöse Erneuerungsbewegung der Muslimbruderschaft zurückgehen. Sie treten dafür ein, westliche Einflüsse hintanzuhalten und eventuell sogar wieder zu eliminieren.

Der palästinensische Ableger der Muslimbrüderschaft brachte 1987 die Hamas hervor. Heute streben Oppositionelle, meist verboten, vielerorts ihre Legalisierung an, anders als die kämpferische Al-Qaida – übersetzt: die Basis. Sie verfolgt eine Doppelstrategie zur Befehdung der ihr verhassten heimischen Herrscher und deren ausländischer Verbündeter, speziell der USA, mit terroristischen Mitteln.

Sucht man im Nahen Osten nach einem gemeinsamen Nenner der politischen Akteure, so findet man zum einen das Gefühl der Zusammengehörigkeit aller Araber, *Al-Arab al-ariba,* und zum anderen das religiöse Bekenntnis zum Islam. Zwar gehen innerhalb des Islam die Interpretationen weit auseinander, einigend wirkt jedoch die Abgrenzung gegen das Christen- und Judentum. Konsens besteht zudem in der Parteinahme für die Palästinenser und einer militanten Haltung gegenüber Israel.

Der Staat der Juden, Israel, wirkt in seiner arabischen Umgebung wie der sprichwörtliche Pfahl im Fleisch. Im Jahr 2000 standen den 5,8 Millionen Israelis etwa 3,1 Millionen Palästinenser im Gaza-Streifen und im Westjordanland gegenüber. Die Israelis werden in den kommenden Jahrzehnten von den Palästinensern in die Minderheit gedrängt, so dass – die Schätzungen gehen auseinander – die Palästinenser mit etwa 10 bis 12 Millionen vor den etwa 8,5 bis 10,5 Millionen Israelis rangieren werden. Für Israel kommt erschwerend hinzu, dass die im Land verbliebenen Araber fast ein Fünftel der Einwohner ausmachen. Dieser arabische Anteil wächst viel stärker als der jüdische. Unter den Juden sind es vor allem die orthodox religiös orientierten Familien, die überproportional viele Kinder haben. Einen Vergleich der Altersstrukturen bietet die Abbildung 57.

Der Gestaltwandel der Alterspyramide Israels lässt künftige Versorgungsprobleme erkennen: Die Erwerbstätigen müssen immer größere Lasten tragen, um die Alten zu unterhalten. Dagegen spielt das Problem der Altenversorgung bei den Palästinensern auf absehbare Zeit keine große Rolle. Bei ihnen bereitet vielmehr die Betreuung der Kinder und Jugendlichen große Sorgen, denn der Anteil derer, die jünger als fünfzehn sind, liegt 2005 bereits bei 46 Prozent, und er wächst weiter. Dem alternden Israel steht in Zukunft ein immer jüngeres Palästina gegenüber. Dabei sind in Israel immer noch 28 Prozent der Gesamtbevölkerung jünger als 15 Jahre, was für zentraleuropäische

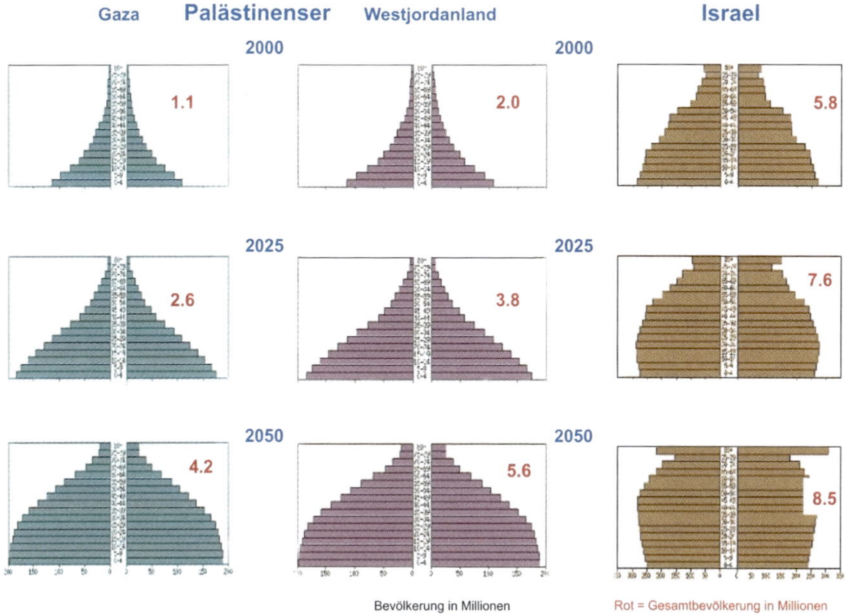

Abbildung 57 Entwicklung des Altersaufbaus und der Gesamtbevölkerung bei Palästinensern und Israelis, 2000 bis 2050. Der vorliegenden Pyramidendarstellung, die der IDB entnommen ist, liegen Bevölkerungsberechnungen zu Grunde, denen Kalkulationen des Population Reference Bureau (PRB) gegenüberstehen, die zu beachtlich höheren Gesamtzahlen kommen: für 2050 bei den Palästinensern 11,9 Millionen und bei den Israelis 10,6 Millionen, so dass sich unveränderte Relationen auf höherem Plafond ergeben.

Verhältnisse ein geradezu traumhaft hoher Wert ist. Wirtschaftlich werden die Israelis mit ihren Alterungsproblemen aber sehr viel besser zurande kommen als die vergleichsweise armen Palästinenser mit ihren Jugendproblemen.

Zu Beginn des 21. Jahrhunderts standen den sechs Millionen Israelis 97 Millionen direkt angrenzende arabische Nachbarn gegenüber. Bis zur Jahrhundertmitte verändert sich dieses Zahlenverhältnis weiter zu Lasten Israels, 10 Millionen Israelis werden dann mit knapp 190 Millionen Arabern konfrontiert sein. Entfallen auf einen Israeli heute 16 Araber, werden es künftig 22 sein. Abbildung 58 zeigt die Zahlen für das Bevölkerungswachstum der angrenzenden Staaten von 2000

Israel und seine Nachbarn 2000–2050

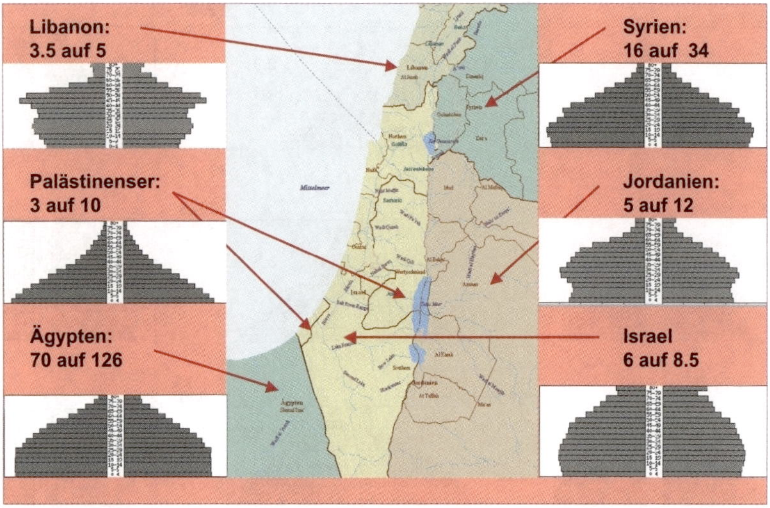

■ **Abbildung 58** Bevölkerungswachstum Israels und seiner Nachbarn 2000–2050 in Millionen mit Alterspyramiden für das Jahr 2025.

bis 2050. Die Pyramiden geben die jeweilige Altersstruktur für das Jahr 2025 an.

Die Libanesen erleben eine Überalterung von 2025 an, also etwas früher als die Jordanier. Dagegen wird der Anteil jugendlicher Syrer und Ägypter unter 15 Jahren dann hoch sein (mit jeweils 36 Prozent der Gesamtbevölkerung). Als ärmste Nachbarn Israels weisen sie damit die niedrigsten pro-Kopf-Einkommen und zugleich das höchste Bevölkerungswachstum auf.

Gewaltig ist der Zuwachs an Bevölkerung auch in den Öl-Förderländern Iran, Irak und Saudi-Arabien. Berücksichtigt man noch den bitterarmen Jemen, dessen Einwohnerzahl sich von knapp 20 Millionen auf über 70 Millionen bis 2050 steigern wird, so wächst die Bevölkerung der muslimischen Nationen um Israel herum (ohne Türken) von 225 Millionen (2000) bis zur Jahrhundertmitte auf circa 450 Millionen. Diese Entwicklung besitzt nicht zuletzt für Israel eine hohe Dramatik.

Heute steht ein zwanzigjähriger Israeli 37 Muslimen gegenüber, will er sich in seinem 65. Lebensjahr zur Ruhe setzen, werden es 50 sein. Besagen diese demographischen Trends allein noch nichts über die politische und militärische Sicherheitslage des Staates Israel, so spielen sie doch eine enorme Rolle für die Versorgung mit den Schlüsselressourcen Wasser, Nahrung und Energie in der Region. Dass ein Israeli im Konfliktfall mit zwei, drei oder vier Dutzend Arabern konfrontiert ist, mag militärisch bedeutungslos erscheinen, doch wenn er mit ihnen das Wasser aus der gleichen Quelle schöpfen muss, sehen die Dinge ganz anders aus.

Die demographische Entwicklung in den Öl-Förderländern Iran, Irak und Saudi-Arabien sowie ihre möglichen Auswirkungen auf die Innen- und Außenpolitik dieser Staaten ist sowohl unter regionalen Gesichtspunkten als auch unter Aspekten der Welt-Energieversorgung höchst bedeutsam (Abbildung 59).

Besonders auffällig am Altersaufbau des *Iran* ist die Einbuchtung bei den mittleren Jahrgängen. Sie zeigt, welche enormen Verluste die Iraner im ersten Golfkrieg (1980–1988) gegen den Irak erlitten haben. Durch diesen Abnutzungskrieg wurde das erste Jahrzehnt der Ajatollah-Herrschaft zu einer Niedergangsphase. Davon hat sich das Land bis heute nicht völlig erholt; und wegen einer wenig rationalen Wirtschaftsführung wird das auch weiterhin so bleiben. Dabei steht dem Iran in den nächsten zwanzig Jahren ein Bevölkerungszuwachs von weiteren 17 Millionen und eine dramatisch steigende Jugendarbeitslosigkeit ins Haus. Statt als potenter Ölproduzent mit hohen pro-Kopf-Einkommen ausgewiesen zu sein, rangiert der Iran mit lediglich 2.300 Dollar pro-Kopf Jahreseinkommen (2004) nur noch in der Gruppe der *lower-middle-income-economies*, in der sich im Nahen Osten auch Ägypten, Jordanien, Irak, Syrien und die Palästinensergebiete befinden (zum Vergleich: auch Länder wie Albanien, Bolivien, Cuba, China, Indonesien, Thailand oder Weißrussland).

Die weitere demographische Entwicklung im kriegsgebeutelten und 2006 noch immer amerikanisch besetzten *Irak* lässt sich schwer einschätzen. Fest steht, dass die heutige Bevölkerungsstruktur, in welcher der Anteil an Jugendlichen immer stärker zunimmt, auf Jahrzehnte hinaus ein stetiges Gesamtwachstum vorzeichnet. Jugendliche unter 15 Jahren machten bereits 2004 insgesamt 42 Prozent der Bevölkerung aus. Ob sie künftig in Lohn und Brot zu bringen sind, ist eine offene Frage. Öl-Exporte müssten zu so hohen Einnahmen führen,

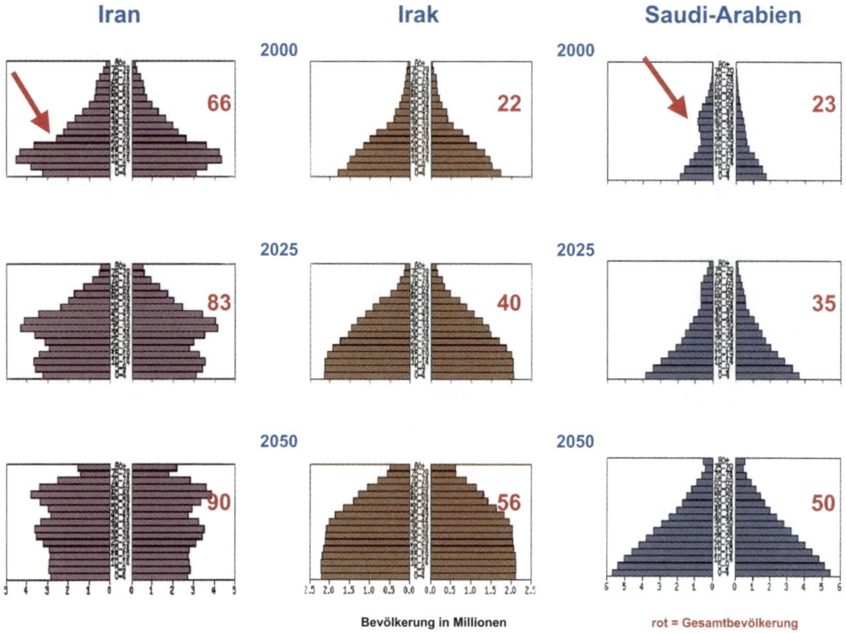

Abbildung 59 Altersaufbau und Zuwachs der Gesamtbevölkerung im Iran, im Irak und in Saudi-Arabien, 2000 bis 2050. Augenfällig sind zwei durch Pfeile gekennzeichnete Besonderheiten: zum einen in der Pyramide des Iran für 2000 die tiefe Einbuchtung bei den Jahrgängen im mittleren Alter, zum anderen die deutliche Ausbuchtung bei der männlichen Bevölkerung in der Pyramide für Saudi-Arabien. Die Einbuchtung in der Iran-Pyramide kommt durch die enormen Verluste der Perser im ersten Golfkrieg zustande. Die Ausbuchtung in der Pyramide für Saudi-Arabien durch den hohen Anteil an weit überwiegend männlichen fremdländischen Arbeitskräften.

dass damit sowohl der Wiederaufbau der Wirtschaft und der Ausbau der Infrastruktur als auch der Unterhalt der stark anwachsenden Bevölkerung finanziert werden kann. Voraussagen sind kaum möglich. Die zu Teilen chaotische Situation im Irak stellt noch immer das Gegenteil dessen dar, was Präsident Bush als Ziel vorgab und womit er ein Vorbild für die künftige Gestaltung des Nahen Ostens schaffen wollte. Verwunderlich ist das nicht, grenzte doch die Idee, ausgerechnet den Irak mit seinen komplizierten ethnischen und religiösen Binnenstrukturen nach Jahrzehnten der Diktatur alsbald zur Musterdemokratie des Nahen Ostens machen zu können, realpolitisch gesehen von vornherein ans Absurde.

Gemessen an den prekären Umständen, mit denen die arabischen Nachbarn zu kämpfen haben, nimmt sich die Situation der Israelis wirtschaftlich prächtig aus. Das belegt eine Gegenüberstellung von Einkommensverhältnissen und künftiger Bevölkerungsentwicklung nur allzu deutlich (Abbildung 60):

Einkommen und Bevölkerungswachstum weisen im Nahen Osten ein umgekehrt proportionales Verhältnis auf. Das kleine Israel steht ökonomisch ganz groß da, während die bevölkerungsreichsten Nationen die geringsten Einkommen verzeichnen, ganz im Sinn der generellen Erfahrung: Niedrige Einkommen = viele Nachkommen.

Saudi-Arabien wird von 25 Millionen Bewohnern (2004) auf 55 Millionen (2050) wachsen und seine Bevölkerungszahl damit mehr als verdoppeln. Rund 40 Prozent der Bewohner sind heute unter 15 Jahren. In der Alterspyramide signalisiert die Ausbuchtung bei der männlichen Bevölkerung, dass in Saudi-Arabien außerordentlich viele ausländische Arbeitskräfte leben, denen rechtlich nur ein minderer Status zugebilligt wird.

Von der in diesem Buch verkündeten Regel, »hohe Einkommen = weniger Nachkommen« machen Saudi-Arabien und die Emirate eine klare Ausnahme. Diese Länder erzielen eine hohe Fortpflanzungsrate. Großzügig zugeteilte Einkommen verleiten mit Blick auf die Familien- und Altersversorgung zur Sorglosigkeit. Schwierigkeiten deuten sich dennoch an, weil man nicht recht weiß, wie die Nachwachsenden wirtschaftlich sinnvoll beschäftigt werden sollen. Im Jahr 2000 befanden sich von 23,1 Millionen Einwohnern 31 Prozent im Alter zwischen 10 bis 24 Jahren, sie waren also noch in der Ausbildung oder verlangten bereits nach wirtschaftlicher Integration; in zwanzig Jahren werden es von insgesamt circa 36 Millionen volle 12 Millionen sein, die in diese Kategorie fallen.

Als die Petrodollars noch reichlich flossen, waren die herrschenden Saudis in der äußerst komfortablen Lage, sich nicht mit dem mühevollen Problem fast aller Regierenden beschäftigen zu müssen, wie man Steuern für den Staatshaushalt aufbringt. Sie beglückten die Bevölkerung mit Einkommen, ohne dafür sonderliche Vorleistungen von ihr zu verlangen. Die Saudis werden nach wie vor von sieben

Naher Osten Bruttoprodukt pro Kopf 1980–2004 (Dollar)

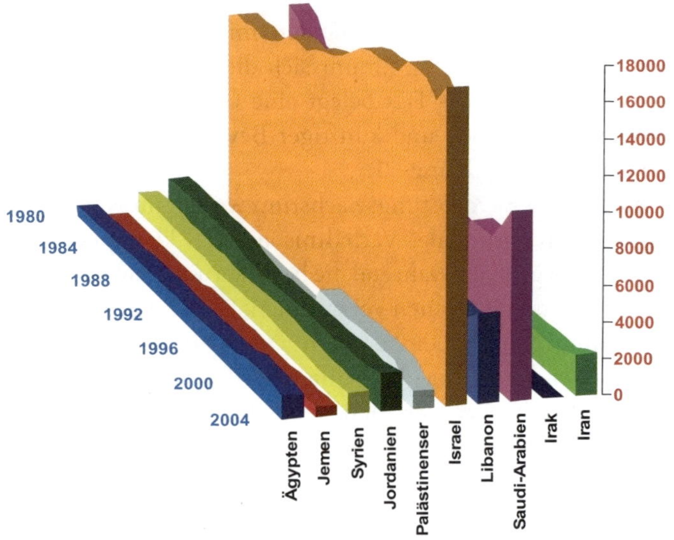

Millionen fremdländischen, streng reglementierten Arbeitskräften unterstützt, entlastet, chauffiert und bedient. Alles in allem haben die Herrschenden im Lauf der Zeit viel zu viel Geld ausgegeben: für moderne Waffensysteme (ohne geschultes Bedienungspersonal dafür zu besitzen!), für übermäßig viele Beschäftigte in der Staats- und Wirtschaftsverwaltung, für großzügige Investitionen in der Infrastruktur und im Bildungsbereich sowie für den Luxuskonsum der zahlreichen Prinzenfamilien. Kein Wunder also, dass die einst hohen pro-Kopf-Einkommen stetig gesunken sind.

Bei der Gewöhnung an dieses System habe viele das so genannte *mudir-syndrome* entwickelt, nämlich darauf bedacht zu sein, nur eine respektable und ehrenvolle Stellung anzunehmen. Der Weg dorthin führte für gewöhnlich über ein Studium. Dabei studiert die saudische Jugend bevorzugt Geistes-, Sozial- und Religionswissenschaften und nicht etwa Technik, Mathematik, Informatik, Betriebswirtschaft oder Ingenieurwissenschaften, sprich Fächer, deren Wissenspotenzial man am dringlichsten benötigte. Fast 15 Prozent der Studierenden widmen sich der Islamwissenschaft. Kein Wunder also, dass sie dabei auch einer

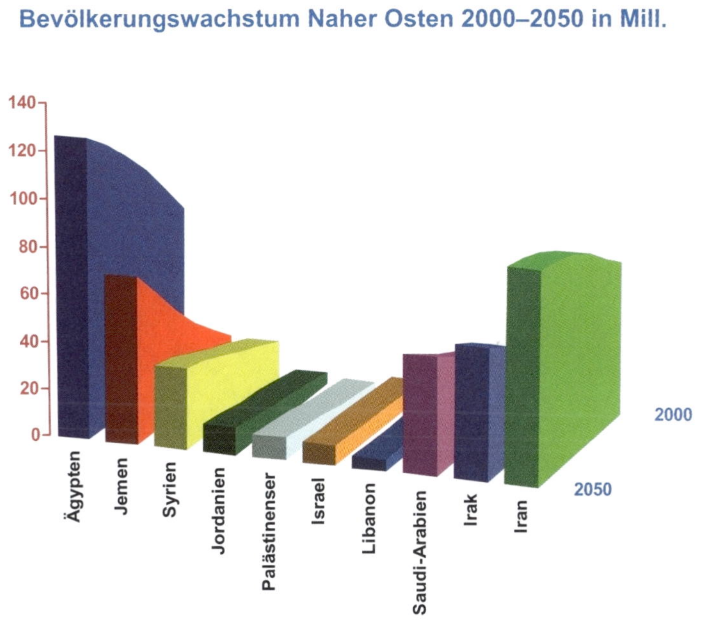

Abbildung 60 Naher Osten: Bruttoprodukt der Vergangenheit und Bevölkerungswachstum der Zukunft

gewissen Dosis fundamentalistischer Indoktrination ausgesetzt sind. Das System produziert also auch den Sprengstoff, dessen Explosion ihm eines Tages den Garaus machen kann.

Mit dem *Jemen,* dessen Bevölkerung von heute nicht ganz 20 Millionen bis 2025 auf 40 Millionen und bis 2050 sogar auf über 70 Millionen anwachsen dürfte, haben die Saudis an ihrer Südflanke ein Armenhaus zum Nachbarn, in dem das jährliche Durchschnittseinkommen derzeit bei knapp 600 Dollar liegt. Hier sind sogar ganze 48 Prozent der Gesamtbevölkerung jünger als 15 Jahre. 32 Prozent gehören der Altersgruppe von 10 bis 24 Jahren an, das sind rund sechs Millionen. Im Jahr 2025 werden es 13 Millionen sein. Sie alle wollen Arbeit – woher soll diese aber kommen? In dieser wenig zuversichtlichen Lage ist radikales Aufbegehren nicht auszuschließen.

Die in Teil I geschilderten demographischen Entwicklungen verbinden sich in der westlichen Welt mit Überalterung und Rentenkrisen, in der Dritten Welt dagegen mit Bevölkerungsexplosion, Armut, Metropolisierung, Slumbildung und schließlich der Zuspitzung des Nord-Süd-Konflikts. Die allgemeinen politischen und speziellen ressourcenpolitischen Folgerungen, die daraus zu ziehen sind, sollen in den Kapiteln 12 bis 15 dargelegt werden.

Im Nahen Osten, dem Kapitel 12 gewidmet ist, laufen die heißesten Frontlinien des Nord-Süd-Konflikts zusammen. Sie werden auch auf absehbare Zeit heiß bleiben, weil man dem Öl heute noch eine Bedeutung zuerkennen muss, die es wahrscheinlich nicht mehr lange besitzen wird. Um das zu erklären, beschäftigt sich Kapitel 13 mit den Energieressourcen, deren Größe und Ausbeutung auf Gedeih und Verderb über die zukünftige Versorgung der Weltbevölkerung mit allen übrigen Ressourcen entscheidet.

Die Lösung der sich abzeichnenden Energieprobleme muss innerhalb einer bestimmten Frist erfolgen, um der Bevölkerungsdynamik gerecht zu werden. Denn die Energieprobleme reifen zeitgleich mit der Rentenproblematik heran. Die Kürze der Fristen zu begreifen, könnte zu *der* kritischen Frage des politischen Verstandes schlechthin werden. Kapitel 14 widmet sich deshalb einer Analyse der zeitlichen Parameter, die demographisch und technisch-ökonomisch bereits fest vorgegeben, politisch jedoch völlig ungewiss sind. Gesetze, nach denen sich der politische Verstand entwickelt, gibt es nicht.

Die Politik ist in aktuelle Konflikte verstrickt, von denen diejenigen, die am emotionalsten geführt werden, eigentlich aufgegeben werden müssten, weil sie unlösbar geworden sind und heute technologisch umgangen werden können. Außerdem hat sich die Politik mentale und ideologische Fesseln angelegt, die zwar nicht leicht zu sprengen sind, aber zumindest gelockert werden müssten, um sich den technischen Möglichkeiten der Globalisierung anzupassen. Gesetzt den Fall, sie würden tatsächlich ergriffen, könnte dies den bisherigen, missliebig gewordenen Kapitalismus alt aussehen lassen und zur Entstehung einer neuartigen Weltwirtschaft beitragen.

Kapitel 15 wirbt schließlich für ein notwendiges Umdenken. Einzusehen, dass eine vernetzte, globale Arbeitsteilung besser ist als der Gigantismus des aktuellen Fusionskapitalismus, verlangt nicht nur eine politische, sondern auch historische Sinneswandlung. Und davon wird weitgehend abhängen, ob die Welt, in der wir künftig leben, so desolat aussieht, wie Havanna nach Jahrzehnten kommunistischer Stagnation oder ob sie das Antlitz einer modernen Weltgesellschaft mit vernetzter Arbeitsteilung zeigt, die den Wohlstand besser verteilt, als sie es zurzeit tut.

Lesern, die sich auf das nachstehende, historisch reflektierende Kapitel nicht einlassen möchten, können es überschlagen, wenn sie nur Folgendes im Sinn behalten: Die gewaltsamen Auseinandersetzungen im Nahen Osten laufen ins Leere, da die dortigen Konfliktparteien aus technischen Gründen keine Siegeschancen mehr haben. Weder siegen die USA über Terroristen noch die Israelis über die Palästinenser und schon gar nicht eine Atommacht über eine andere. Es besteht ein kampfstrategisches Patt. Die politischen Anstrengungen könnten sich also auf lösbare Probleme konzentrieren, wie beispielsweise die Energieversorgung. Diesem wichtigen Thema widmet sich Kapitel 13.

Asymmetrische Konfliktpotenziale

Die Analyse von Auseinandersetzungen im Nahen Osten liefert Hinweise sowohl auf Schlusspunkte als auch auf Startpunkte politischer Engagements, die mehr kosten als nutzen und nun schon sehr viel länger dauern, als es irgend ein vernünftiger Grund zu rechtfertigen vermag.

Der *erste Golfkrieg* (1980 bis 1988) zwischen Iran und Irak war der Schlusspunkt für herkömmliche kriegerische Auseinandersetzungen mit Landstreitkräften und zugleich der Startpunkt für das Märtyrergehabe der Selbstmord-Attentäter. Der *zweite Golfkrieg* (1991) markierte den Schlusspunkt des Kalten Kriegs und den Startpunkt für das solistische Weltmacht-, Weltpolizisten- und missionarische Weltbeglückungsgehabe der USA mit den modernen Mitteln elektronischer Kriegführung. Der *dritte Golfkrieg* (2002) setzte der Siegesgewissheit dann ein Ende, denn man begibt sich in unkontrollierbare, gewaltsame Auseinandersetzungen, wenn die Gegner in einem asymmetrischen Kräfteverhältnis zueinander stehen. Hier müsste eigentlich der Beginn einer Politik liegen, die sich der Krisenumgehung durch weltweit vernetzte Kooperation widmet.

In Konflikt- und Kampfsituationen gibt es unterschiedliche Konstellationen: Gegner, die mit gleichen Waffen und in gleicher Stärke aufeinanderstoßen, gelten als symmetrisch und gleichgewichtig. Die Kombination kann auch symmetrisch und ungleichgewichtig sein (gleichgültig ob Panzer gegen Panzer oder Panzer gegen Infanterie, wenn sie nur auf dem gleichen Felde mit unterschiedlicher Stärke auftreten). Der Asymmetrie nähert man sich, wenn an sich schwache Kräfte durch geschickten Einsatz gleichgewichtig werden oder sogar die Überlegenheit erlangen, wie etwa Maos Partisanen gegen die Japaner oder der Vietkong gegenüber den Amerikanern. Volle Asymmetrie besteht aber erst dort, wo ungleich Bewaffnete überraschend gleichwertig werden und keine Seite die andere zu besiegen vermag. Das erleben heute die Israelis und die westlichen Mächte in der Konfrontation mit Selbstmord-Attentätern, allen voran die USA. Es tritt ein asymmetrisches Patt ein.

Im Nahen Osten befindet sich Israel in einer Lage, die derjenigen der USA in der Welt vergleichbar ist. Die US-Amerikaner stehen mit nicht ganz fünf Prozent der Weltbevölkerung hinsichtlich ökonomischer, politischer und militärischer Potenz an erster Stelle in der Welt; die Israelis nehmen mit zwei bis drei Prozent Anteil an der nah-östlichen Bevölkerung politisch, wirtschaftlich und militärisch den gleichen Rang in ihrer Region ein. Weder die eine noch die andere Macht erweckt damit besondere Sympathien; und dass die USA für Israel den zuverlässigsten Partner abgeben, macht die Juden im Nahen Osten für viele vollends unsympathisch.

Die Staatsgesinnung der Juden wird von einer besonderen Art von Fundamentalismus getragen, einem religiös gespeisten *Regionalfundamentalismus*. Er bezieht sich auf das Land der biblischen Verheißung, Zion, das gelobte Land, das Land der Väter, das Heilige Land, wie immer man es nennen mag. Doch betrachten die Palästinenser es in gleichem Maße als ihren historisch angestammten Lebensraum. Und sie sind nicht willens, ihre Identifizierung mit diesem Heimatboden in den Wind zu schreiben, bloß weil sich der Staat Israel darauf breit gemacht hat. Mehrfach versuchten sie die Rückeroberung und scheiterten jedes Mal dabei. Nun stehen sie als bettelarme Schlucker da, bebend vor Zorn und zugleich so demütig wie trotzig um Beschäftigung bei ihren Peinigern werbend. Nach Jahrzehnten der Kämpfe, Anschläge, Überfälle und Morde schottet sich Israel heute mit einer Art chinesischer Mauer ab. Man fragt sich, wie in den Köpfen der jüdischen Klausurgemeinschaft all die gleichzeitig gepflegten modernen Denkweisen, Lebenspraktiken und wissenschaftlichen Einsichten mit den Ansichten und Äußerungen eines radikal orthodoxen Regionalfundamentalismus parallel existieren können. Entsteht hier ein Amalgam oder gibt es nur ein hartes, unvermitteltes Nebeneinander?

Auf palästinensischer Seite hat die Vertreibung nach Gaza und in die Palästinenserlager im Libanon sowie die jahrzehntelange Existenz im Flüchtlingsstatus ohne eine eigene gesicherte Zone staatlicher Identifikation zu tiefer Verbitterung geführt. Die Gefühle von Ohnmacht gegenüber der Ungerechtigkeit, der sich die Palästinenser ausgeliefert sehen, werden von Generation zu Generation weiter gegeben. Die Kinder wachsen in einer Atmosphäre von Empörung und Deprimiertheit auf. Der Gefühlsstau sucht in Gewaltakten Entladung, die an der Situation grundsätzlich nichts ändern, sondern nur zu weiterer Verbitterung, Verzweiflung und einem waghalsigen Tatendrang führen.

Der israelisch-palästinensische Konflikt ist ungleichgewichtig und in seiner Asymmetrie stabil. Die Palästinenser sind mit ihrer Art des Widerstands nicht in der Lage, den jüdischen Staat aus der Welt zu schaffen. Die Juden tragen mit ihrer Politik der Durchsetzung von Ansprüchen nichts dazu bei, die Verbitterung auf der Gegenseite abzubauen. Kann das auf Dauer so weitergehen? Asymmetrische Konfliktpotenziale verlangen, gemäß der Logik ihrer immanenten Endlosigkeit, umzudenken, sie zwingen zur Suche nach Symmetrie auf einer anderen Ebene als der von bestehenden Konflikten. Vorläufig sind die wenigen Menschen, die im Hinblick auf eine mögliche Verständigungsebene die gemeinsame Staatlichkeit im Sinn haben, einsame Rufer in der Wüste. Doch alle Angriffe, mit denen Friedenswillige auf beiden Seiten als Verräter verdächtigt werden, halten in ihrer Feindmentalität die Asymmetrie stabil.

Vergleichbare Asymmetrien finden wir überall dort, wo im Nahen Osten das Öl die Quelle des Reichtums ist. Die Staatsführungen, auf deren Territorium sich die Öl-Quellen befinden, können sich an der Macht halten, weil diese ihnen von außen verliehen wird, sei es durch Geld, sei es durch militärische Unterstützung. Jene äußeren – vor allem US-amerikanischen – Kräfte, die Geld und Waffenstärke bringen, hängen wirtschaftlich nicht wenig von denen ab, die über das Öl verfügen. Einer ist an den anderen gebunden, keiner kann den anderen aushebeln, selbst wenn sie Vorbehalte gegeneinander haben. Während die weltpolitisch tonangebenden westlichen Staaten mit den erkauften Ressourcen ihre Modernität in Wirtschaft und Gesellschaft ständig weiter entwickeln, suchen die an der Macht gehaltenen und westliches Geld einheimsenden Herrscher im Nahen Osten ihre Gesellschaft an eine jahrhundertealte Ordnung zu binden, wie sie der Koran vorschreibt. Beide Seiten gehen um der jeweiligen Vorteile willen seltsame, faule Kompromisse mit ihren eigenen Grundsätzen ein, verstricken sich in Widersprüche, um gleichzeitig mit ihnen zu überleben: Die Asymmetrien der Konfliktpotenziale verschachteln sich ineinander.

Die Verquickung von alten und neuen Konfliktpotenzialen, von Interessen, Ressourcen und Machtstellungen, von Vorbehalten gegenüber westlicher Modernität und gleichzeitiger Abhängigkeit von ihr, hat im Nahen Osten eine Bühne geschaffen, die sich zur Aufführung moderner Auseinandersetzungsdramen historisch, religiös-kulturell, ethnisch und geographisch bestens eignet. So ist der aktuelle Terrorismus der Selbstmord-Attentäter ein spezifisches Produkt der Region. Ihm liegt ein religiös inspirierter Märtyrerfanatismus zugrunde, den der Ayatollah KHOMEINI im *ersten Golfkrieg* der iranischen Gesellschaft anbefohlen hat. Der darauf aufbauende, heute zutage tretende Terrorismus ist anders geartet als der herkömmliche, etwa der irische, baskische, tamilische oder frühere algerische Terrorismus, die Guerilla, der Partisanenkampf oder das Handwerk der gewöhnlichen Bombenleger und Attentäter. Dieser neuartige Terrorismus fußt auf dem Einsatz von tückischen Kräften, die sich einen geheiligten Anstrich geben.

Ein Jahr nach Gründung der so genannten *Islamischen Republik* durch Ayatollah KHOMEINI im Iran zog SADDAM HUSSEIN vom Irak aus gegen diesen Nachbarn zu Felde. Der Krieg dauerte acht Jahre (1980–1988) und forderte eine Million Opfer. Es war möglicherweise der letzte Stellungskrieg mit Materialschlachten, sicherlich aber der erste Krieg mit Hekatomben von Märtyreropfern, deren Schicksal dem modernen Selbstmörder-Terrorismus zum Vorbild dient.

Im Iran-Irak-Krieg traten gleichgewichtige Landstreitkräfte wie im Ersten Weltkrieg bis zur Ermattung beider Seiten frontal gegeneinander an, ohne eine Entscheidung erzwingen zu können. Den Intentionen des Ayatollah KHOMEINI gemäß, sollten deshalb eigens aufgestellte Divisionen von Märtyrern den Ausschlag geben. Er befahl, Hunderttausende junger Iraner, Schüler, Kinder, als menschliche Sturmflut gegen irakische Stellungen anrennen zu lassen, um die feindlichen Linien buchstäblich unter Leichen zu begraben, damit über deren Körper hinweg die Sturmtruppen zum Durchbruch kämen. Ihren sicheren Tod vor Augen, trugen die ausersehenen Opfer an einer Schnur, die um den Hals hing, einen Schlüssel (erst aus Eisen, später aus Plastik), der symbolisch garantierte, ihnen im Tod die Tür zum Paradies zu öffnen. Es war eine gottselig verbrämte, teuflische Idee, eine hinterlistig aufgezogene Nötigung zum Massen-Kamikaze. Tausende Frauen weinen bis heute über den Verlust ihrer angeblich in freiwilliger Begeisterung gefallenen Kinder. Eine Entscheidung hat das im Krieg nicht gebracht, jedoch kam es von daher zum modernen Terrorismus der Selbstmordattentäter. Unter iranischer Anleitung transformierte die Hisbollah diese Selbstmord-Märtyrerpraxis sofort zu einer Taktik von Einzeltätern um und wandte sie gegen Israel an. So begann, was zwei Jahrzehnte später die Türme des World Trade Center zum Einsturz brachte und in Nairobi und Daressalam, auf der Ferieninsel Djerba, auf Bali, in Madrid und London seine Fortsetzung fand und im Irak bis heute wütet.

Glauben die Täter wirklich, mit ihren Sprengsätzen ihre Opfer in die Hölle und sich selbst in den Himmel zu befördern? Wie reimt sich das in den Köpfen der Regisseure des Todes zusammen? Sie müssen werben, planen, trainieren, Aufrufe und Bekennerschreiben verfassen, Videoaufzeichnungen mit Abschiedsbotschaften für die Öffentlichkeit und betroffene Verwandte anfertigen. Und mit all diesen rational-technischen Überlegungen zur Beherrschung moderner Waffen, den Finessen der Motivationspsychologie und Kommunikationstechnik gehen die ältesten Glaubenssätze der Religion in eins. Wie erträgt man das? Wie verknüpft man derartig weit auseinanderliegende Belange im individuellen Bewusstsein? Indessen, führt der Glauben an das heilige Land unter Einsatz von Kampfhubschraubern bei Juden nicht zu ähnlichen Kombinationen?

Was die kampftechnische Novität des elektronisch vorprogrammierten Krieges anbelangt, so wurde sie vom US-Militär im *zweiten Golfkrieg* 1991 bei der Rückeroberung Kuwaits mit der Aktion Wüstensturm vorgeführt. Wesentlich ist dabei, mit einem so genannten Enthauptungsschlag *(decapitation strike)* beim ersten Angriff bereits den Kriegausgang unwiderruflich vorweg zu nehmen. Dafür wird der Kampf mit elektronisch-zielsuchendem Gerät seitens der Luftstreitkräfte vom Himmel herab so vernichtend eröffnet, dass der Feind sofort seiner militärischen Führung, der wichtigsten Kommunikationsstränge und Versorgungsstützpunkte beraubt und in seinen politischen Nervenzentren gelähmt wird. Den Bodentruppen obliegt dann nur noch, dem benommenen Gegner ohne sonderliche eigene

Verluste vollends den Garaus zu machen. Ein Narr, wer sich solch einer Supermacht mit herkömmlichem Kriegsgerät in den Weg stellten möchte. SADDAM HUSSEINS Streitkräfte knickten jämmerlich ein. SLOBODAN MILOŠEVIĆ musste auf dem Balkan diese Lektion lernen. Saddam Hussein musste dies später noch ein zweites Mal schmerzlich erkennen.

Die elektronisch vorprogrammierte Kriegführung demonstriert einseitige Überlegenheit. Sie verkürzt das Kampfgeschehen und minimiert die eigenen Verluste. Sie verschlingt aber zugleich so ungeheuere Summen in der Rüstung, dass sie nur von einer Supermacht exekutiert werden kann. Und als diese gingen die USA aus dem Kalten Krieg hervor. In ihm hatten sie immense Rüstungsanstrengungen vollbracht und einen militär-technologischen Forschungsaufwand getrieben, der sie nun politisch, wirtschaftlich und waffentechnisch als Sieger auftreten ließ. Der Triumph war 1991 ein zweifacher: zum einen über die Sowjetunion, zum anderen half er, die Demütigung der schmählichen Niederlage im Vietnam-Krieg vergessen zu machen. Am Golf trat man zwar auf einem fernen Kriegstheater auf, aber kurz und bündig, siegreich, unter höchstmöglicher Schonung der eigenen Truppen und ohne sich in lokale Zwistigkeiten zu verstricken. Nach dem zweiten Golfkrieg standen die USA als zweifach befriedigte Supermacht da.

Und just diese Supermacht wurde am 11. September 2001 durch die Zerstörung der Türme des World Trade Centers in New York bis ins Mark erschüttert. Die Selbstmord-Attentäter präsentierten damit ihre ungleichgewichtige Überlegenheit. Im Rahmen der Konflikttheorie spricht man von vollendeter Asymmetrie: Eine Weltmacht kann die Selbstmordattentäter nicht aus der Welt schaffen, und die Selbstmordattentäter können die Weltmacht nicht beseitigen. Bei diesem asymmetrischen Stand der Dinge müssten beide Parteien von weiteren Auseinandersetzungen logischerweise Abstand nehmen, da keiner den anderen auf dessen Ebene schlagen kann. Doch der Geist, der das Denken des Kalten Krieges in Kampfkategorien beherrschte, gewann die Oberhand – geschürt von den konservativen Ideologietrusts, die das *Project for the New American Century* fabriziert haben.

»Wir befinden uns im Krieg«, erklärte Präsident BUSH angesichts der Anschläge. Diese Auffassung hat nahezu alles, was man zumindest nach der politischen Theorie, wie Politikwissenschaftler sie lehren, tunlichst unterscheiden sollte, einer heillosen Verwirrung anheim gegeben. Indem der Präsident den verbrecherischen Anschlag gegen das World Trade Center nicht als abgefeimte kriminelle Tat, sondern als kriegerischen Akt deklarierte, hob er blankes Verbrechen auf eine internationale, politische Konfliktebene und verschaffte dem Anschlag so eine völlig unangemessene völkerrechtliche Würdigung. Osàma bin Laden dürfte volle Genugtuung darüber empfunden haben, vom amerikanischen Präsidenten wie ein staatlicher Gegner wahrgenommen zu werden. Das war keiner Terroristengruppierung von Irland bis zum Baskenland, von Baader-Meinhof bis zu den von Arafat und Gaddafi unterstützten Bombenlegern jemals zuvor gelungen.

Der lange präparierte und in drei Monaten vollzogene *dritte Golfkrieg*, der die Ausschaltung des Terrorismus zum Ziel hatte, führte zwar erneut die Überlegenheit der alles vorentscheidenden Kriegsstrategie vor Augen, wurde aber vom Ergebnis her dennoch entwertet. Was hat der Krieg gebracht? Die Streitkräfte des Irak, die vor Beginn noch einige martialisch herausgeputzte Paraden absolvierten, wirkten im Krieg so, als seien sie für den Kampf gar nicht erst richtig aufgestellt worden. Was hätten sie auch ausrichten können? Aber ausgerechnet der in der Parade mitmarschierende Trupp vermummter Mini-Apokalyptiker, den man weithin als nutzlose, eher gespenstisch wirkende, islamistische Staffage des säkularen Baath-Regimes erachtete, erweist sich noch heute, viele Jahre nach dem rein militärischen Sieg der US-Truppen, als schlagkräftig. Dabei waren es doch gerade die Terroristen, denen der Krieg den Garaus hätte machen sollen. Ein makabres Resultat.

Die Vertreter der Al-Qaida mischen in den Auseinandersetzungen tatkräftig mit, indem sie ihren Zweifrontenkrieg unbeirrt fortführen. Und so lange die westliche Welt am Öl und damit auch an einem zwielichtigen Umgang mit den feudal orientierten Herrschern der Öl-Staaten festhalten muss, wird sich daran nichts ändern. Keiner kann den anderen gewaltsam eliminieren. Selbst die Supermacht vermag die Kosten für Kriegszüge mit *decapitation strikes* nicht beliebig oft aufzubringen, zumal sie von den islamistischen Gespensterkriegern bereits im Irak gefesselt wird. Und die Fundamentalisten? Wie lange werden sie genügend Anwärter für den mörderischen Sprung ins Paradies finden? Vielleicht erschließt sich den Akteuren die Lösung der Probleme ja aus einer ganz anderen Sicht. Darüber berichtet das folgende Kapitel.

13 Peak Oil: Die Crux mit der Öl-Zivilisation

Wirtschaftskraft ist in hohem Maße mit Ölverbrauch gleichzusetzen, da circa 40 Prozent aller Primärenergie auf Öl beruhen. Nachrichten über den mit Öl reich gesegneten Nahen Osten werden daher stets auch daraufhin betrachtet, ob sie für die Ölversorgung bedeutsam sind. Krisenmeldungen lösen immer entsprechende Börsenreaktionen aus. Von den Öl-Vorräten als solchen wird dabei relativ wenig gesprochen. Es gilt als ausgemacht, dass sie reichlich vorhanden seien. Der politische Beobachter will darüber natürlich Genaueres erfahren. Beispielsweise: Wie lange wird es noch Öl in ausreichender Menge geben? Was heißt ausreichend, wenn die weltweite Nachfrage – man denke an den wachsenden Bedarf der Chinesen – ständig steigt? Wie werden sich die Preise entwickeln, und wer kann sie wirtschaftlich verkraften? Wie ausschlaggebend ist das Golf-Öl für die Weltversorgung? Wie sind die globalen Reserven überhaupt einzuschätzen? Hält die Erdkruste weitere Vorräte verborgen, die man nur finden muss? Auf wie viele weitere Funde darf man hoffen?

Öl wird auf vielfache Weise verwendet. Als Rohstoff der Petrochemie wird es zu Benzin, Dieselöl und Leichtölen verarbeitet, um Maschinen, Generatoren, Schiffe, Schienenfahrzeuge, Automobile oder Flugzeuge, kurz alle unsere Produktions- und Transportsysteme anzutreiben. Der Personen- und Güterverkehr verschlingt dabei den Löwenanteil. Durch Polymerisation von Öl gewinnt man aber auch Kunststoffe und Chemiefasern. Wohin wir greifen: Plastik, Folien, Kleidung, medizinische Instrumente, PC-Gehäuse, Bodenbeläge, Plexiglas, Leitungen, Rohre, Gefäße, Isolierstoffe zur Wärmedämmung und ganze Konstruktionselemente im Leichtbau – all das geht auf Öl zurück. Schmieröle, Paraffin, Asphaltbitumen und Düngemittel basieren ebenso auf dem »schwarzen Gold« als Rohstoff wie zahllose Pharmaprodukte. Man übertreibt kaum, wenn man die moderne Zivilisation als eine Öl-Zivilisation bezeichnet und sie in unseren Tagen auf Gedeih und Verderb am Tropf der Erdölindustrien hängen sieht.

Daniel Yergins Buch von 1991, *Der Preis. Die Jagd nach Öl, Geld und Macht*, schildert die wechselvolle Geschichte der Erdölwirtschaft so umfassend wie spannend. Seit der zweiten Hälfte des 19. Jahrhunderts wird Erdöl genutzt. Anfangs wussten die Öl-Magnaten phasenweise nicht, wohin mit dem Stoff. Nächtliche Beleuchtung und die aufblühende Automobilindustrie schufen erste Dauermärkte. Immer mehr Industrien verlangten nach Öl. Heute gieren regelrecht alle danach, ebenso nach Gas, und so sind beide Kohlenwasserstoffe inzwischen knapp geworden. Was – vor circa 300 Millionen Jahren beginnend – von Pflanzen an Sonnenenergie eingefangen, als Biomasse begraben und in einem 150 Millionen Jahre dauernden Prozess zu Öl umgepresst wurde, das führte unter spezifischen geologischen Umständen in weiteren 150 Millionen Jahren zu den uns heute bekannten, getrennt abgelagerten Energiespeichern. Sie alle hat die westlich-kapitalistische Gesellschaft in einhundertfünfzig Jahren erfindungsreich anzuzapfen, abzubauen, auszubeuten, abzufackeln und so ungeniert zu verwenden und zu verschwenden gewusst, dass dieser Vorrat in unseren Tagen zur Neige zu gehen scheint. Die Menge an Öl, die der Weltbevölkerung pro Kopf jährlich zur Verfügung steht, nimmt bereits seit 40 Jahren beständig ab.

Beides, die Entstehung wie die Ausbeutung des Energiespeichers, sind einmalige Vorgänge der Erd- und Menschheitsgeschichte, sie sind nicht wiederholbar. Kein Blitzlicht vermag uns die zeitliche Kürze des rasanten Verbrauchs im Vergleich zur äonalen Entstehungsdauer von Öl aus Sonnenenergie zu verdeutlichen. Der natürliche Vorgang steht in einem schreienden Missverhältnis zum gesellschaftlichen. Könnte es deshalb ganz plötzlich zu einer umfassenden Energiekrise kommen? Müssten sich die politischen Eliten nicht dringlich mit dieser Frage beschäftigen?

Von Geologen verfasste, rechnerische Expertisen über die Vorräte an Öl und Gas berichten von einer kritischen Gesamtlage und schlagen einen warnenden Ton an. Nicht nur darin haben sie viel gemeinsam mit demographischen Untersuchungen. Beide beruhen auf allgemeinen populationsstatistischen Gesetzmäßigkeiten. Aber die besorgniserregenden Resultate der Geologen werden heute ebenso wenig ernst genommen wie seinerzeit die Rechnungen der Demographen. Dabei besitzen die Ankündigungen der Öl-Experten einen vergleichbar hohen Sicherheitsgrad wie die der Demographen.

Wir können uns der Problematik unter Berücksichtigung der einschlägigen Literatur nähern: Seit einigen Jahren erlangt das Werk des amerikanischen Geophysikers M. King Hubbert (1903–1989) größte Aufmerksamkeit. Er beschäftigte sich Mitte der fünfziger Jahre des vorigen Jahrhunderts damit, ob und wann es so weit kommen könne, dass die Ölquellen der (damals) 48 US-amerikanischen Staaten den Gipfel ihrer Fördermengen hinter sich haben. Dafür entwickelte er eine Untersuchungsmethode, mit der er die zeitliche Differenz von *Entdeckung* und beginnender oder wachsender *Erschöpfung* von Öl-Quellen in eine rechnerische Beziehung zu setzen wusste. Er prognostizierte den beginnenden Abstieg vom Gipfel des Ölreichtums für die frühen siebziger Jahre. Der Spott darüber hielt bei einigen exakt so lange an, bis die Realität seine Rechnungen im Jahr 1970 bestätigte. Inzwischen bezeichnet der Begriff *peak oil* einen Forschungsbereich, der sich mit den weltweiten Öl-Vorräten und ihrer möglichen Erschöpfung beschäftigt.

Die bisherigen Offenbarungen künden vom möglichen Ende des Öl-Zeitalters. Den Experten geht es dabei nicht um die Verbreitung apokalyptischer Visionen, sondern darum, Strategien zu entwerfen, wie es nach Entleerung der fossilen Energiespeicher mit der kapitalistischen Gesellschaft energietechnisch weitergehen könnte. Die Rechnungen sind deswegen bestürzend, weil die Zeit für Korrekturmaßnahmen aller Wahrscheinlichkeit nach äußerst kurz ausfällt und in erschreckendem Kontrast zur Größenordnung dessen steht, was zu tun ist.

Was sind populationsstatistisch wichtige Zeitspannen? Forstunternehmen müssen die Zeit zwischen Anpflanzung und Abholzung als eine botanisch diktierte Frist akzeptieren, um zu optimalen Holzerträgen zu gelangen. Diese Zeit lässt sich allenfalls durch Bewässerung und sorgfältige Bestandspflege ein wenig verkürzen, aber nicht grundlegend ändern. In Gewächshäusern lassen sich Pflanzen durch ein künstliches Klima stärker beeinflussen als in freier Natur, dennoch sind auch hier die arteigenen Fristen zwischen Saat und Ernte zu respektieren. Demographen müssen ebenfalls bestimmte Zeitspannen als vorgegeben betrachten. Ihre Zahlen-Ernte können sie erst einbringen, nachdem bestimmte Prozesse abgeschlossen sind. Nur wenn Frauen aus dem gebärfähigen Alter heraus sind, steht fest, wie viele Kinder sie in der Zeitspanne vom Eintritt ins fruchtbare Alter bis zu dessen Ende zur Welt gebracht haben, wie hoch also die Geburtenrate letztlich ausgefallen und wie die Nation dabei gewachsen oder geschrumpft ist.

Die Kunst besteht darin, solche Vorgänge auf Grund wiederholter Beobachtungen und der Wahrscheinlichkeit, mit der sie einzutreten pflegen, vorab zu berechnen. Forstleute wissen, wie viele Setzlinge sie durchschnittlich mehr pflanzen müssen, um ihren Boden voll zu nutzen, denn nicht aus jedem wächst ein Baum hervor. Gärtner errechnen, wie viel sie für Düngung und Bewässerung ausgeben dürfen, um Kosten und Erträge rentabel zu gestalten. Der Demograph muss dementsprechend erforschen, nach welchen Kriterien Frauen Schwangerschaften eingehen und austragen wollen, um voraussagen zu können, was demographisch passieren wird. Den Mitteln und Instrumenten, mit denen man natürliche Prozesse manipuliert, entspricht bei menschlichen Populationen ein Arsenal von Prägungsmustern, Verhaltensweisen und individuellen Usancen, beispielsweise in Gestalt von Wertvorstellungen, Einkommenswünschen, Karrierekalkulationen und, heute ganz besonders, in dem Gebrauch der Pille. Da sie um diese Variablen wissen und die Zeitmaße Generationen übergreifender Ursachen-Wirkungs-Zusammenhänge kennen, bringen es die Demographen zu einer erstaunlichen Treffsicherheit ihrer Voraussagen. Kein Wunder also, dass Öl-Explorateure sich dafür interessierten, ob nicht auch in ihrer Branche Zusammenhänge existieren, die derartige Prognosen ermöglichen.

Der erwähnte amerikanische Geologe Hubbert ging der Vermutung nach, das Verhältnis von Öl-Funden zu Öl-Förderungen sei nach Zeiten und Mengen ein Mechanismus, der Voraussagen erlaube. Zwischen Fund und Förderung verstreicht unweigerlich eine gewisse Zeit; und zwischen der Anzahl plus dem Ergebnis erfolgreicher Bohrungen und der Menge des geförderten Öls besteht ein diskreter Zusammenhang: Die *Zeitverzögerung* wird durch technische Umstände diktiert: Man muss Bohrtürme errichten, Pipelines legen, für An- und Abtransport sorgen, Gerätschaften warten, Mannschaften vor Ort bringen, Arbeitsabläufe organisieren und dergleichen mehr. Die Förderung folgt also der Exploration mit gebührender Frist. Der diskrete *Mengenzusammenhang* wird durch die geologischen Umstände vorgegeben, denn kein Ölfeld ist endlos ausgedehnt. Die Größe des Feldes wird durch zahlreiche Bohrungen rundherum erkundet, irgendwann ist sie exakt bestimmt. Wenn Explorateure nur noch »leere Löcher« bohren, können sie abziehen – und anderen Orts weiter suchen.

Die Abfolge von Funden und Förderungen ist schematisch in Abbildung 61 erfasst. Erfolgreiche Bohrungen registriert man nach Datum und Mengen (graue Säulen von bestimmter Höhe, verteilt auf der Zeitachse), bis zusätzliche Explorationsbohrungen nichts mehr bringen. Diesen Vorgang kann man in einer Verteilungskurve erfassen, die in aller Regel eine Glockenform annimmt (rot gestrichelt). An diese Kurve fügt sich mit einer gewissen Überschneidung eine zweite an, durch die sich die nachfolgende Öl-Förderung zeitlich und mengenmäßig charakterisieren lässt (rot gepunktet). Auch sie ist glockenförmig. Hubbert vermutete, dass beide Verteilungskurven mathematisch identisch sind. Mit dem Profil der einen erkennt man also auch das Profil der anderen und kann so bereits zu einer Zeit, in der die Förderung noch munter im Gange ist (grün gestreifter Bereich) Voraussagen darüber machen, wann sie verebben, und wann gar nichts mehr zu holen sein wird. Das ergibt die Zeit-Mengen-Prognose.

Hubberts Methode, die Förderungskapazitäten vorauszusagen, folgt den Gesetzen der Populationsstatistik. Funde und Förderungen verhalten sich wie Anbau und Ernte oder wie das Verhaltensmuster von Frauen im gebärfähigen Alter zu den resultierenden Geburten. In der Agrarwissenschaft trugen nicht anders als in der Gesellschaftswissenschaft laufende Forschungen und computertechnisch verfeinerte Berechnungen zu immer präziseren Berechnungen und Voraussagen bei. In gleichem Maß nahmen für die Erdölbranche die geologischen Kenntnisse zu, verfeinerten und erweiterten sich die Instrumente und Praktiken von Exploration und Öl-Abbau, wie gleichzeitig das Wissen um die Zusammenhänge von Funden und Produktion umfassender und präziser wurde. Die Erdkruste ist bis zum heutigen Tag so intensiv erforscht, dass sich praktisch nirgendwo mehr unentdeckte Ölreichtümer befinden können.

Zum Hubbertschen Ansatz gibt es viele wissenschaftliche Untersuchungen, die uns hier nicht im Detail zu interessieren brauchen, denn

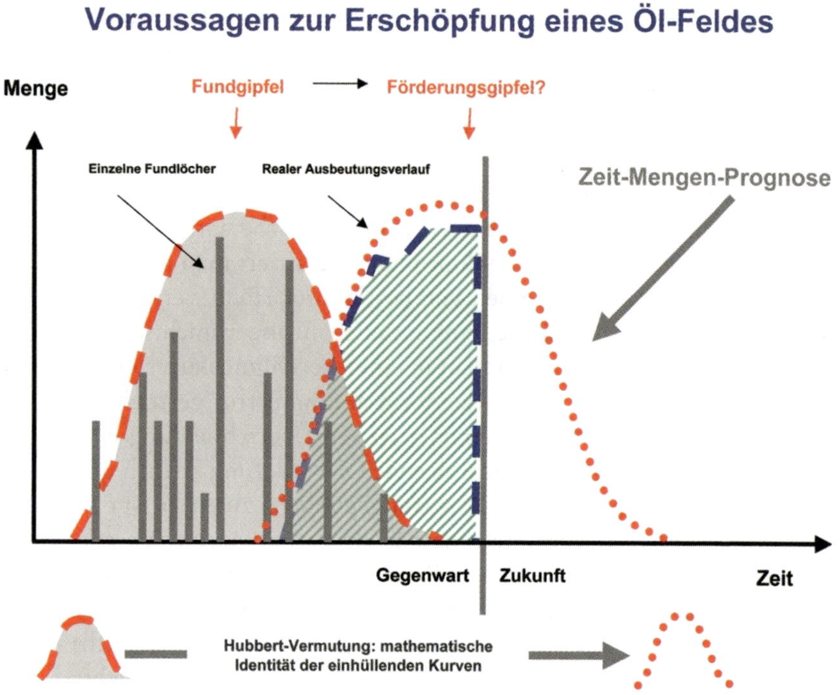

■ **Abbildung 61** Voraussagen zur Erschöpfung eines Öl-Feldes. Umhüllt man die Menge der als Säulen wiedergegebenen, erfolgreichen Bohrlöcher mit einer Kurve, dann ergibt sich wie bei der Zensurenstreuung in einer Schulklasse meist eine Glockenkurve (rot gestrichelt links). Eine weitere solche Kurve zeigt der Verlauf der Ölförderung (rot gepunktet rechts), die zunächst ebenfalls steil ansteigt, einen Gipfel erreicht und schließlich absinkt. Letzteres hatte man empirisch schon oft beobachtet, ehe HUBBERT der Vermutung nachging, dass die einhüllenden Kurven mathematisch identisch sind und man bereits nach Überschreiten des Gipfels der Fundkurve (links) voraussagen kann, wann die Förderung (als grünes Feld in die rechte Kurve eingezeichnet) zurückgehen wird, und wann das Feld erschöpft ist. Auf Grund der Kurvenidentität erkennt man das bereits sehr frühzeitig, spätestens wenn der Förderungsgipfel überschritten ist. Dieser Zeitpunkt wird in der Abbildung durch die schwarze Trennungslinie zwischen Gegenwart und Zukunft markiert.

inzwischen sind einige Jahrzehnte verstrichen, in denen umfangreiches empirisches Material angefallen ist, das die faktische Erschöpfung gigantischer Ölfelder dokumentiert, ohne auf theoretische Reflexionen zurückgreifen zu müssen. Die Erkenntnis lautet summarisch: Knickt die Förderung erst einmal ein, dann geht es mit der restlichen Entleerung eines Öl-Feldes recht schnell voran. Sie zögert sich meist lange hinaus, weil nun mit jedem geförderten Barrel ein zusätzlicher Produktionsaufwand erforderlich wird und so hohe Kosten verursacht, dass man zögerlich vorangeht, d.h. man wartet ab, bis gestiegene Ölpreise diese Reste-Förderung rentabel machen. Für den geologisch nicht geschulten Betrachter ergibt sich dadurch aber der Eindruck, es gehe alles seinen gewohnten Gang. Der Außenstehende berücksichtigt doch nicht, dass es sich bei den Resten insgesamt nur noch um 10 bis 15 Prozent des ursprünglichen Gesamtvolumens handelt, sondern tröstet sich damit, dass die Industrie sich wieder einem neu erschlossenen Feld zuwendet. So wird zum Schluss des Erdöl-Zeitalters nur noch ein Sammelsurium von Restöl-Feldern übrig bleiben. Abbildung 62 belegt die Vorgänge an Hand jener gigantischen Vorkommen, die man bislang mit dem größten Eifer ausbeutete. Die roten Pfeile zeigen an, wie wenig im Vergleich zu früher noch übrig ist. Die Jahreszahlen dokumentieren, wie schnell der Abschwung pro Jahrzehnt vonstatten ging.

Ausgehend von diesen empirischen Befunden durfte man gespannt sein, was sich ergeben würde, wenn man alle Vorräte auf der ganzen Welt rechnerisch wie ein einziges Vorkommen behandelt. Für den Weltvorrat insgesamt ist nämlich zu befürchten, dass er ebenfalls rasant zur Neige gehen wird. Die Resultate dieser Rechnungen liegen nun vor. Und sie bestätigen die schlimmsten Erwartungen.

Wer aber annimmt, Öl-Industrie, OPEC und Regierungen in aller Welt würden darauf wie ein Hausbesitzer reagieren, der sein Heim in Flammen aufgehen sieht, Alarm ruft und Rettungsmaßnahmen in Gang setzt, sieht sich getäuscht. Sie alle ignorieren, leugnen und verdrängen die Erkenntnisse. Augenwischerei wird vor allem mit einseitigen Hinweisen darauf betrieben, dass die Förder- und Verkaufsquoten insgesamt immer noch ansteigen. Das ist zweifellos richtig. Nur beruht Hubberts Theorem nicht auf der isolierten Betrachtung der Förderung, sondern verknüpft die mit den Fundquoten. Die aber

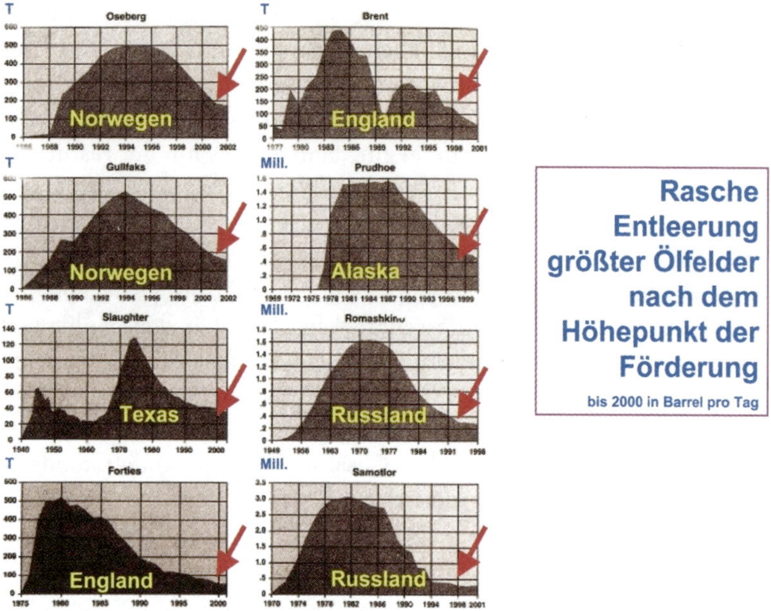

Abbildung 62 Erschöpfung größter Ölfelder nach dem Abfall vom Gipfel der Förderung. In Anbetracht des aufgetürmten Öl-Volumens ist nach der Jahrtausendwende vom Gesamtvorrat nur jeweils noch ein kleiner Sockelbetrag vorhanden, den die roten Pfeile markieren. Vielerorts lassen sich die Restbestände nur noch durch Druck ans Tageslicht befördern, den man durch Einpumpen von Wasser oder Gas erzeugt.

sind mengenmäßig lange schon rückläufig, so dass zu den abbaubaren Vorräten nichts Relevantes mehr hinzukommen wird.

Eine Reihe von Umständen hat hier freilich schon immer verhindert, dass klare Auskünfte zustande kommen. So zwingen interne Verhandlungsmechanismen die OPEC-Mitglieder zu fragwürdigen Mengenangaben. Da nämlich innerhalb der OPEC die Förderquoten, von denen die Erlöse der Mitgliedsländer abhängen, nach der Größe der jeweiligen Vorräte zugeteilt werden, melden die Staaten natürlich seit eh und je große Margen an, um vom Quoten-Kuchen möglichst viel abzubekommen. Was an ihren Zahlen stimmt, steht auf einem anderen Blatt. Ölgesellschaften schweigen sich über Vorräte ohnehin am liebsten aus, da jedes Wort unberechenbare Reaktionen an den Börsen auslösen kann. Und Regierungen verschließen vor den Zusammenhängen die Augen, weil in ihren Augen die nächste Wahl immer näher erscheint als die nächste Öl-Krise. Die Medien sehen keinen Grund zur Aufregung, so lange kein Schock eingetreten ist, allenfalls wiederholen sie, was den OPEC-Statistiken oder sonstigen schönfärberischen Statements zu entnehmen ist. Die warnenden Fachleute haben ergo rundum schlechte Karten, und die Öffentlichkeit tappt im Dunklen.

Mittlerweile sind die globalen Vorkommen nach der Methode HUBBERTS und unter Verwendung der reichlich vorhandenen empirischen Daten untersucht worden. Größte Verdienste hat sich dabei der irische Ölexperte COLIN J. CAMPBELL erworben, der 1991 sein Werk *The Golden Century of Oil: The Depletion of a Resource* veröffentlichte. Er erkannte damals bereits den Ernst der Lage, als viele noch argumentierten, Versorgungsengpässe könnten allenfalls wegen der politischen und militärischen Auseinandersetzungen im Nahen Osten aufkommen, ansonsten gebe es Vorräte genug und außerdem ständig neue Funde. Von CAMPBELL erschien1998 *The end of cheap oil* und 2002 eine nicht ganz identische Version unter dem Titel *Ölwechsel!* auf Deutsch. Der Princeton-Professor KENNETZ S. DEFFEYES, der unter HUBBERT gearbeitet hat, schrieb zwei höchst erhellende Bücher: Im Jahr 2001 publizierte er *Hubbert's Peak. The Impending World Oil Shortage* und 2005 *Beyond Oil. The View from Hubbert's Peak.* Sie machen in leicht fasslicher Weise mit den Rechenmethoden vertraut, die besonders eindrucksvoll bei JEAN LAHERRE in *Forecasting future production from past discovery* zur Anwendung kommen (http://www.ensam.fr/Web%20Actes/PRESENTATIONS/Laherrere%202005.pdf).

Die Experten, von denen jeder Jahrzehnte mit Exploration befasst war, betonen einhellig, dass man durchaus auch weiterhin neues Öl finden wird, sie weisen aber zugleich darauf hin, dass die Natur dem irgendwo eine Grenze gesetzt hat. Klar ist also, dass »ab irgendwann« ein peak bei weiteren Funden erreicht sein wird. Danach geht es abwärts. Und um das Ergebnis aller einschlägigen Forschungen kurz in einem Satz zusammenzufassen: »Ab irgendwann« liegt längst hinter uns. Wie das zuging, lässt Abbildung 63 erkennen. Für jedes Fass Öl, das heute noch gefunden wird, werden drei Fässer verbraucht. Dadurch schrumpft die Reserve. Der Gipfel der Funde – in bezug auf die entdeckten Mengen – liegt in den sechziger Jahren des 20. Jahrhunderts, also weit hinter unserer Zeit. Immerhin stammt die Aufzeich-

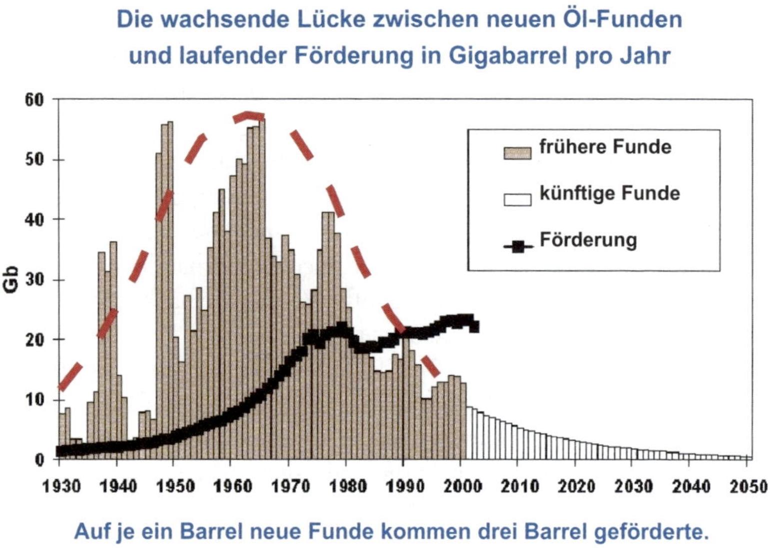

■ **Abbildung 63** Die wachsende Lücke zwischen neuen Öl-Funden und laufender Förderung in Gigabarrel pro Jahr. Die Förderungskurve läuft gegensinnig zur Fundkurve, wodurch eine Scherenbewegung entsteht. Sie zeigt eine wachsende Diskrepanz an, da auf drei Barrel gefördertes Öl nur jeweils ein Barrel neu entdecktes kommt, das den Vorräten zugerechnet werden kann. Diese Entwicklung geht also an die Substanz der Vorräte. Die Vorlage stammt von Exxon (die rote Kurve, die die früheren Funde anzeigen soll, ist nur als optische Hilfslinie von mir hinzugefügt worden und nicht rechnerisch ermittelt).

nung von Exxon und lässt somit erkennen, wie weit die Ernüchterung inzwischen gediehen ist.

Zur weiteren Ernüchterung hat die Präzisierung des Begriffs »Vorräte« beigetragen. Man unterscheidet heute sehr viel genauer als früher, was geprüfte und was lediglich vermutete Vorräte sind, da man letztere nicht den abbaubaren Reserven zurechnen kann. Folglich gelten nur geprüfte Vorräte als Reserven. Campbell hat eine Darstellungsform gewählt, die alle drei Größen – Funde, Verbrauch und Reserven – auf einen Blick fassbar und ihre Veränderungen sichtbar macht (Abbildung 64).

In der obersten Kurve zeichnet Campbell (Abbildung 64) alle im Lauf der Zeit gefundenen Mengen kumulativ auf. Davon zieht er die

Entwicklung der globalen Festlandölfunde, ihrer Förderung und der Reserven in Gigabarrel 1920–2000

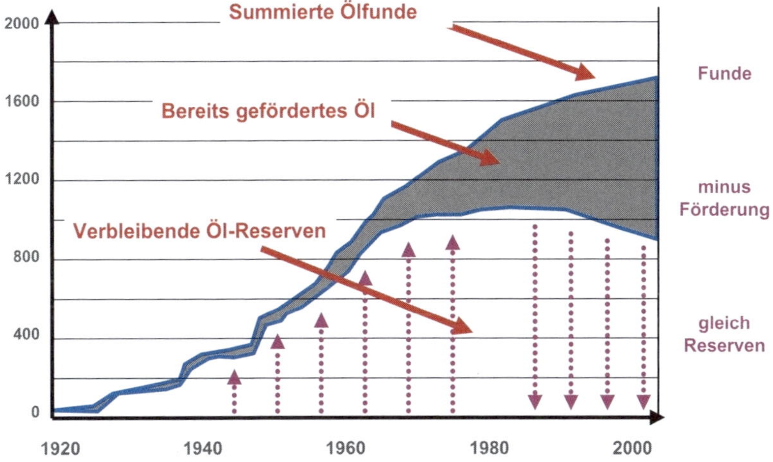

Abbildung 64 Historische Entwicklung der globalen Festlandölfunde, des Verbrauchs und der Reserven. Die überwölbende Kurve entsteht aus der Kumulierung aller Funde, sprich der Summe all dessen, was man fördern kann. Die mittlere Kurve entsteht dadurch, dass man von allem gefundenen die bereits verbrauchten Mengen an Öl abzieht (graues Feld). Ergo bleibt darunter unangetastet noch ein Vorrat liegen (weißes Feld). Zu ihm gehören sowohl Vorräte, die man bereits vor dem Zweiten Weltkrieg entdeckt hat, als auch solche, die man erst in letzter Zeit fand. Die Sensation ergibt sich bei genauer Betrachtung der Reserven. Diese nehmen bis zu den achtziger Jahren des vorigen Jahrhundert kontinuierlich zu (rote Pfeile). Danach nehmen sie ab(schwarze Pfeile). Grund dafür ist der gestiegene Verbrauch. Die summierten Funde fügen also der Reserve nichts mehr hinzu! Während durchaus noch Öl gefunden wird, schmälert der steigende Verbrauch die Reserven dennoch. Das Argument, der Vorrat werde durch neue Funde ausgeglichen, ist daher falsch. Die Weltwirtschaft wächst mit ihrem Bedarf über das Maß neu hinzugefügter Reserven hinaus.

geförderten – aus Sicht der Märkte verbrauchten – Mengen ab und erhält dadurch eine mittlere Kurve. Den Zwischenraum markiert er farblich. An der Verbreiterung des grauen Farbraums kann man bestens erkennen, wie der Verbrauch im Lauf der Zeit zugenommen hat. Die restliche Fläche unter der mittleren Kurve zeigt die verleibenden

Reserven an (weiß). Unangetastet harren sie in der Erdkruste noch ihres Abbaus. Jeder erkennt: Sie sind am Schwinden.

Campbells Darlegung zeigt für alle Festlandölfunde eine Häufung von Ölreserven an (durch rote Pfeile verdeutlicht). Die Reserven erreichten in den achtziger Jahren des vorigen Jahrhunderts ihren Höchststand. Hinter diesem peak schmelzen sie jedoch kontinuierlich zusammen (schwarze Pfeile). Alle Beteuerungen, man brauche sich der Ölvorräte wegen keinerlei Sorgen zu machen, weil ständig neu Öl gefunden wird, erweisen sich damit als leeres Gerede. Denn die Reserven sinken trotz weiterer Funde. Inzwischen geht nicht nur die gefundene Menge, sondern sogar die Anzahl der Treffer bei den Bohrungen zurück.

Wenn die Trefferquoten ihren *peak* hinter sich haben, dann gilt die Hubbert-Vermutung in jeder Hinsicht für die gesamten globalen Vorräte einschließlich aller Tiefseefunde. Die Campbellsche Illustration lässt sich also wie folgt in die Zukunft hinein verlängern (Abbildung 65).

Achtet man nur auf das sich weiterhin vergrößernde Verbrauchsfeld, dem gemäß die Ölindustrie eine Zeitlang durchaus noch mehr Öl auf den Markt bringen wird, dann kann man gut verstehen, warum in der Öffentlichkeit weiterhin der Eindruck vorherrscht, die Weltbevölkerung verfüge über genügend Öl. Eine Rechnung über die schwindenden Reserven macht der Verbraucher nicht auf, so lange ihm die Produzenten mit steigenden Verbrauchsquoten und neuen Fundmeldungen zu imponieren wissen. Auch die Ökonomen lassen sich täuschen, wenn sie, wie die Börsianer, vor allem auf die Entwicklung der Ölpreise blicken und deren Schwankungen für eine Angelegenheit von Angebot und Nachfrage halten beziehungsweise als Folgen von OPEC-Beschlüssen oder politischen Krisen interpretieren. Wieder andere blicken bloß mit einer gewissen Skepsis auf die Öl-Reserven und trösten sich mit Hinweisen auf alternative oder erneuerbare Energien, was angesichts der Kapazitäten, die ersetzt werden müssen, nicht nur töricht, sondern gefährlich irreführend ist.

Für die Zeit nach 2010 hat Campbell die Parole ausgegeben: »The party is over!«. Das trifft die Lage: Die Drinks gehen zwar zu Ende, aber die Stimmung ist noch prächtig.

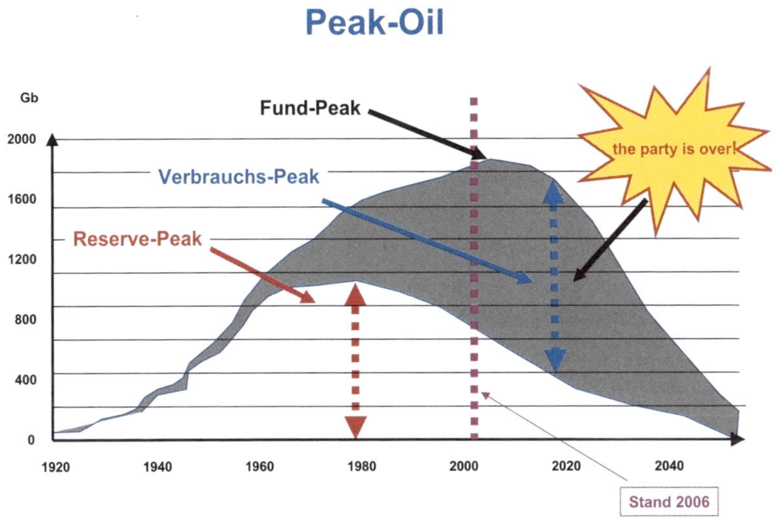

Abbildung 65 Peak-oil. Für die Situation, dass auch die akkumulierten Funde ihren peak erreicht und überschritten haben, gab Colin Campbell die Parole aus: »The party is over!«. Mit der letzten Ausschankrunde wird das Öl-Zeitalter seinem Ende zugehen. Will man für diesen Fall Vorsorge treffen, müssen die nächsten zehn Jahre bis 2015 genutzt werden, um funktionierende und technisch ausgereifte Ersatzsysteme zur Energieversorgung zu entwickeln. Die Krise kommt weitgehend zeitgleich mit dem Rentner-Tsunami über die westliche Gesellschaft.

Um das Maß der Erkenntnisse voll zu machen, erschien 2005 von Matthew R. Simmons das Buch *Twilight in the Desert. The Coming Saudi Oil Shock and the World Economy* (dem Abbildung 62 entnommen ist). Simmons, Chef der größten Investment Bank der Energie-Industrie, unterzog sich einer stupenden Fleißarbeit. Aus Tausenden von Abhandlungen der *Society of Petroleum Engineers Technical Papers* fischte er mit detektivischem Scharfsinn über zweihundert heraus, die sich zu einer akribischen, technischen Explorationsgeschichte aller Ölfunde in der Golf-Region zusammenfügen. Mit dieser immensen Arbeit hat er den Schleier über einem der bestgehüteten Geheimnisse der Öl-Wirtschaft gelüftet: der Größe der saudischen Öl-Vorräte. Das Ergebnis ist erschütternd und niederschmetternd – erschütternd hinsichtlich der permanenten Überstrapazierung der dortigen Reserven und niederschmetternd wegen der mangelnden

Verlässlichkeit bisheriger Mengenangaben. *Peak-oil* gilt auch für die Golf-Region.

Die Krux besteht für die Öl-Zivilisation darin, dass die Überlebensgrundlagen der Weltbevölkerung mit der Entleerung des größten natürlichen Energiespeichers höchst problematisch werden. Und die Zeit für rettende Maßnahmen ist kurz, denn vor Erreichen des Förderungsgipfels müsste Klarheit darüber geschaffen sein, wie eine neue Energieversorgungsstruktur aussehen soll, um Ressourcen für die Zeit danach bereitzustellen. Das Zeitfenster steht nach allem, was die Geologen sagen, höchstens noch 10 bis maximal 15 Jahre offen. In genau derselben Zeit müssen die westlich kapitalistischen Gesellschaften allerdings auch ihre Renten- und Altenversorgungsprobleme in Angriff genommen haben; denn dem Kalender nach werden Renten- und Energiekrise zusammenfallen. Das Geld, welches man für das eine benötigt, wird man also nicht gleichzeitig auch für das andere ausgeben können.

Die wirtschaftliche Erfolgsstory der westlich-kapitalistischen Gesellschaft geht in augenfälliger Weise mit der Vermarktung der Öl- und Gas-Ressourcen einher. Das zeigt Abbildung 66. Wenn es zu dem errechneten Abstieg vom Gipfel der Vermarktung beider Rohstoffe kommt, können die Kurven für die pro-Kopf-Einkommen nicht dadurch auf dem erreichten Niveau gehalten werden, dass man auf weiteres Wachstum einfach verzichtet. Die steigende Nachfrage nach den Energieressourcen aus der Dritten Welt lässt das nicht zu, es sei denn, die Weltwirtschaft findet einen Weg, ihre weitere Entfaltung vom Öl- und Gas-Verbrauch abzukoppeln. Die Chancen dafür stehen schlecht.

Am Schluss dieses Kapitels bleiben einige weitere kritische Punkte anzumerken: Erdgas schwindet noch schneller als Öl. Das gilt für 60 bis 75 Prozent der weltweiten Vorräte zum großen Teil deswegen, weil Gas ganz lange Zeit völlig unbedacht als quasi lästiges Nebenprodukt der Ölförderung abgefackelt wurde, obwohl es die sauberste aller Heizquellen darstellt. Die Steinkohle geht zur Neige, und Braunkohle hat zu geringe Brennwerte. Vor diesem Hintergrund von alternativen Energieressourcen zu schwärmen, ist trügerischer, als man meinen möchte. Denn alle unkonventionellen Energiequellen setzen Vorfabrikate voraus, für deren Herstellung wiederum viel Energie

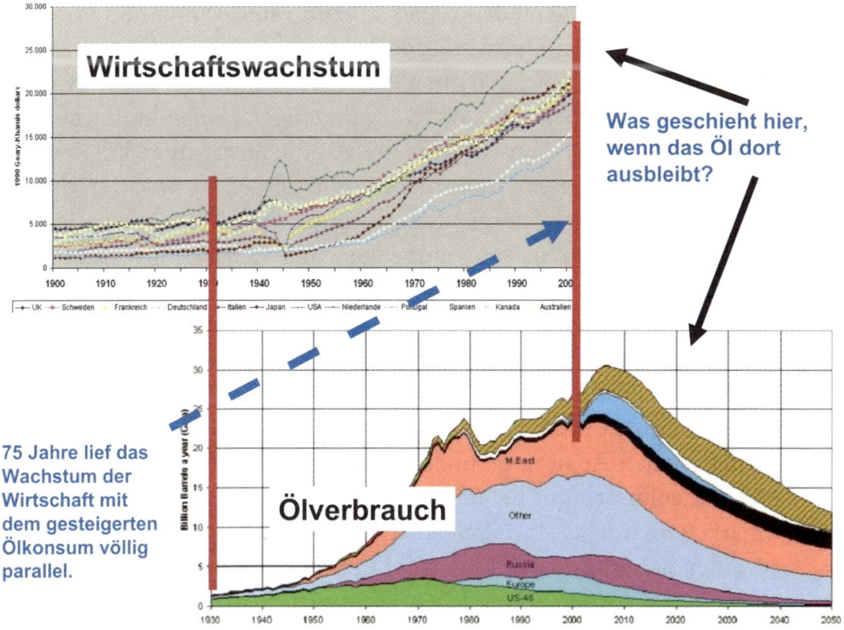

Abbildung 66 Parallele von Wirtschaftswachstum und Vermarktung der Öl- und Gas-Ressourcen 1930–2000. Seit Ende der Weltwirtschaftskrise erweisen sich über sieben Jahrzehnte hinweg Wirtschaftswachstum und Verbrauch an Öl und Gas als streng miteinander gekoppelte Größen. Wenn das in im oberen Teil der Graphik aufgezeigte Wirtschaftswachstum anhalten soll, benötigt man also auch in Zukunft ein Mehr und Mehr an Energie. Diese kann nicht auf dem gesteigerten Verbrauch von Öl und Gas beruhen, weil der untere Teil der Graphik schlüssig zeigt, dass beide im Schwinden sind. Künftiges Wirtschaftswachstum müsste also mit anderen Energiequellen gekoppelt werden. Worin diese Energiequellen bestehen könnten, ist derzeit eine offene Frage. Somit bleibt auch offen, ob weiteres Wirtschaftswachstum im Weltmaßstab überhaupt zustande kommen kann. Es handelt sich um die Schicksalsfrage, deren Beantwortung über den Bestand und die Verfassung der Weltbevölkerung entscheidet. Wie diese Frage derzeit von Politikern und Managern der Energieversorgungsunternehmen erörtert wird, lässt zweifeln, ob der Ernst der Lage von ihnen richtig eingeschätzt wird.

benötigt wird (Solarzellen reines Silizium und Windmühlen reines Aluminium). Atomkraftwerke, die immerhin eine greifbare Energiequelle darstellen, erzeugen nur elektrischen Strom, der für Transporte mit Flugzeugen, Schiffen und Kraftfahrzeugen keinen hinreichenden Ersatz bietet. Der Umweg von der Atomenergie über Wasserstoff könnte hier zu einem Treibstoff führen. Dieser Umweg verschlingt aber ebenfalls viel Energie. Einsparungen im Verbrauch verlangen nach Neuerungen an den Fahrzeugen und Fabrikationsanlagen, die wiederum die Energiebilanz belasten. Mit *peak-oil* wird auch für die gesamte Petrochemie deren wichtigster Rohstoff immer knapper, und das wird ihr und den Verbrauchern teuer zu stehen kommen. Wer angesichts dessen in dem Glauben lebt, es könne so schlimm doch gar nicht kommen, weil die Menschheit aus allen Bedrängnissen immer wieder einen Ausweg gefunden hat, mag damit zwar philosophisch oder theologisch gut beraten sein, zur Lösung der aktuellen Problematik wird mit diesem Glauben kein Beitrag geleistet. Energiequellen werden damit nicht erschlossen.. Es muss vielmehr in jeder Hinsicht sehr viel erforscht, erfunden und in wirtschaftliche Produkte umgesetzt werden, um Ersatz zu schaffen. Ein großes Pensum für eine kleine Zeitspanne.

Zur Abrundung unserer Betrachtung des Dilemmas, in das die Öl-Zivilisation geraten ist, soll Abbildung 67 dienen.

Die Weltbevölkerung befindet sich hinsichtlich Nahrung, Wasser und Wohnraum in den Metropolen der Dritten Welt bereits in einer kritischen Situation. Alle drei Ressourcen sind wechselseitig voneinander abhängig, und ihr wesentliches Bindeglied ist die Energie. Wenn die in Abbildung 65 an vorderster Stelle rangierenden Öl- und Gasmengen zurückgehen, wird man den Bedarfsrechnungen gemäß ohne Kernenergie – wie immer man zu ihr stehen mag – künftig nicht auskommen. Inzwischen ist diese Form der Energiegewinnung so verteufelt worden, dass in ganz Europa das Fach Kerntechnik von den Studenten gemieden wird und darin nur noch wenige Doktoranden zu erwarten sind. In Deutschland wird mancher Lehrstuhl dafür nicht mehr neu besetzt werden. Die USA bleiben auch hier führend, da die Atomwaffenrüstung diesen Studiengang lukrativ gehalten hat.

Kommt es tatsächlich zu einer weltweiten Krise der Energiewirtschaft, dann werden die Entwicklungsländer davon am stärksten

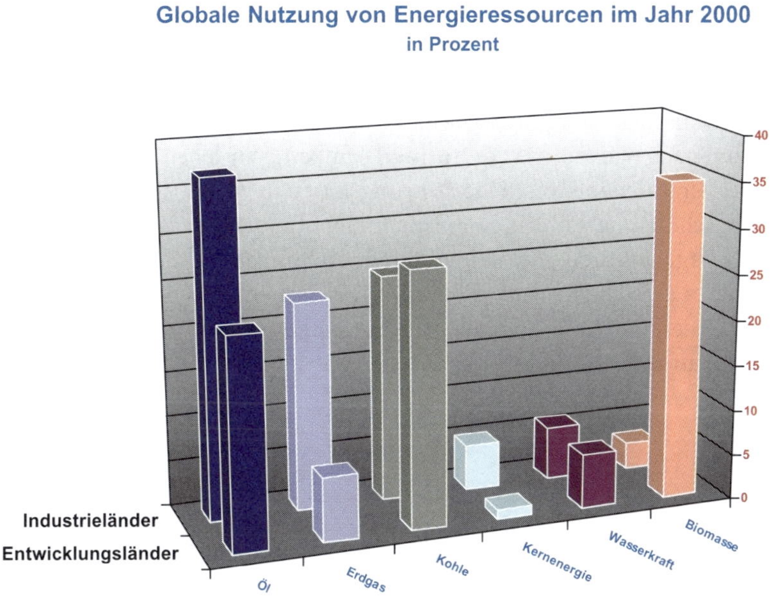

Abbildung 67 Globale Nutzung von Energieressourcen in Prozent im Jahr 2000. Die überragende Bedeutung von Öl und Gas neben der in der Gesamtbilanz noch deutlich zu Buche schlagenden Nutzung von Kohle sticht ins Auge. Kernenergie spielt im Weltmaßstab noch immer eine untergeordnete Rolle, da sie sogar von der Wasserkraftnutzung überboten wird. Alternative und erneuerbare Energien, auf die große Hoffnungen gesetzt werden, tragen so wenig bei, dass sie aus der Darstellung herausfallen. Die bedrohlichste Konsequenz, die man aus der Graphik herauslesen kann, zeigen die beiden Säulen für Biomasse an: Die Energienutzungsbilanz für die Entwicklungsländer weist hier noch immer einen Anteil von 35 Prozent auf. Eine Biomassennutzung dieser Größenordnung ist in der Dritten Welt identisch mit Entwaldung und Holznutzung für Kochzwecke. Da eine Verknappung und Verteuerung von Öl und Gas in erster Instanz die Entwicklungsländer trifft, werden sie in immer stärkerem Maße auf die Biomasse zurückgreifen. Das zerstört Regenwälder, reduziert die pflanzlichen Kapazitäten für den Abbau von CO_2 in der Atmosphäre und erhöht deren CO_2-Gehalt sogar noch. Diese Entwicklung wirkt also allem entgegen, was das Kyoto-Protokoll anstrebt. Und die Gegner der Kernenergie erweisen sich ob dieser Konsequenz hinterrücks all ihren Absichten entgegen als ein besonders verblendeter Stoßtrupp zur nachhaltigen Umweltbelastung.

betroffen sein. Den Nord-Süd-Konflikt wird sie verschärfen. Radikaler islamistischer Fundamentalismus mit mini-apokalyptischen Selbstmord-Attentaten, Streit um geheiligtes Land, jüdisches oder muslimisches, Vergeltungsschläge und *decapitation strikes* erheischen nach wie vor unsere Aufmerksamkeit. Wir leben in der Gefahr, dass verschiedene westliche Führungseliten in Wissenschaft, Medien, Wirtschaft und Politik einem mentalen Traditionalismus anhängen und altgewohnten politischen Leitvorstellungen huldigen, die nichts anderes erreichen, als das Patt asymmetrischer Kräfteverhältnisse zu stabilisieren. Wissen wir nicht umzudenken? Oder werden wir uns noch zur rechten Zeit besinnen?

14 Parameter künftiger Entwicklungen

Über die Zukunft von Systemen, die klar abgegrenzte und berechenbare Bewegungsmechanismen besitzen, lassen sich jederzeit genaue Prognosen anstellen. Alle Naturgesetze sind von der Beobachtung solcher prognosefähigen Ursache-Wirkungs-Zusammenhänge abgeleitet. Prognostische Sicherheit ist aber nur dann gegeben, wenn von einer Entwicklung nicht nur die Richtung und die Schrittabfolge bekannt sind, sondern wenn auch berücksichtigt wird, mit welcher Wahrscheinlichkeit und zu welchem Zeitpunkt das Ereignis eintreffen kann. Wer lediglich über Richtung und Schrittfolge etwas zu sagen weiß und den Rest offen lassen muss, prognostiziert nicht, sondern äußert lediglich Vermutungen. Deren Wert sollte man nicht unterschätzen, taugen sie doch durchaus für planerische Vorüberlegungen, so genannte Szenarien, auf die man zurückgreift, wenn sich der wahre Lauf der Dinge herausschält.

Naturwissenschaftler stoßen auch auf Systeme, die sehr schwierig zu berechnen sind, weil sie, wie etwa Lawinen und Wirbelströmungen, einen dynamischen Charakter aufweisen; und bei denen verhält es sich mit Prognosen schon sehr viel komplizierter. Am ehesten sind sie mit chaostheoretischen Methoden zu erfassen. Sozialwissenschaftler haben in den modernen Gesellschaften ebenfalls dynamische Systeme vor sich. Daher können sie über deren Gesamtentwicklung keine Prognosen anstellen. Einzelne Subsysteme wie Wirtschaft, Verkehr oder Bevölkerung bieten dafür zwar bessere Möglichkeiten, aber die Resultate lassen sich nicht zu einem gesamtgesellschaftlichen Bild zusammensetzen.

Die drei Subsysteme, von denen das gesellschaftliche Gesamtsystem die wichtigsten richtungsweisenden Impulse erhält, sind Technologie, Bevölkerung und Politik. Wenn wir also im Folgenden die Zeitmaße betrachten, in denen sich in diesen Subsystemen Neuerungen und Umbrüche ergeben, dann sollte uns das auch zu wichtigen Aufschlüssen über das Gesamtsystem verhelfen, selbst wenn diese keinen prognostischen Rang einnehmen können.

Dem Subsystem Technologie ist ein bestimmtes Zeitmaß eigen, das anzeigt, wie lange es dauert, um technologische Durchbrüche aus dem Forschungslabor heraus für den Endverbraucher auf dem Markt zugänglich zu machen. Während man von der Ausrichtung der Forschung her nur darauf schließen kann, *wo* sich künftig Konsequenzen ergeben könnten, sagt erst dieser Parameter etwas darüber aus, *wann* es dazu kommen wird, d.h. ab wann sich Wirtschaft und Gesellschaft auf neue Konstellationen einstellen müssen.

Ein anderes Zeitmaß für Zukunftsfestlegungen bietet das Subsystem Bevölkerung. Wir wissen, dass es rund ein halbes Jahrhundert beträgt, das Zeitmaß, mit dem wir jeweils die demographische Entwicklung fortschreiben können. Diese Zeitspanne bildet den zweiten Parameter.

Den dritten Parameter müssten wir dem Subsystem Politik dadurch ablesen, dass wir ermitteln, in welcher Zeit sich dort neue Ideen und Innovationen zur Gestaltung politischer Prozesse ergeben. Leider werden wir hier enttäuscht werden. Verhält es sich schon in bezug auf die sachliche Bestimmung von Gestaltungsalternativen in der Politik oftmals wie beim Roulett, so ist hinsichtlich der zeitlichen Erledigung kein einheitliches Maß zu ermitteln. Es gibt kein spezifisches Zeitmaß für die Entwicklung neuer Ideen. – Damit deutet sich bereits an dieser Stelle an, dass die Kombination von zwei festen Parametern mit einem, der schwer zu fassen ist, beunruhigende Unsicherheiten der künftigen Entwicklung mit sich bringt.

In einigen Subsystemen kann es mitunter zu revolutionären Umschwüngen kommen. In der Technologie war das zuletzt mit dem Durchbruch zur computerisierten Informations- und Kommunikationstechnologie sowie zum Internet der Fall; im Subsystem Bevölkerung mit der Vermarktung der Pille. In der Politik führten jüngst vor allem die revolutionären Wandlungen in den ehemals kommunistischen Staaten zu veränderten Bedingungen. Möglicherweise stehen in einigen Entwicklungsländern ähnliche Umbrüche von feudalen zu modernen politischen Systemen bevor.

Nicht selten gehen revolutionären Umbrüchen zahllose minimale, untergründige, schleichende Konstellationsveränderungen voraus, die lange Zeit niemand bemerkt, bis sie sich plötzlich sturzbachartig Bahn brechen. Der überraschende Wechsel, mit dem das Schah-Regime im

Iran verschwand, erwies sich als so mehrheitlich von der Bevölkerung getragen, dass er tiefer liegende Wurzeln haben musste als nur momentane Impulse. Selbst Khomeini wurde in seinem Pariser Exil von der Revolution überrascht. Der Sturz von Ceauşescu in Rumänien erfolgte ähnlich abrupt. Auch Honeckers umfassender Sicherheitsapparat in der DRR scheint die untergründigen Konstellationsverschiebungen bis zum letzten Moment, in dem die großen Demonstrationen einsetzten, falsch eingeschätzt zu haben. Neuere Forschungen sprechen vom *tipping point*, der berührt wird, um eine neue Gesamtlage, die heimlich schon herangereift ist, mit einem Schlag ans Tageslicht zu bringen. Dies hat Malcolm Gladwell in seinem Buch *Der Tipping Point. Wie kleine Dinge Großes bewirken können* eingehend beschrieben.

Hinsichtlich der Bevölkerungsentwicklung ist sicherlich die Pille als eines jener kleinen Dinge anzusehen, die Großes bewirkten. Man muss daher fragen, ob auch ihrer Wirkung bereits untergründig herangereifte Konstellationsveränderungen vorausgingen. Hat sie nur einem ohnehin vorhandenen Trend zu weniger Kindern zum Durchbruch verholfen? Ist sie nur als sicheres Mittel für einen bereits intendierten Zweck verfügbar geworden, den weniger verlässliche Kontrazeptiva nicht erreichten? Machte die Pille aus einem schwachen Trend eine starke Strömung? Oder eröffneten die Mittel zu zuverlässiger Geburtenplanung und zum Kinderverzicht überhaupt erst den Sinn dafür, Beruf, Karriere und Lebenslauf nach Präferenzen zu gestalten, bei denen familiäres Dasein eher störend als förderlich wirkt?

Was verschaffte der Pille ihren Markt? Waren es bessere Karriereaussichten, höhere Mobilität oder bloße Bequemlichkeit, die mit ihrer Anwendung angestrebt wurden? Waren es begrenzte Möglichkeiten der Partnerfindung oder umgekehrt größere Möglichkeiten zum Partnerwechsel? War es Scheu vor der lästigen Wiederkehr alltäglicher, familiärer Aufgaben, ein Bedürfnis nach Selbstbestimmung, Freiheitsdrang? Haben Ängste vor Verantwortung eine Rolle gespielt? Sind alle diese Motivationen von den Segnungen des wirtschaftlichen Wachstums und des Wohlstands her zu sehen, mit denen sie sich ökonomisch-technisch und materiell verbanden? Soziologische Untersuchungen zeigen deutlich, wie unterschiedlich die Motive beschaffen waren, sie zeigen aber eines nicht, was noch einmal eine Ebene tiefer liegt: Wie kam es überhaupt zur Pille? Wie kam es zur Entdeckung der Kontrazeptiva?

Ohne die Entkoppelung von Sex und Fortpflanzung mittels Pille hätte die Fülle vorhandener, unterschiedlicher Ziele und Motive nicht verwirklicht werden können. Die Anwendung der Pille verbreitete sich in den sechziger Jahren des vorigen Jahrhunderts in weniger als einem Jahrzehnt. Seither wirkt sie. Die pharmazeutische Neuerung war ein Durchbruch gegenüber den bis dahin angewandten Kontrazeptiva: simpel in der Handhabung, verlässlich in der Wirkung, dauerverträglich, nahezu frei von Nebenwirkungen und ohne Beeinträchtigung der sexuellen Erlebniskraft. In dieser Kombination erwies sich die Pille als ideal. Der demographische Kollaps der westlichen Welt geht also auf beides zurück: auf die Motive und das geeignete Mittel, sie zu verwirklichen.

Der pharmazeutisch-technische Durchbruch fiel nicht einfach vom Himmel, er hat eine Entstehungsgeschichte. Die zugehörigen Grundlagenforschungen reichen bis in die vierziger Jahre des 20. Jahrhunderts zurück: 1941 gelang es Russell Marker, das Hormon Progesteron synthetisch herzustellen. 1945 veröffentlichte Fuller Albright einen Report, der als »*Albright's Prophecy*« berühmt wurde. In diesem Report wird für die angestrebte Hormontherapie erstmals der Terminus *birth control,* Geburtenkontrolle, verwendet. 1956 berichteten Gregory Pincus und John Rock von Boston aus über ihre ersten klinischen Erfolge mit der Pille. Wenige Jahre später wartete die pharmazeutische Industrie mit einem marktreifen Produkt auf. 1960 beschloss die *US Food and Drug Administration,* es zuzulassen, und alsbald schlossen sich mehr als 80 Länder der Zulassung an. Fünfzehn Jahre nach der ersten Synthese erfolgte die Vermarktung der Pille, und seither befinden wir uns mit der inzwischen vertrauten pharmazeutischen Geburtenkontrolle in einem anderen demographischen Zeitalter, das mithin auch ökonomisch und politisch ein anderes geworden ist.

Früher noch als die Motive der Anwender zeigten die Motive der Forschung, was da mit der Pille auf die Gesellschaft zukam. Wenn man sich also diesem Hintergrund zuwendet, kann man gewissermaßen einen Blick hinter die Kulissen werfen, um vorzeitig zu erfahren, wie der nächste Auftritt vorn auf der Bühne aussehen wird. Tatsächlich verrät die Beschaffenheit der wissenschaftlichen Forschung bereits etwas über die stillschweigenden Konstellationsveränderungen, bis dann ganz plötzlich zutage tritt, was lange schon im Kommen war, ähnlich den Umsturzbewegungen in Persien, Rumänien und der DDR. Es handelt sich um einen fruchtbaren Ansatz, der einen zeitlichen Parameter künftiger Entwicklungen an die Hand gibt.

Die Fünfzehnjahres-Periode, die vom Ende der Grundlagenforschung bis zum Beginn der Vermarktung der Pille verging, ist tatsächlich auf einen allgemeinen Sachverhalt zurückzuführen. In der technischen Entwicklung und ihrer wirtschaftlichen Nutzung sind nämlich grundsätzlich und immer wiederkehrend drei Phasen zu unterscheiden: (a) die Grundlagenforschung, (b) die Unternehmensforschung und Entwicklung sowie (c) die Generationenentwicklung. Schematisch lässt sich der zeitliche Ablauf, der für die Zukunft jeweils festschreibt, was nach rund fünfzehn Jahren für die Verbraucher auf den Markt kommt, wie folgt darstellen (Abbildung 68).

Dass es von der Grundlagenforschung bis zur Vermarktung neuartigen Wissens anderthalb Jahrzehnte dauert, ist durch mannigfaltige und sehr praktische Umstände bedingt. Was in der ersten Phase zur gesicherten Erkenntnis reift, bildet ja nur die Voraussetzung für einen in Phase 2 zu entwerfenden Fabrikationsprozess. Die industrielle Fabrikation muss die vorherigen kleinmaßstäblichen Laborbedingungen in einen großen Maßstab übersetzen. Dazu gehört die Konstruktion von Maschinen und Anlagen, die Bereitstellung von Material und die Sicherung von Zulieferungen, der Entwurf und die Erprobung eines Fertigungsprozesses, die Arbeitsvorbereitung, das Werkzeug, ferner Wartung, Schulung von Personal, Qualitätskontrolle und anderes mehr. Die Erfahrung lehrt, dass man bei einem technologischen Durchbruch wegen der Fülle zu bewältigender Aufgaben von der ersten bis zur zweiten Startlinie in weniger als einem Jahrzehnt nicht zum Ziel kommt. Das haben zahlreiche Verfahren und Produkte klar erwiesen.

Ist ein Durchbruchsprodukt für den Endverbraucher auf dem Markt zugänglich (etwa elektronische Rechner zur Ablösung mechanischer), dann schließt sich in der dritten Phase die ständige Verfeinerung des Produkts an, die in aller Regel zügig vor sich geht. Auch die Pille ist in

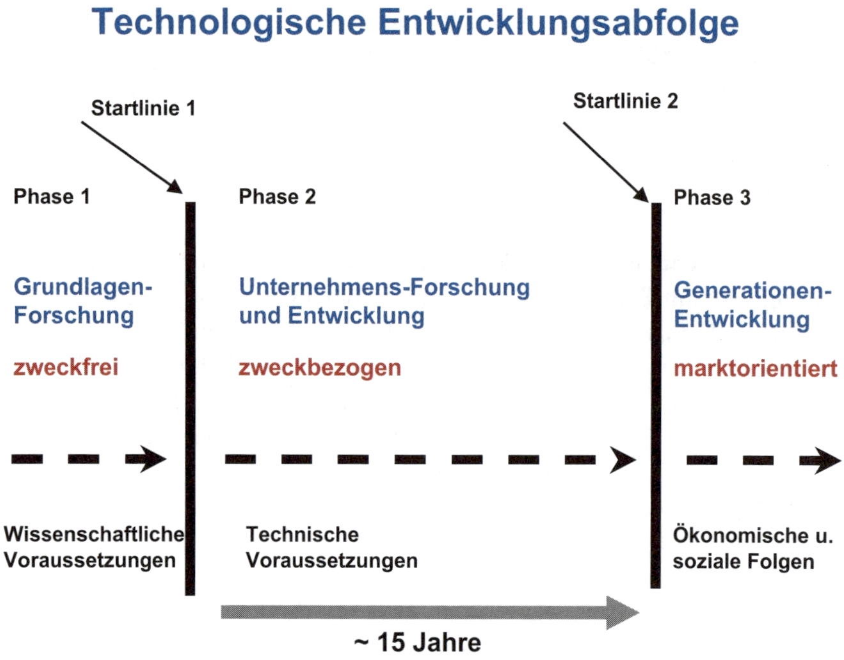

Abbildung 68 Technologische Entwicklungsabfolge.

Generationenentwicklung später zur Minipille verfeinert worden, die anfänglich noch vorhandene Nebenwirkungen minimierte.

Weil die meisten Verbraucher nur darauf achten, wie schnell ein neu erworbenes Produkt von einem verbesserten Modell überholt wird, aber nicht bedenken, dass es sich dabei nur um Modellpflege, also um eine Variante innerhalb der Phase 3 handelt, nicht aber um einen neuen Durchbruch (wie von Phase 1 nach 2), meinen viele, die technische Entwicklung schreite im Lauf der Zeit immer schneller voran. Dem ist nicht so. Nur die Verfeinerung dessen, was schon auf dem Markt ist, geht immer rascher vor sich. Die Durchbrüche benötigen bis hin zur Vermarktung immer wieder gleichlange Zeitspannen, ja sie werden sogar eher länger als kürzer. Mehr noch: Die Menge der Durchbrüche ist im Lauf der Zeit pro Jahrzehnt insgesamt kleiner und nicht größer geworden.

Fasst man alle Branchen ins Auge, die gerade um technologische Durchbrüche bemüht sind, so zeigt sich ein Bild von vielen parallel laufenden Prozessen, die zeitlich gestaffelt vor sich gehen (Abbildung 69).

Aus technologischer Sicht nimmt sich die Gegenwart nicht wie eine haarfeine Trennungslinie zwischen Gewesenem und Künftigem aus. Von der jeweiligen Gegenwart aus hat man einen Entwicklungszeitraum von dreißig Jahren im Visier, fünfzehn Jahre nach rückwärts gerichtet und ebenso viele nach vorn. Die Gegenwart lässt sich auch wie eine Bahnstation betrachten, auf der ständig Züge eintreffen, die vor fünfzehn Jahren gestartet sind, und von der aus andere abfahren, die wieder fünfzehn Jahre unterwegs sein werden.

Nicht alles, was über die erste Startlinie geht, kommt zwangsläufig auch bei der zweiten an. Über den Versuchen zu einer industrietechnischen Erschließung der Kernfusion sind schon mehrere 15-Jahre-Perioden vergangen, ohne die Welt mit der ersehnten, unerschöpflichen Energiequelle zu beglücken. Auch die Erwartungen, die das Stichwort *künstliche Intelligenz* geweckt hat, konnten nicht bestätigt werden. Man spricht bei solchen Fehlschlägen von einem Flop. In der Abbildung 69 sind die Flops durch abstürzende Pfeile symbolisiert. Nimmt man freilich die Gesamtheit aller Bemühungen um Neuerungen zusammen, dann erkennt man daraus die Richtung des Entwicklungspfads, auf dem sich eine Gesellschaft befindet, die Tendenz ihrer Gesamtentwicklung.

Wenn man das Bündel der Produkte betrachtet, das sich hinter der ersten Startlinie der Unternehmensforschung und Entwicklung befindet und zielstrebig auf seine Vermarktung hinsteuert, lässt sich beachtlich früh prognostizieren, was wann mit welcher Wahrscheinlichkeit zum Verkauf ansteht. Es geht dabei nicht um Spekulationen. Die diesbezüglichen Prognosen sind keine *science fiction,* sondern beschreiben Fakten. Blauäugig darf man freilich nicht sein. Flops sind im Geschäft immer möglich. Dennoch ist eine Strecke von rund anderthalb Jahrzehnten stets gut überschaubar. Aber alles, was jenseits der 15-Jahres-Strecke liegt, ist grundsätzlich nicht zu ermitteln, bleibt also unbestimmbar, da man nicht weiß, wann welche Grundlagenforschungen verwertungsinteressiert von den Unternehmen aufgegrif-

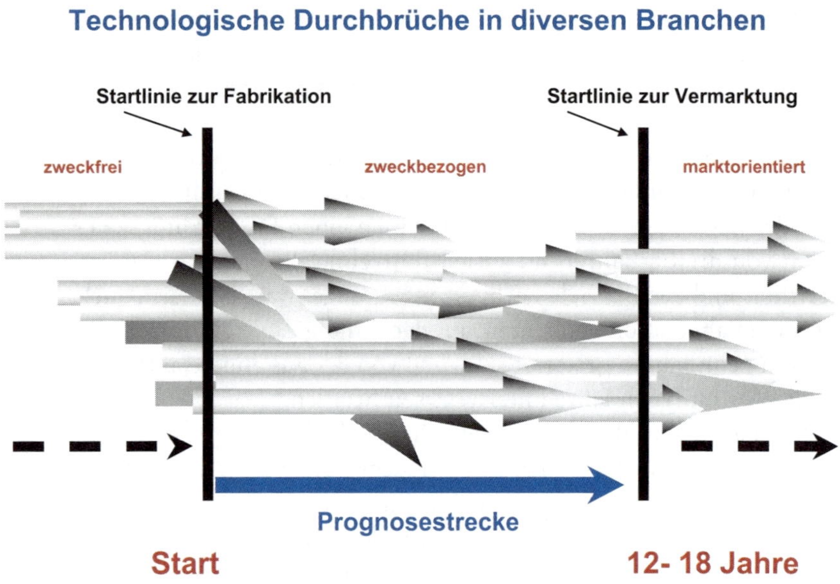

Abbildung 69 Technologische Durchbrüche in verschiedenen Branchen. Die technologischen Durchbrüche erfolgen nicht einer nach dem anderen in Abständen von ca. 15 Jahren, sondern entsprechende Bemühungen laufen ständig nebeneinander her, und zwar verteilt über viele Branchen. Nicht alle Bemühungen kommen auch bei der zweiten Startlinie an. Nicht wenige erweisen sich als Flop.

fen werden. Selbst wenn man Mutmaßungen darüber anstellen kann, taugen diese nicht für Planungen.

Manche Erkenntnisse der Grundlagenforschung bleiben über Jahrzehnte ungenutzt, ehe zweckgerichtete Forschung sie aufgreift. Manche liegen quasi auf Vorrat, ohne dass sich schon ein spezifischer Anwendungsbereich für sie abzeichnet. Sobald sie aber nutzungsrelevant werden, signalisieren sie künftige Neuerungen auf den Märkten.

Was die Gesellschaft dann mit den neuen Produkten anstellt und wie diese den gesellschaftlichen Verkehr ummodeln, steht auf einem anderen Blatt. Mit dem Angebot des Internets war ja nicht automatisch klar, in welcher Weise es etwa von Dissidenten genutzt werden könnte. Und dass sich auf das Internet eine neue Weltgesellschaft gründet, war auch nicht von vornherein abzusehen. In Instituten zur

Technikfolgenabschätzung stellt man zwar Mutmaßungen über solche Konsequenzen an, um politischen Führungseliten mit frühzeitigen Warnungen dienlich zu sein, aber entweder sind die Mutmaßungen nicht verlässlich oder die Eliten nicht wirklich wissbegierig, jedenfalls sind die Erfolge bislang nicht sehr überzeugend. Festhalten können wir, dass die Taktfolge technischer Entwicklungen den wichtigsten Parameter darstellt, der das Grundmaß für Zukunftsplanungen vorgibt.

Generatives Verhalten hat immer wieder die gleiche zeitliche Taktfolge vom Eintritt einer Frau ins gebärfähige Alter bis hin zum Verlassen dieser Zeitspanne und von der entsprechenden Phasenfolge bei ihrer Tochtergeneration. Die Pille lässt die Periode der Gebärfähigkeit im Sinn des allgemeinen Fortpflanzungsverhaltens zwar anders genutzt sein, ändert aber nichts an deren Dauer. So bleibt es bei demographischen Entwicklungen stets bei einer Zeitspanne von rund einem halben Jahrhundert, in der über die Anzahl der Nachkommen entschieden wird und für die dementsprechend auch Voraussagen gemacht werden können.

Selbst wenn unsere direkten Nachfahren ein völlig anderes generatives Verhalten an den Tag legen würden, bliebe das jeweils angeschnittene halbe Jahrhundert davon gleichwohl noch unberührt, da erst die Enkel von der Veränderung betroffen wären. Für diesen Zeitraum ist auch die Gesamtbevölkerung kalkulierbar. Denn neben den Geburtenraten kann man auf Grund der durchschnittlichen Lebenserwartung auch die Sterberaten berechnen, außerdem die Zu- und Abwanderungen in die Zukunft projizieren, so dass wir für die jeweils kommenden rund fünfzig Jahre überblicken können, mit welchen Gesamtzahlen wir es zu tun haben werden. So kann der demographische Faktor mit seiner spezifischen Zeitspanne als zweiter Parameter für zukünftige Entwicklungen gelten.

Beide bislang genannte Parameter sind Zeitmaße. Es geht um die unterschiedlichen Zeitspannen, in denen (a) technische Durchbrüche auf den Markt kommen und (b) demographische Entwicklungen ihre Resultate an den Tag legen. Die demographische Entwicklung schreibt die Zukunft für eine längere Zeitspanne fest als die technische. Die demographischen Trends schaffen damit human-existenzielle Fakten auf fünf Jahrzehnte hinaus, für die wir noch gar keine technisch-wirtschaftliche Vorsorge treffen können.

Während die Weltbevölkerungsentwicklung einen wachsenden Bedarf an Nahrung, Wasser, Wohnraum und Energie für ein halbes Jahrhundert indiziert, ist der technisch-wirtschaftlich zweckgerichteten Forschung lediglich das abzulesen, was in den nächsten 15 Jahren realisiert werden kann. Es klafft also eine Lücke. Sie zeigt das Problem an. Wie werden wir die Bedürfnisse befriedigen, die demographisch gesehen in 40 bis 50 Jahren unausweichlich an den Tag kommen?

Wer sorgt dafür, dass die weitere technisch-wirtschaftliche Entwicklung der Bevölkerungsentwicklung entsprechen wird? Kann man das allein den Trends überlassen, die sich in der Grundlagenforschung herausbilden? Darf man auf die Sensibilität der Marktmechanismen vertrauen? Wenn man daran denkt, in welche Richtung die Forschung durch militärische Interessen gedrängt wird und mit welchen Fehlanzeigen wir es auf den Energiemärkten zu tun haben, muss man den Eindruck gewinnen, dass die Weltbevölkerung geradezu in die Irre geführt wird. Anhand der im vorangegangen Kapitel aufgezeigten Probleme der Energieversorgung muss man bangen, dass die Führungseliten, die vor diesen Fragen die Augen verschließen, sich mehr mit aktuellen Querelen als grundsätzlichen Überlegungen beschäftigen.

Vermittelt durch die Wirtschaft entscheidet die technische Entwicklung – die instrumentelle Evolution – über Menge und Qualität der verfügbaren Unterhaltsmittel. Die Bevölkerungsentwicklung hingegen diktiert die Anforderungen. Was wirtschaftlich aus den technischen Gegebenheiten herauszuholen ist, hängt von der laufenden Qualifizierung der Arbeitskräfte, ihrer beruflichen Tüchtigkeit und Innovationsfähigkeit und, sehr viel früher im Lebenslauf schon ansetzend, von ihrer Schulbildung und Erziehung ab. Dieses Rückkoppelungsverhältnis von Technik und Bevölkerungsqualifikation wird über die Bildungssysteme maßgeblich von der Politik beeinflusst. Es ist daher höchst bedeutsam, von welchen Ideen, Grundeinstellungen, Gesinnungen und Ideologien politisches Handeln bestimmt wird. In welcher Zeitspanne ergeben und wandeln sich politische Leitlinien? Wie passen sich politische Leitvorstellungen der gesellschaftlichen Dynamik an? Geben sie neue Gestaltungsimpulse? Welche Zeitspanne macht den dritten Parameter zukünftiger Entwicklungen aus?

Bei diesem dritten Parameter kommt man hinsichtlich der Zeitangaben in Verlegenheit. Er weist je nach Politikbereich, parteilicher

Orientierung, diversen Abhängigkeitsverhältnissen, Herkunft und Alter der Politiker ein unterschiedliches Zeitmaß auf. Zu ein und demselben Sachzusammenhang kann es überdies ganz unterschiedliche Einstellungen geben, die teils von tagespolitischem Opportunismus getragen, teils von langlebigen Überzeugungen wie etwa religiösen Bekenntnissen geprägt sind. Prognosen zu Wandlung und Bestand politischer Grundsätze erscheinen unmöglich.

Politische Leitlinien können einerseits so präzis vorgezeichnet werden wie der EU-Stabilitätspakt zur Begrenzung der Staatsverschuldung. Wenn es dann um dessen Einhaltung geht, leisten sich die Staaten beträchtliche Abweichungen. Sie können andererseits so weit gefasst sein wie die UN-Deklaration zur Menschenwürde, wonach diese unantastbar und von jeder staatlichen Gewalt zu achten und zu schützen sei. Wenn es dann aber bei der staatlichen Gewaltausübung um Meinungsfreiheit, Pressefreiheit, Privatsphäre, Geschlechterverhältnisse, freie Wahlen, Kriegsdienstverweigerung und anderes mehr geht, scheiden sich bei den Regierenden sehr schnell die Geister. Sie verfechten Ideologien, die national, kulturell, sozial, ethisch und politisch höchst verschieden sind.

Es gibt Ideologien, die über Jahrhunderte hinweg Bestand haben und andere, die nur kurzfristig akzeptiert werden. Insgesamt schält sich weltweit eine Tendenz zur ideologischen Verkrustung heraus: Auf Grund der verlängerten Lebenserwartung haben auch ältere Leitideen heute eine längere Wirkungszeit. Es besteht das Paradox, dass die Familien immer kleiner und weniger, die Generationenkohorten dagegen größer und mehr werden. Nie zuvor lebten so viele Generationen – von den Urgroßeltern bis zu den Urenkeln – in so großer Zahl und in mehrheitlich fortgeschrittenem Alter nebeneinander. Eine Konsequenz der höheren Lebenserwartung. Da längeres Leben auch überlebte Einstellungen länger am Leben hält, bestimmen die stark besetzten Seniorengenerationen damit auch nachhaltiger die politischen Eliten in ihren Entscheidungen.

Douglass C. North, Nobelpreisträger und Begründer der Institutionen-Ökonomie, einer neuen Sparte der Wirtschaftswissenschaft, definiert (1997, S. 15) Ideologien als *rules of the game*, als Spielregeln, mit denen die Mitglieder von Parteien, Gewerkschaften, Kirchen und Verbänden, die Beschäftigten und Manager von Unternehmen sowie die Angehörigen von Bürokratien und Regierungsmannschaften aufgewachsen sind. Für NORTH schließen unterschiedliche Ideologien, die gegensätzliche Gesichtspunkte in sich bergen, einander nicht notwendigerweise aus. Er betrachtet die Verflechtung von diversen Ideologien als ein geistiges Netz, das die Menschen auswerfen, um die Welt gedanklich darin einzufangen (1990, 23). Und er geht so weit, dass er von einer *path dependence,* einer Abhängigkeit der Menschen von bestimmten geistigen Pfaden spricht, die sie einmal eingeschlagen haben und nun nicht mehr so leicht verlassen können. Erst wenn solche Pfade, so meint er, lange genug ins Abseits geführt haben, werden sie aufgegeben. Kaum einer wird mehr dorthin gelockt. Wenn aber Pfadfinder neue Wege einschlagen, ist auch nicht sofort garantiert, dass dies die richtigen sind, also folgen ihnen auch nicht alle sogleich. – Wie viele glauben wohl, dass die Geologen des *peak oil* die richtigen Pfadfinder sind?

NORTH sieht die Gefahr, dass das freie Wechselspiel der Meinungen, welches die dynamischen Wandlungsprozesse einer modernen Gesellschaft zur Diskussion stellen und verarbeiten sollte, durch ideologische Barrieren eingeschränkt wird. Diese Gefahr wächst mit der Reichweite von Ideologien und der Kraft ihrer Durchsetzung. Es gibt ideologische Eintagsfliegen, die eine Zeitlang sektiererisch vertreten werden – zum Beispiel die antiautoritäre Erziehung. Die Neutralitätsgesinnung der Eidgenossen ist dagegen ein langlebiges Erbgut geistiger Verfassung, eine Dauerweltanschauung der Schweizer, die sie aufrechterhalten, obwohl kaum noch Fronten existieren, zwischen denen man neutral sein könnte. Die politische Ideologie, mit der ehemals ein vereintes Europa aus Gründen der Friedenssicherung angestrebt wurde, wird ebenfalls noch hoch gehandelt, obwohl in Europa niemand mehr eine kriegerische Gesinnung hegt.

Diese Beispiele stehen für Pfadbeständigkeit, und man könnte in Hülle und Fülle weitere beibringen. In unseren Tagen zeigt sich Pfadgebundenheit am stärksten in den Ideologien, die dazu verleiten, an den asymmetrischen Konfliktpotenzialen festzuhalten, die oben eingehend dargelegt wurden. Die auf ihnen beruhende Politik absorbiert die Aufmerksamkeit der Medien rund um die Welt, verschlingt ungeheure Summen für Forschung und Entwicklung im Sicherheitsbereich sowie die Unterhaltung von Streitkräften und fordert zudem immer wieder Opfer an Menschenleben. Es lässt sich aber nicht ermitteln, wie lange die dazugehörigen Ideologien noch Bestand haben werden.

Wir müssen uns also damit abfinden, dass es neben den zwei Trends, für die wir über klare zeitliche Richtmaße verfügen – dem technischen und dem demographischen Trend – einen dritten, politischen Trend gibt, über dessen Richtmaß man lediglich Vermutungen anstellen kann. In Kombination miteinander messen die drei Parameter für Wandlungen in der Technik, in der Bevölkerung und in der Politik die Bandbreite zukünftiger Entwicklungen aus. Dass die Kombination von zwei berechenbaren Größen mit einer unberechenbaren zu abenteuerlichen Ergebnissen führen kann, wird jedem einleuchten.

Das Verhältnis, in dem die Parameter zueinander stehen, gibt enorme Probleme auf. Die demographischen Entwicklungen bergen Festlegungen für die nächsten 40 bis 60 Jahre. Die technischen Entwicklungen sind dagegen nur für Zeitspannen von fünfzehn Jahren überschaubar. Was jenseits der jetzt überblickbaren 15 Jahre mit Blick auf die nächsten 40 bis 60 Jahre technisch geschieht, hängt von der menschlichen Ingeniosität ebenso ab wie von den verfügbaren ökonomischen Mitteln. Zum wissenschaftlich-technischen Einfallsreichtum, der innerhalb eines halben Jahrhunderts zutage tritt, kann man durchaus Schätzungen anstellen und Vermutungen äußern. Zu diesem Zweck geht man von denkbar bestmöglichen Fällen einerseits und schlimmstmöglichen andererseits aus. Was daraus resultiert, sind Szenarien. Welche von ihnen eintreffen, hängt wiederum von den Entscheidungen der Politik ab. In Anbetracht der Zukunftsperspektiven für das nächste halbe Jahrhundert hat man es also mehr mit Unsicherheit als Gewissheit zu tun (Abbildung 70).

Die Gesamtentwicklung ist nur in Form von Szenarien zu erfassen. Diese enthalten berechenbare Strecken, müssen sich aber auch auf Schätzungen und Annahmen stützen. Das hat erschreckende Konsequenzen. Wenn politisches Verhalten nicht berechenbar wird und wenn es sich nicht auf bestimmte Ziele zur Ressourcensicherung durch technologische Entwicklungen konzentriert, dann wird die Bevölkerungsexplosion über das Maß an gesicherten Unterhaltsmitteln hinausschießen. Am Beispiel erläutert heißt das, wenn heute in Indien die errechenbare Bevölkerungsentwicklung bis zum Jahr 2050 auf

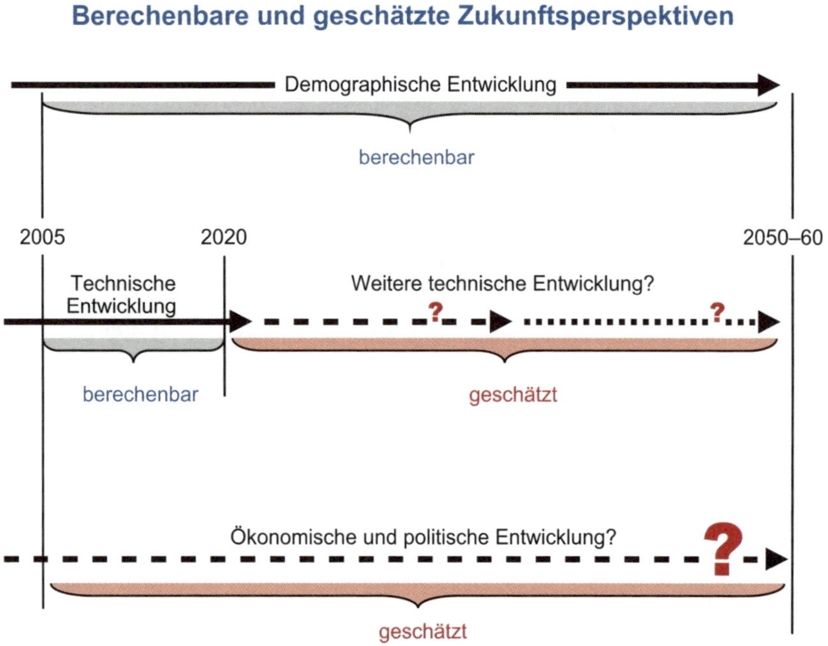

Abbildung 70 Szenarios: Berechenbare und geschätzte Zukunftsperspektiven. Die Berechnungen für die demographische Entwicklung (obere Bahn) laufen auf ein halbes Jahrhundert hinaus. Für die technische Entwicklung (mittlere Bahn) ist nur ein Zeitraum von anderthalb Jahrzehnten berechenbar. Die Differenzzeit muss man mit Schätzungen zur wissenschaftlich-technischen Entwicklung überbrücken, – für solche stehen in der Graphik die Fragezeichen. Schätzungen müssen Alternativerwägungen einschließen und sowohl auf Steuerungs- als auch auf Störgrößen bedacht sein. Am schwierigsten ist (untere Bahn) das politische Handeln einzuschätzen. Die Lebensdauer bzw. Verfallszeit der Weltanschauungen und Ideologien, die das politische Handeln beeinflussen, ist unberechenbar. Die Politik wirft deshalb das größte Fragezeichen auf. Die Tendenz, am Althergebrachten zu kleben und auch weiter der organisatorischen Gigantophilie zu huldigen, dürfte bestehen bleiben. Die instrumentelle Evolution, die in den Techniken der Globalisierung zutage tritt, wird dadurch behindert.

1,6 Milliarden Einwohner zielt, dann wird die indische Bevölkerung auf dem Weg dahin bereits in einer Katastrophe versinken, also bei dem errechneten Resultat gar nicht ankommen, und zwar nicht, weil die Rechnung falsch ist, sondern weil Indiens Politiker sich nicht rechtzeitig um die Ressourcen dafür bemühen. Die Unberechenbarkeit des politischen Handelns kommt besonders dadurch zum Ausdruck, dass sich Politiker alles andere eher als rechnerisch verhalten.

Es bringt letztlich nichts, wenn wir gewissenhaft ausrechnen, wie viele Milliarden Individuen in 50 Jahren auf dem Globus leben, wenn wir nicht gleichzeitig anzugeben wissen, mit welcher Politik wir für sie Energie, Wasser und Nahrung bereitstellen und woher für sie die Wohnungen in den Metropolen kommen sollen. Ohne entsprechende Ressourcenbeschaffungs-Konzepte führt der demographische Entwicklungspfad in die Katastrophe. Das ist so erschreckend wie simpel. Und um es in aller Klarheit zu formulieren: Unser derzeitiges Ressourcenmanagement verfügt über keine politisch-ökonomisch integrierten Ziel-Mittel-Kalkulationen, um die Weltbevölkerung in absehbarer Zeit befriedigend zu versorgen. Worin könnte eine Lösung bestehen?

15

Umstrittener Rettungsanker: Globalisierung

Das Internet hat eine neue Welt hervorgebracht. Auf dem altbekannten Globus ist eine grenzenlose Kommunikation möglich geworden. Sie ist grenzenlos, was die Zeiten und Zonen anbelangt, in denen sie stattfindet, und grenzenlos hinsichtlich ihrer Themen und Teilnehmer. Wer wissenschaftlich arbeitet, ist in der Lage, sich Informationen zu beschaffen, die er mit eigener Kraft allein nie würde zusammentragen können. Die Vernetzung von Informationszentren steigert die Produktivität geistiger Arbeit. Und was für die wissenschaftliche Arbeit gilt, kommt auch auf allen anderen Tätigkeitsfeldern zum Tragen.

Eines Morgens sitze ich zu Gast in einem deutschen Unternehmen. Sechs Ingenieure widmen sich, über Zeichnungen gebeugt, einer Konstruktionsaufgabe. Diese wurde ab einer gewissen nachmittäglichen Uhrzeit mit einem Kollegen in Philadelphia diskutiert, den sie via Internet und Konferenzschaltung auf dem Bildschirm quasi an ihren Tisch geholt hatten. Der übernahm irgendwann das gesamte Pensum und arbeitete mit seinem Team am Projekt weiter. Dann übergab er den Vorgang – die deutschen Kollegen saßen inzwischen beim Abendessen – einem anderen Büro an der Westküste der USA. Und während sich die deutschen Teilnehmer im Schlaf wiegten, unternahm eine in Australien engagierte Gruppe die nachfolgenden Arbeitsschritte, beschloss, einen Teil der notwendigen Berechnungen in Indien und einen anderen durch Spezialisten in Singapur erledigen zu lassen. So wurden rund um den Erdball in einem fort Leistungen erbracht, die in der deutschen Mittelstadt, wo ich den Start erlebte, noch lange hätten auf sich warten lassen. Die Resultate präsentierte man am nächsten Morgen den sechs Ingenieuren, die sich erneut und erfreut über die mittlerweile zauberhaft vervollständigten Papiere beugten. Das versteht man unter globaler Arbeitsteilung.

Was ist das Wesentliche und Neue? Es wurde unternehmensintern 24 Stunden lang in einem fort gearbeitet. Mit gut kalkulierten Überlappungen ließe sich sogar ein 36-stündiger Arbeitstag erzielen. Am Firmensitz in Deutschland wäre nichts dergleichen möglich gewesen, da man an den rechtlichen Regeln für bestehende Arbeitsverträge und sonstigen bürokratischen Hindernissen gescheitert wäre. Während sich deutsche Gewerkschaftsfunktionäre darum bemühen, wie sie die Errungenschaften der 35-Stunden-Wochenarbeitszeit weiterhin verteidigen, packt ein ortsansässiges Unternehmen, ohne Vertragsverhältnisse zu ändern oder zu verletzen, 24 bis 36 Arbeitsstunden in einen Kalendertag hinein. Erfolgt hier eine Spaltung des gesellschaftlichen Bewusstseins? Die einen leben noch in der arbeitsteiligen Welt, wie sie ADAM SMITH für den Wohlstand der Nationen beschrieben hat, die anderen überspringen alle nationalen Grenzen und beweisen mit neuartigen arbeitsteiligen Arrangements, dass vielleicht auch Wohlstand nicht nur in, sondern auch zwischen den Nationen geschaffen werden könnte.

Das Internet bietet begabten und tüchtigen Menschen in der Dritten Welt erstmals die Chance, sich mit den Informations- und Kooperationsprozessen der westlichen Welt zu verbinden. Ein *link* genügt, um am Wissensaustausch, an den Lernprozessen der ganzen Welt Anteil zu nehmen. Dazu muss niemand mehr auf Regierungsprogramme, Handelsabkommen und Austauschvereinbarungen staatlicher Bürokratien warten, sofern er nur über einen PC und einen Internet-Anschluss verfügt. Er kann allein aktiv werden. Die Möglichkeiten, sogar aus dem hintersten Winkel des Globus das Tor zur ganzen modernen Welt zu öffnen, hat es zuvor noch nie gegeben. Eventuell tun sich von daher neue Entwicklungspfade für Entwicklungsländer auf. Und da es wahrscheinlich vorwiegend die Strebsamen und Begabten sind, die entsprechende Eigeninitiativen an den Tag legen, kommt es dank Internet in der Dritten Welt vielleicht zur Selbstrekrutierung einer modernistisch orientierten Elite, die der Dritten Welt eine Stimme verleihen und die mit dieser Stimme nicht nur falsche Ansprüche des Westens parieren, sondern auch fundamentalistischer Rückwärtsgewandtheit in ihrem eigenen Umkreis Paroli bieten können.

Die Globalisierung ermöglicht Unternehmen jeder Größenordnung, und nicht etwa nur Großunternehmen, störende rechtliche Barrieren, Zölle, Visa, Sprachschwierigkeiten und sonstige Hürden in der Politik und Natur zu umgehen oder sie von einem Moment auf den anderen zu überspringen. Heute versammeln sich in Bangalor, wie auf einer kleinen Insel im Meer der indischen Bevölkerungsmassen, Spezialisten für Informationstechnologie. Sie stehen als Mitarbeiter ferner Unternehmen in einem globalen Produktionszusammenhang. In ihrem angestammten Land, umgeben von der vertrauten indischen Gesellschaft, heben sie sich einerseits durch einen Sonderstatus von der übrigen Bevölkerung ab. Andererseits verschaffen sie dieser aber auch Anreize zu weiterer Modernisierung. Neue Arbeitskräfte werden rekrutiert, ohne ihnen die Lasten und Mühen der Migration zuzumuten. Anstatt die Menschen zu den Arbeitsstellen zu holen, wandern die Arbeitsstellen zu den Menschen hin. Das setzt der bisherigen nationalen Politik deutliche Grenzen und verlangt von ihr, sich neu auszurichten.

Mit der Globalisierung tritt eine Konsequenz der zweiten industriellen Revolution zutage, eine Frucht der Computerisierung unserer Arbeitswelt, die eine neue Qualität von Arbeitsteilung ausmacht. Das Internet ist das Medium, in dem diese neue Qualität Gestalt annimmt. Faszinierend daran ist die Verquickung von Momentanem und Weltweitem. Man spricht von *real-time processing,* – Kooperation *in Echtzeit*. Damit überwindet man alle Kontinente und Ozeane, wird von keiner Wüste und keinem Gebirge mehr aufgehalten, weder vom Wetter noch von Klimazonen beeinflusst, braucht sich weder um sprachliche oder rassische Verschiedenheiten noch kulturelle oder religiöse Bekenntnisse der weltweit angesiedelten Mitarbeiter in den unterschiedlichsten Gesellschaften zu scheren, nimmt aber alle Vorteile wahr, die sie bieten. Dieses Arrangement ist neu. Das Ganze der Erde ist von einem Moment auf den anderen zu einem geschlossenen Wohn- und Arbeitszimmer, zu einem globalen Informations-, Unterhaltungs- und für viele auch Vergnügungsraum geworden. Ohne einen Pass vorzeigen zu müssen, ohne Visum und Aufenthalts- oder Arbeitsgenehmigung kooperieren Menschen über alle Grenzen hinweg. Das stiftet mehr und mehr Vernetzung, nicht nur im virtuellen Raum, sondern auch beim realen Einkommenserwerb. Das hat es in der Geschichte der Menschheit nie zuvor gegeben.

Wie begrüßenswert ist diese Neuerung? Das Internet unterläuft die Souveränität der Nationalstaaten. Der Privatmann wird in einem globalen Aktionsrahmen tätig. Das wichtigste Herrschaftsgebilde, der Nationalstaat, wird dabei relativiert. Ein ganzes Zeitalter kommt damit an ein Ende. Da wir dem Nationalstaat die rechtliche Regelung unserer gesellschaftlichen Beziehungen und damit das friedliche Austragen aller konkurrierenden Ansprüche der Menschen verdanken, ist es nicht in jedermanns Augen begrüßenswert, wenn er relativiert wird. Die westliche Demokratie, die sich parallel zur kapitalistischen Gesellschaft herausbildete, stellt eine der erstaunlichsten organisatorischen Leistungen der Geschichte dar. Sie hat private Gewaltanwendung, privaten Zwang und persönliche Nötigung durch die Errichtung des staatlichen Gewaltmonopols aus der Welt geschafft. Ist es da nicht verständlich, dass staatliche Autoritäten das Internet gern dauerhafter Kontrolle unterstellen wollen, wenn es ihnen ein Schnippchen schlägt oder gar in die Quere kommt?

Eine nähere Betrachtung des Globalisierungsprozesses zeigt, dass die privat angelegte Vernetzung auf Dauer vielleicht etwas korrigieren kann, was sich inzwischen als eine Schwäche der nationalstaatlichen Organisation der Menschheit erweist. Der Nationalstaat hat den Frieden nach innen zuwege gebracht, nicht aber den Frieden nach außen. Kriege sind noch immer möglich. Und dort, wo sich staatliche Akteure selbst daran versuchten, eine internationale Friedens-Ordnung zuwege zu bringen, sind sie in den Jahrzehnten nach dem Zweiten Weltkrieg keineswegs nur erfolgreich gewesen. Inzwischen sind zusätzliche Themen wie Umweltschutz, Klimawandel, Ressourcensicherung, Handelsliberalisierung, Migration und Armutsbekämpfung immer wichtiger geworden. Keinem dieser Aufgabenfelder erweisen sich die Staaten oder internationalen Organisationen gewachsen. Und die Nichtregierungsorganisationen treten nur halb aus dem Schatten der Staatsorganisationen heraus. Es mangelt also an einer Demokratisierung der Außenpolitik.

Nach mehr als zwei Jahrhunderten, die seit der Französischen Revolution vergangen sind und in denen die Repräsentanten staatlicher Ordnung mehr gute als schlechte Noten verdienten, ist es nicht verwunderlich, dass die Regierungen das Zepter auch dann nicht aus der Hand geben wollen, wenn es um die Lösung der ungelösten Probleme zwischenstaatlicher Beziehungen geht. Außenpolitik ist die Domäne, bei der die Regierenden den Meinungen und Stimmungen ihrer Wähler bislang am wenigsten Rechnung tragen mussten. Staatsmänner treten hier noch mit postfeudalen Allüren auf. Statt gute persönliche

Beziehungen zwischen Staatschefs zu belobigen, sollte es eher alarmierend wirken, wenn Nationenschicksale von deren Gemütszuständen abhängig werden könnten. Die Globalisierung verlagert dagegen eine Reihe internationaler Beziehungen in einen privaten Bereich, der eo ipso gewaltfrei ist – im Netz muss es friedlich zugehen, denn sonst droht es zu reißen. Wäre es also nicht gut, dem Internet mehr und mehr Wirksamkeit zu verschaffen?

Vom Segelschiff zum Dampfschiff brauchte es Jahrtausende. Vom Dampfschiff zum Raumschiff dauerte es vergleichsweise nur einen Lidschlag. Unsere längere Lebenserwartung verdanken wir der rasanten Entwicklung von Medizin, Pharmazie und Gesundheitswesen. Dass viele Menschen in den Genuss technischer Fortschritte kommen, bedeutet nicht, dass gleichzeitig auch viele über das erforderliche Fachwissen verfügen. Das besitzen nur wenige. Mit der jährlich wachsenden Zahl von Pkw-Besitzern pro Tausend nimmt das Pkw-Produktionswissen in der Gesellschaft ja auch nicht im gleichen Maße zu. So kann man verstehen, dass auch mit fortschreitender Globalisierung die dazugehörigen Prozesse nur besser genutzt, nicht aber sogleich auch besser verstanden werden. Globalisierung ist Vernetzung bei zunehmender Partialisierung, wird aber umgekehrt weitgehend als zunehmende Fusionierung verstanden. Sie wird auf Mitgeschlepptes hin betrachtet, das gar nicht das Neue ausmacht, sondern Relikt des Herkömmlichen ist. Die Globalisierungsgegner sehen sich und die Welt von Konzernen, multinationalen Unternehmen, Großbanken und Agenten des Großkapitals bedroht, die sich angeblich auch noch mächtiger Staatsorganisationen bedienen. Der Natur des Globalisierungsprozesses gemäß werden aber gerade diese herkömmlich übermächtigen Organisationen durch globale Arbeitsteilung unterlaufen, relativiert und geschwächt. Dass die Globalisierungsgegner einem solchen Missverständnis huldigen, ist umso verwunderlicher, als sie ihre Protestunternehmungen über das Internet organisieren und ihre Aktivität faktisch auf das Neue gründen, das sie intentional bekämpfen.

Die Globalisierung wird von zwei einander diametral entgegengesetzten Richtungen aus betrachtet. Technisch versierte Interpreten verstehen sie als Anbruch eines neuen Zeitalters. Die historisch Orientierten, um nicht zu sagen Blasierten, deuten sie als fortlaufende

Entwicklung von Altbekanntem. Es ist eine Minderheit, die in der Globalisierung den Umbruch eines Zeitalters, eine neue Ära, erkennt. Die Mehrheit sieht in ihr lediglich eine Verlängerung und Erweiterung vertrauter Tatbestände.

Neuartige Sachverhalte, die gegenüber dem Vormaligen aus der Art schlagend und damit erstmalig zutage kommen, konfrontieren die Menschen mit der Schwierigkeit, sich aus früheren Gegebenheiten heraus, aus allem, was bisher war, noch keinen Reim auf sie machen zu können. Das zeichnet den originellen Charakter neuartiger Sachverhalte aus. So schlagartig, wie sie eintreffen, verlangen sie auch einen veränderten Verstehensprozess. Dem widersetzen sich überkommene Denkgewohnheiten. Durch sie besteht die Neigung, völlig neue Sachverhalte in herkömmliche Denkmuster einzuordnen, wodurch das Verständnis den Phänomenen hinterherhinkt. So ist es bei vielen Historikern und Kolumnisten der Medienwelt, aber natürlich auch bei Top-Managern und Politikern.

Einige Historiker, denen der Begriff »Globalisierung« bislang völlig ungebräuchlich war, meinen, er bezeichne einen ihnen längst vertrauten Gegenstand. Sie argumentieren, Globalisierung sei eigentlich nur eine gesteigerte, ausgeweitete und weltumspannend gewordene Form dessen, was sie unter Vokabeln wie Universalgeschichte, Weltgeschichte, Weltreiche, Weltpolitik, Welthandel, Weltwirtschaft immer schon gesehen und beschrieben hätten. Globalisierung sei ein Vorgang, dessen Beginn auf das Zeitalter der Weltumsegelungen und Entdeckungen zurückdatiert werden kann. Bei ihm ginge es nur um dichter, größer, schneller werdende und entlegene Orte miteinander verknüpfende Güter-, Handels-, Nachrichten- und Finanzströme sowie internationale, diplomatische, politische und militärische Beziehungen, die ständig mehr Nationen einschließen (Jürgen Osterhammel und Niels P. Petersson: *Geschichte der Globalisierung. Dimensionen, Prozesse, Epochen*. München, 2003; oder Edelmayer, Feldbauer und Wakounig: *Globalgeschichte 1450–1620;* sie datieren die Globalisierung bis auf den Beginn der Neuzeit zurück).

Die nur auf Kontinuität bedachte Interpretation der Globalisierung missdeutet das eigentlich Neue. Von einem solchen Kontinuitätsansatz her sieht sich beispielsweise auch der *elder statesman* Helmut Schmidt in seinem Buch über *Die Mächte der Zukunft* dazu verführt, kurz und bündig zu konstatieren, »Globalisierung ist ein neues Schlagwort für einen alten Sachverhalt«. Begründend sagt er: »Weltwirtschaft und Weltmärkte hat es schon immer gegeben. Neu ist der Umstand, dass heute nahezu jeder Staat daran beteiligt ist … Neu ist auch das hohe und weiterhin zunehmende Ausmaß der weltwirtschaftlichen Verflechtung vieler Volkswirtschaften.« (S.26 f.) Anschließend zeichnet er mit einer Fülle unbestreitbarer Sachverhalte historisch völlig korrekt eine Traditionslinie von der fernen Vergangenheit bis in die Gegenwart, wobei alle möglichen Verbindungsglieder berücksichtigt werden – der eigentliche Umbruch, der kategoriale Wechsel aber, wird dabei unterschlagen.

Die Berücksichtigung all dessen, was vorangegangen ist, macht blind dafür, den Zeitenumbruch zu erkennen. Neue Denkmuster werden nicht erschlossen, sondern verschlossen. Dahinter steckt, verborgen von Wissensfülle und getarnt von Methodenbewusstsein, ein ständiges Rekurrieren auf Grundsätze und Denkgewohnheiten, die mit der Zeit einen fundamentalen Charakter angenommen haben und als unverrückbar gelten. Ich möchte dieses Zurückgreifen auf eingefahrene Denkweisen als *mentalen Fundamentalismus* bezeichnen. Man kann ihn angesichts des schnellen Wandels der Technik und der Auswirkung dieses Wandels in Gestalt der verlängerten Lebenserwartung verstehen. Der früh sozialisierte individuelle Verstand kommt mit den späteren Folgen seiner kollektiven Verfeinerungen und Zuspitzungen nicht mehr zurecht. Ein tief sitzendes Denken in Kontinuitäten blockiert die Bereitwilligkeit, sich dem Neuen zugleich mit der Einsicht zu widmen, dass es einen Bruch diktiert und einen Abschied von bestimmten Denkschemata erfordert.

Managern und Vorstandsvorsitzenden, die es nicht gewohnt sind und nicht darauf trainiert werden, ihre Praktiken auf historische Einordnungen und starre kategoriale Bestimmungen hin zu untersuchen, mag man nachsehen, dass sie dazu neigen, den Prozess der Globalisierung nur in den ihnen vertrauten organisatorischen und monetären Größeneinheiten zu begreifen. Sie halten für Globalisierung, dass sich Coca-Cola-Fabriken und MacDonalds-Theken, Gucci- und Puma-Filialen an allen Ecken und Enden der Welt etablieren und Unternehmen zu immer umfänglicheren Konzernen fusionieren. Das aber ist falsch. Selbst wenn diese Unternehmen als *Global-Players* etikettiert werden, repräsentieren ihre Niederlassungen und Übernahmen nur das Althergebrachte im Weltmaßstab, nämlich den herkömmlichen Großkapitalismus mit seinen üblichen Praktiken. Würden die Akteure kategoriale Überlegungen anstellen, so müssten sie auf den Gedanken kommen, dass sie vielleicht nur noch die zum Aussterben verurteilten Dinosaurier eines de facto schon überholten Kapitalismus sind. Zwischen ihren Standorten liegen wie eh und je alle Hindernisse und Barrieren dieser Welt. Selbst wenn sie gigantische Fusionen herbeiführen, den Namen ihres Konzerns auf einem fernen Kontinent über ein fremdes Fabriktor hängen, kommt Globalisierung in ihrem Unternehmen erst zustande, wenn sie selbst die globale Arbeitsteilung in Echtzeit, das *global real-time processing,* bei sich einführen.

Mit dem altbekannten Satz, das Ganze sei mehr als die Summe seiner Teile, müsste man bereits gewarnt sein. Die Menge der Steine ist eine Sache, das fertige Haus eine andere; Quanten allein, Mengen von Steinen, machen noch nicht die Qualität, das Haus, aus. Bei der Globalisierung kommt es ebenfalls auf die kategoriale Differenz an. Nicht das *quantum,* »wie groß«, das riesige Ausmaß von Unternehmen, Staatsverbänden und internationalen Organisationen macht das umwerfend Neue aus, sondern das *quale,* »wie beschaffen«: die Vernetzung der einzelnen. In der kategorialen Differenz liegt der Weltenunterschied.

Dass die Akteure des Kapitalismus nicht immer begreifen, was sie tun, hat ihnen freilich schon Karl Marx vorgehalten. Die beiden schärfsten und in ihrer Wirkung nachhaltigsten Kritiker des Kapitalismus, Marx und Engels, mögen vieles am Kapitalismus falsch eingeschätzt haben. Sie haben aber nie den Fehler begangen, Quantität mit Qualität zu verwechseln. Darin hat sich ihr Philosophiestudium ausgezahlt. Marx hat den historischen Materialismus, seine Geschichtsauffassung, methodisch darauf gegründet, Epochenwandel als Umschlagen von Quantitäten in neue Qualität zu erkennen. So hat er die Entstehung des Kapitalismus erklärt; und für das Verständnis der Globalisierung darf man sich dies zum Vorbild nehmen. (Man könnte sich seinem historischen Materialismus durchaus anschließen, hätte er ihn nicht zusätzlich noch für Prognosen über das Gesamtsystem tauglich machen wollen, mit denen er dann allerdings in bloß spekulativen Annahmen stecken blieb.)

Sicherlich, so lässt sich hier beschwichtigend einflechten, gibt es Verbindungsstränge zwischen dem Alten und dem Neuen, die dazu verlocken, in Kontinuitäten zu denken. Man kann ja auch Zwischenstationen von den herkömmlichen Nachrichtensystemen zum Internet beschreiben. Gewiss darf man Übergangs- und Zwischenformen konstatieren, wenn man die bisherige konzerninterne Arbeitsweise von Multinationals und Global-Players mit der globalen Echtzeit-Arbeitsteilung vergleicht. Es stimmt auch, dass die Verlagerung der Produktion in Billiglohnländer manche Vorgänge im internationalen Rahmen wiederholt, die in den Stammlanden des Kapitalismus einst auf nationaler Ebene erfolgt waren. In Frühphasen der Industrialisierung wurden wenig gebildete Arbeitskräfte, die vom Land kamen, in die Fabrikarbeit so einbezogen, wie das in Entwicklungsländern heute auf höherem Niveau geschieht: Die Arbeitskräfte dort sind nämlich bereits weitgehend alphabetisiert, so dass sich die jahrzehntelangen Investitionen in die Bildungssysteme der Entwicklungsländer an dieser Stelle endlich einmal produktiv auszahlen. Doch diese Wiederholung bekannter Vorgänge allein macht noch keine neue Qualität aus, sondern höchstens graduelle Unterschiede. Man mag also durchaus Verbindungsglieder und Gleichartigkeiten feststellen – und dennoch ist es falsch, die Globalisierung lediglich als »neues Schlagwort für einen alten Sachverhalt« abzutun.

Auf einer mittleren Linie zwischen Berücksichtigung des Herkömmlichen und Würdigung des Neuen bewegt sich der amerikanische Star-Journalist Thomas L. Friedman mit einem Buch, das den provozierenden Titel trägt: *The World is Flat. A Brief History of the Twenty-first Century*. Mit der Behauptung, die Welt sei flach, signalisiert er, Globalisierung bringe tendenziell alles wirtschaftliche Geschehen auf eine Ebene. Und mehr noch: Sie eröffne einen barrierefreien Umgang aller mit allen auf nahezu jedem Gebiet. Globalisierung mache Wissen universell zugänglich und individuelle Chancen ohne Ansehen von Grenzen verwertbar. Sie fördere durch schrankenlose Kommunikationsmöglichkeiten zugleich den Austausch von Erkenntnissen und die Konkurrenz von Meinungen und fordere so auch die Politik heraus, sich darauf einzustellen. Friedman bietet eine eindrucksvolle Gesamtschau der technischen Neuerungen, die den Weg in die Globalisierung erzwungen haben (S. 46–222). Auf Grund dessen bekannte er sich zu einer Geschichtsbetrachtung, die er interessanterweise als »technologischen Determinismus« bezeichnet, womit er sich einem historisch materialistischen Ansatz nähert (S. 373). – Die erste Besprechung von FRIEDMANS Buch in der *New York Review of Books* (August 11, 2005) trug die trotzige Überschrift *The World is Round,* und JOHN GRAY trumpfte darin mit Althergebrachtem auf. Gleichermaßen althergebracht müssen GALILEO GALILEI einst die inquisitorischen Anklagen gegen ihn vorgekommen sein: absurd. Das Kontinuitätsdenken sorgte bereits für viele Irrtümer.

Die Globalisierung als etwas grundsätzlich Neues zu verkennen ist ein gravierender Fehler: Man verkennt damit zugleich auch, dass etwas Bisheriges an sein Ende kommt. Mit dem Qualitätsumschlag verschwindet Vertrautes. Die Globalisierung eröffnet eine Arbeitswelt, die dem überkommenen Kapitalismus in seiner Tendenz zu immer gigantischeren Unternehmen ein Ende verordnet. Die bisherigen Praktiken, den immer komplizierteren technisch-ökonomischen Konstellationen mit immer größeren Organisationen zu begegnen, verfehlen immer öfter ihren Zweck.

Es gab in der Unternehmensgeschichte des Computerkonzerns IBM einen Moment, an den man sich hier erinnert fühlen kann: nämlich als dessen Unternehmensführung in die so genannte Großrechnerfalle tappte. Die IBM-Chefs hatten sich darauf eingestellt, dass immer größere Unternehmen auch immer größere Rechner benötigten. Man betrachtete dies als unumstößliche Regel und kaprizierte sich vorwiegend auf die Herstellung von Großrechnern. Damit verpasste die IBM-Führung zunächst den Anschluss an einen kategorialen Wandel. Es ergab sich nämlich ziemlich rasch, dass große Unternehmen nicht nur größere Rechner benötigten, sondern mit zunehmender Größe auch mehr auf die präzise rechnerische Vernetzung ihrer vielen kleinen Abteilungen angewiesen waren. Vernetzung war das Zauberwort. Als man dies endlich begriffen hatte, war es IBM, das 1981 mit dem ersten PC auf den Markt kam und damit den IBM-Standard setzte, dem Microsoft noch heute verpflichtet ist. Globalisierung wird also auch mit bestimmten Labels assoziiert.

Analysiert man unter diesem Gesichtspunkt die Politik, dann zeigt sich eine Parallele. Politiker haben sich über Jahrzehnte hinweg – symbolisch gesprochen – immer mehr in eine Großrechnerfalle hineinmanövriert. Zur Lösung schwieriger werdender Probleme wurden immer größere Einheiten, Regionalpakte, gemeinsame Märkte, EU und ständig neue Weltorganisationen geschaffen. Seit der Gründung des Völkerbunds nach dem Ersten Weltkrieg stehen sie hoch im Kurs. Der Zusammenschluss zur Organisation der Vereinten Nationen (UNO) lag ganz auf dieser Linie wie hernach auch die Wirtschafts- und Militärbündnisse in Ost und West, die Gründung der *OECD (Organization for Economic Cooperation and Development)* und anderer Organisationen. Wer Hunger bekämpft, geht heute in die FAO *(Food and Agriculture Organization)* und hält sich an deren Anweisungen. Wer sich um die Rechte der Arbeiter bemüht, begibt sich zur *ILO (International Labour Organization)*. Diejenigen, die Gesundheit fördern, kooperieren in der *WHO (World Health Organization)*. Wer Welthandel liberalisieren will, strebte zum GATT und begibt sich heute zur *WTO (World Trade Organization)*. Jene, die wirtschaftliche Entwicklung unter währungsstabilen Bedingungen garantieren sollen, kooperieren im Gefüge der Weltbank und des *IMF (International Monetary Fund)*. Nicht zu vergessen ist die *UNESCO (United Nations Educational, Scientific and Cultural Organization)* mit ihren Bildungs- und Kulturprogrammen. Eine organisatorische Gigantophilie ist weithin zur Leitideologie politischer Führungen geworden.

Mit den gigantischen Organisationen sitzen wir heute in einer Art Großrechnerfalle. Das Gesamtsystem der UN wird schon lange durch konkurrierende Zielvorstellungen der einzelnen UN-Organisationen mit enormen Widersprüchen belastet. Die Weltgesundheitsorganisation befindet sich in dem Widerspruchs-Zirkel, der in diesem Buch zum Fokus geworden ist, nämlich mit neuen Programmen gegen die Resultate ihrer früheren anfechten zu müssen. Sie hat den Menschen der Dritten Welt zunächst höchst effektiv zu einem längeren Leben verholfen, und muss nun dafür werben, diesen Erfolg mit geringeren Fortpflanzungsraten zu konterkarieren. Wem soll das in der Dritten Welt einleuchten, wenn er arm ist?

Jede der genannten Weltorganisationen hat sich einer schlüssigen Programmatik verschrieben und damit weithin Lobenswertes bewirkt, denn es steht außer Frage, dass ohne UN-Organisationen viele wichtige internationale Vereinbarungen, völkerrechtliche Regelungen und diverse entwicklungspolitische Maßnahmen nicht zustande gekommen wären. Es wäre aber falsch, verschweigen zu wollen, dass sich in der Summe bis heute kein fein vernetztes organisches Ganzes ergeben hat. Die Aufgabenfelder Arbeit, Nahrung, Gesundheit, Bildung, Handel, wirtschaftliche Entwicklung, Sicherheit, Umwelt, Siedlungswesen und anderes mehr werden jeweils weitgehend isoliert und ohne zureichende Koordination bearbeitet.

Die Organisationen sind zu groß und zu schwerfällig geworden, haben zu viele Beschäftigte, die sich auch ihres Unterhalts und ihrer Pensionsansprüche halber zur Kontinuität mit entsprechenden Erfolgsmeldungen verpflichtet fühlen. Das Ungenügen daran rief Kritiker in Gestalt von Nichtregierungsorganisationen (NGOs) auf den Plan, die es nun mit Ergänzungs- oder Kontrastprogrammen besser machen wollen. *Greenpeace* ist ein Musterbeispiel dafür. Diese NGOs lenkten die Aufmerksamkeit auf manches, was zu wenig beachtet wurde, und einige leisten deshalb bessere oder nicht minder gute Arbeit als die UN-Organisationen. Indessen zeigen sich aber auch Kehrseiten, die wiederum skeptisch stimmen. Organisatorisch wachsen sich einige zu ebenso umfänglichen Gebilden aus wie Regierungs- und UN-Organisationen, sie agieren ihrerseits wie Weltkonzerne, schreiben Statuten und verfestigen ihre Anschauungen zu politischen Ideologien. Typisch dafür sind *Greenpeace, Welthandelsforum* und *Attac (Association pour une Taxation des Transactions financières pour l'Aide aux Citoyens)*.

Was speziell den Weltwährungsfonds (IMF) anbelangt, so wird dessen Praxis von JOSEPH STIGLITZ, dem bereits zitierten zeitweiligen US-Präsidenten-Berater und Chefökonomen der Weltbank, besonders kritisch ins Visier genommen. Im erwähnten Buch über *Die Schatten der Globalisierung* (*Globalization and its Discontents*, New York, 2002) bringt er eine Fülle von Beispielen dafür, wie der IMF ökonomische Lehrsätze, die auf Prozesse in westlich- kapitalistischen Nationen zutreffen, doktrinär auf Befunde in Lateinamerika, Afrika oder Ostasien anwendet, ohne die spezielle, lokale politisch-ökonomische und soziale Situation zu berücksichtigen, in der sich die dortigen Länder befinden. Im ideologisch verfestigten Vertrauen auf die allgemeine Gültigkeit dieser marktwirtschaftlichen Lehrsätze macht man sie sowohl bei der Kreditvergabe als auch bei der Aufsicht über die Verwendung der Gelder zum dominierenden Maßstab. Im Nachhinein muss man dann aber feststellen, dass sie keineswegs das bewirkten, was die Lehrbücher vorschreiben. STIGLITZ wie auch der bereits zitierte NORTH weisen insbesondere auf die Milliardenkosten hin, die dieses Vorgehen mit sich bringt. Beide beklagen ebenfalls die sattsam bekannten Verluste, die durch ähnliche Missgriffe bei der Umformung von Kommando- oder Planwirtschaften in Marktwirtschaften entstanden sind, nicht zuletzt auch für die westlichen Steuerzahler.

Der Gigantismus der Weltorganisationen drängte sich auf, weil Politiker immer mehr Faktoren, Relationen und Prozesse zu beachten und zu regeln haben. Das macht ihre Tätigkeit natürlich schwieriger und anspruchsvoller. Dem vermögen sie aber mit größeren Organisationen nicht zu entsprechen, wenn sie ein paar Lehrsätze zum universellen Operationskriterium erheben. Die Schwierigkeiten resultieren aus der zunehmenden Komplexität und Kompliziertheit heutiger Lebensbelange, die, wie oben beschrieben, vom Schwangerschaftsabbruch bis zur Einäscherung, vom Grundwasser bis zum Weltenraum rechtliche Regelungen verlangen. Statt Gigantismus mit universellen Lehrsätzen ist Feinvernetzung aller Belange gefragt. Die Techniken der Globalisierung böten, wenn man sie nicht falsch deuten, sondern als computerisierte, auf die Vernetzung detaillierter Belange ausgerichtete Arbeitsteilung begreifen würde, heute die Chance, all jene Belange im Detail zurecht zu rücken, die in den Groß- und Weltorganisationen gegeneinander laufen.

Je mehr sich die Globalisierung durchsetzt und je mehr Menschen sie in eine globale Kommunikation einbezieht, desto höher steigen auch die Chancen, durch diese Vernetzung untergründig zu einem Meinungsumschwung beizutragen, der eines Tages vielleicht die herrschenden Denkströmungen und Leitphilosophien mit revolutionärem Schwung außer Kraft setzt. Weiß man denn, ob sich im Iran nicht erneut ein Umschwung anbahnt, der die geistlich inspirierten Herrschenden eines Tages so überrascht, wie er einst den Schah überrascht hat? Wird die islamistisch-fundamentalistische Haltung von Politikern im Nahen Osten noch lange Gefolgsleute finden? Wird sich das amerikanische Sendungsbewusstsein weiterhin mit der imperialen Arroganz halten, mit der es sich derzeit im Weißen Haus artikuliert? Wird die Neigung zur organisatorischen Gigantophilie, die im historischen Kontinuitätsdenken verankert ist, bestehen bleiben?

Werden wir die wissenschaftlichen Errungenschaften, die der recht verstandenen Globalisierung zugrunde liegen, fördern, erweitern und zur Basis künftiger Lebensgestaltung machen? Kann es sein, dass finanzielle Hürden auch ihr Gutes haben? Werden den USA die Kosten für ihr weltweites militärisches und machtpolitisches Engagement auf die Dauer nicht doch über den Kopf wachsen? Diese Fragen sind allesamt noch offen.

Was steht uns bevor? Bis zur Pensionsreife der Baby-Boomer bleiben den überalternden Nationen des Westens noch zwei Jahrzehnte, in denen die entsprechenden sozialen Sicherungssysteme finanziell festgezurrt werden müssen. Das ist die *erste Krise*, auf die wir zugehen. In zwanzig Jahren wird sich das oben dargelegte Verhältnis Eins zu Sieben gegenüber der Dritten Welt eingestellt haben. Das ist die *zweite Krise*. Werden wir innerhalb dieser Zeit in Europa in der Lage sein, unsere Grenzen für eine die Wirtschaft belebende Einwanderung zu öffnen? Werden wir uns in der westlichen Welt früh genug einer neuartigen Erweiterung von Wirtschaftszonen öffnen oder (wenn es in dieser Form sein muss) gar einer EU-Erweiterung in Richtung von Nationen mit einem Jugend-Boom (wie den Mittelmeeranrainern)? Kombinieren sich da eventuell zwei Krisensituationen?

In 10 bis 15 Jahren wird die Metropolisierung mit ihren Schattenseiten weltweit voll zur Entfaltung gekommen sein. Werden wir dann zusehen müssen, wie dadurch in den bedrängten Nationen soziale und politische Krisen heranreifen? Werden sich in dieser Zeit im Nahen Osten die Auseinandersetzungen zwischen Modernisten und fundamentalistischen Anti-Modernisten zuspitzen? Metropolisierung und Fundamentalismus bilden zusammen die *dritte Krise*. Kommen dann drei Krisen zur selben Zeit? Dürfen wir schließlich annehmen, es werde hinsichtlich der Schlüsselressourcen Energie, Wasser, Nahrung, Wohnen und Infrastruktur bei dem heutigen Verteilungsschlüssel zwischen reichen und armen Nationen bleiben? Steht uns nicht bei dem durchaus auch vom Westen angestrebten wirtschaftlichen Wachstum in der Dritten Welt (man denke nur an China und seinen waghalsigen Sprung in die Moderne), eine Konkurrenz um Schlüsselressourcen ins Haus, die Verknappungen mit sich bringt und deswegen nach neuen Lösungen verlangt? Die Ressourcenkrise ist die *vierte Krise*. Treffen am Ende alle vier Krisen zusammen?

Den gemeinsamen Nenner dieser vier Krisen bilden die demographischen Faktoren, die sich in der allgemeinen Erhöhung der Lebenserwartung, gleichzeitiger Fortpflanzungsverweigerung im Westen und fortlaufender Bevölkerungsexplosion in der Dritten Welt zeigen. Mit dem hier gebotenen Überblick werden sozialwissenschaftliche Einsichten und Erkenntnisse vorgetragen, die gravierende Probleme aufzeigen und gleichzeitig darauf aufmerksam machen, dass Instrumente durchaus vorhanden sind und auch wirkungsvoll genutzt werden könnten, um sich dieser Probleme zu erwehren. Man muss sie allerdings ergreifen wollen. Natürlich wird man von den ökonomisch starken und politisch mächtigen Staaten in materieller Hinsicht größeres Einlenken erwarten müssen als von den schwachen, denen für Kompromisse der Spielraum fehlt. Wenn die bedrohlichen Erkenntnisse nicht sehr rasch ein politisches Umdenken im globalen Maßstab bewirken, so erledigen sich die Probleme der Weltbevölkerung eventuell auf fatale Weise von selbst, nämlich dadurch, dass ihre Folgen alle politischen Bemühungen unter sich begraben. In der Wissenschaft ist das bekannt, in der Politik aber nur unzureichend erkannt.

Verzeichnis der Abbildungen

Alle Graphiken ohne zusätzlichen Hinweis stammen vom Autor, und die dafür zugrunde liegenden statistischen Daten wurden den im Quellen- und Literaturverzeichnis aufgeführten Veröffentlichungen entnommen. Deren unterschiedliche Herkunft, Abfassungszeit und Methodologie wahrt zwar insgesamt hohe Übereinstimmung, lässt aber bei globalen Quervergleichen zuweilen Unstimmigkeiten erkennen, die sich auch auf die Abbildungen auswirken können. Bei Bearbeitungen und Übernahmen von Abbildungen aus Veröffentlichungen sind die Quellen nachfolgend angegeben.

36. Einwanderung in die USA im 20. Jahrhundert in Millionen – U.S. Immigration and Naturalization Service, *Statistical Yearbook of the Immigration and Naturalization Service, 2000*
37. Beitrag der Zuwanderer zum Wachstum der US-Bevölkerung im 20. Jahrhundert in Prozent – Quelle: U.S. Census Bureau, *Current Population Reports.*
38. Altersaufbau Polen, Tschechien, Slowakei für 2000, 2025 und 2050 – Quelle: US Census Bureau, International Database, IDB
39. Altersaufbau Ungarn, Rumänien, Bulgarien für 2000, 2025 und 2050 – Quelle: US Census Bureau, International Database, IDB
40. Altersaufbau und Gesamtbevölkerung Russland für 2000, 2025 und 2050 – Quelle: US Census Bureau, International Database, IDB
41. Das Problem der Elitenabwanderung
42. Altersaufbau und Gesamtbevölkerung Türkei für 2000, 2025 und 2050 – Quelle: US Census Bureau, International Database, IDB
43. Bevölkerungszuwachs der Mittelmeeranrainer und Nah-Ost-Staaten 2000–2015 – Abbildungsvorlage: NIC: National Intelligence Council, Global Trends 2015, S. 70.
44. Ausscheren der USA aus der europäischen Alterungswelle und Einschwenken der Chinesen – Quelle: World Bank, World Development Indicators
45. Metropolenwachstum in der Dritten Welt bis 2015 – UN Dept. of Economic and Social Affairs, Population Div.: *World Urbanization Prospects: The 2003 Revision*, New York 2004, S.258–61
46. Metropolisierung im internationalen Vergleich 1950–2015 – ibid.
47. Mexiko-City Wachstum 1950–2000 in Millionen – ibid.
48. Altersaufbau und Gesamtbevölkerung Mexiko für 2000, 2025 und 2050 im Vergleich zu Lateinamerika insgesamt – Quelle: US Census Bureau, International Database, IDB
49. Metropolisierung des Südens in Prozent der Gesamtbevölkerung 1960–2000 – UN Dept. of Economic and Social Affairs, Population Div.: *World Urbanization Prospects: The 2003 Revision*, New York 2004, S. 25
50. Altersaufbau und Gesamtbevölkerung China für 2000, 2025 und 2050 – Quelle: US Census Bureau, International Database, IDB
51. Altersaufbau und Gesamtbevölkerung Indien für 2000, 2025 und 2050 – Quelle: US Census Bureau, International Database, IDB
52. Spezifik des Altersaufbaus in Schwarzafrika im globalen Vergleich im Jahr 2000 – Pyramidenvorlagen aus: UNFPA: *Population Ageing and Development*, Number 5, 2002, S. 12 u.15
53. Altersaufbau und Gesamtbevölkerung Uganda für 2000, 2025 und 2050 – Quelle: US Census Bureau, International Database, IDB

54. Altersaufbau und Gesamtbevölkerung Nigeria, Dem. Republik Kongo, Äthiopien für 2000, 2025 und 2050 – Quelle: US Census Bureau, International Database, IDB
55. Bevölkerungsstruktur in Botswana 2000 und 2025 aktuell und projektiert mit und ohne HIV/Aids – Quelle: Population and Poverty, S. 19
56. Altersaufbau und Gesamtbevölkerung Südafrika für 2000, 2025 und 2050 – Quelle: US Census Bureau, International Database, IDB
57. Entwicklung des Altersaufbaus und der Gesamtbevölkerung bei Palästinensern und Israelis, 2000 bis 2050 – Quelle: US Census Bureau, International Database, IDB
58. Bevölkerungswachstum Israels und seiner Nachbarn 2000–2050 in Millionen mit Alterspyramiden für das Jahr 2025 – Quelle: US Census Bureau, International Database, IDB
59. Altersaufbau und Zuwachs der Gesamtbevölkerung im Iran, im Irak und in Saudi-Arabien, 2000 bis 2050 – Quelle: US Census Bureau, International Database, IDB
60. Naher Osten: Bruttoprodukt der Vergangenheit und Bevölkerungswachstum der Zukunft – Quelle: World Bank, World Development Indicators und US Census Bureau, International Database, IDB
61. Voraussagen zur Erschöpfung eines Öl-Feldes
62. Erschöpfung größter Ölfelder nach dem Abfall vom Gipfel der Förderung – Abbildung nach Vorlage aus Simmons, S. 288
63. Die wachsende Lücke zwischen neuen Öl-Funden und laufender Förderung in Gigabarrel pro Jahr – Abbildung nach Vorlage aus: Campbell, Oil Crisis, S. 320, ursprünglich: Longwell, H.. in: World Energy, Vol. 5, No. 3, S. 100–104.
64. Historische Entwicklung der globalen Festlandölfunde, des Verbrauchs und der Reserven – Kurvenvorlage: Vorlage aus Campbell: Ölwechsel, S. 66
65. Peak-oil – ibid. und eigene Weiterführung
66. Parallele von Wirtschaftswachstum und Vermarktung der Öl- und Gas-Ressourcen 1930–2000 – Quelle Wirtschaftswachstum: OECD, Maddison, The World Economy: Historical Statistics; Quelle Öl-Verbrauch: Campbell, Oil Crisis, S. 322. (Quelle für den unteren Part der Abbildung: http://www.oilcrisis.com/campbell/TheHeartOfTheMatter.pdf)
67. Globale Nutzung von Energieressourcen im Jahr 2000 in Prozent
68. Technologische Entwicklungsabfolge
69. Technologische Durchbrüche in verschiedenen Branchen
70. Szenarios: Berechenbare und geschätzte Zukunftsperspektiven

Quellen und Literatur

Im Internet abrufbare Datenquellen

U.S. Census Bureau = www.census.gov
Das U.S. Census Bureau unterhält unter der Rubrik »International« die wohl umfangreichste und stets bestens aufbereitete Datenbank: *International Data Base (IDB)*; eine unverzichtbare Quelle für internationale Vergleiche.
Unter der Überschrift *International Programs Center (IPC)* pflegt das Bureau außerdem weitere *IPC Products and Services* mit den Abteilungen *Publications & Reports*. Darin finden sich statistische Grundlagenveröffentlichungen wie *Global Population Profile: 2002. Issued March 2004;* und *An Aging World. Issued November 2001*. Einzusehen sind überdies alle *Census Dates for Countries and Areas of the World: 1945 to 2014*. Diese sind auch als Excel-Tabellen abrufbar. Weiterer Service besteht in der Vermittlung der Internet-Zugänge zu allen nationalen Statistik-Agenturen rund um die Welt.

Population Reference Bureau (PRB) = www.prb.org
Das PRB gibt u.a. die Vierteljahresschrift *Population Bulletin* heraus (ISSN 0032-468X), die sich in jeder Ausgabe einem bestimmten Thema widmet und im Internet abrufbar ist unter: *www.prb.org/Template.cfm?Section=Population_Bulletin1&Template=/PopulationBulletin2.cfm*. Ausgewählte Bände sind im Literaturverzeichnis aufgeführt.

Berlin-Institut für Bevölkerung und Entwicklung. Demographische Analysen, Konzepte, Strategien = www.berlin-institut.org/index.html

Center for Strategic and International Studies (CSIS) = www.csis.org/gai/pubs_subject.htm
Neben zahlreichen politisch und ökonomisch aufschlussreichen Untersuchungen bemerkenswert die Publikationen unter: Global Aging Initiative.

Central Intelligence Agency (CIA) = www.cia.gov
The World Factbook = www.cia.gov/cia/publications/factbook/countrylisting.html

Library of Congress (LOC) = www.loc.gov
Katalog der LOC (mit Titelidentifizierung nach ISBN) = catalog.loc.gov. Der Service der LOC umfasst unter *Global Gateway* zahlreiche Dokumentationen zu Quellen und Studien für internationale Vergleiche.

Population Index – on the Web = popindex.princeton.edu/index.html
Population Index citations for 1986–2000. Diese Sammlung enthält alle Texte der Ausgaben des gedruckten Journals der Zeit von 1986 (Volume 52, Number 1) bis 1999 (Volume 65, Number 4).

Social Science Information Gateway (SOSIG) = www.sosig.ac.uk/roads/subject-listing/World/demog.html
ist ein Teil des britischen *Resource Discovery Network (RDN)* und enthält unter *Statistics* und weiter *Demography* ein umfassendes Internet-Quellen-Register zu statistischen Daten weltweit.

Statistisches Bundesamt = www.destatis.de/
Speziell: www.destatis.de/themen/d/thm_bevoelk.php mit animierten Bevölkerungspyramiden für Deutschland 1950–2050, darüber hinaus die: *BIB- Mitteilungen. Informationen aus dem Bundesinstitut für Bevölkerungsforschung beim Statistischen Bundesamt* = www.bib-demographie.de

UNFPA United Nations Population Fund New York = www.unfpa.org
United Nations Population Fund (UNFPA) = www.unfpa.org/publications/index.cfm?filterListType=1

The World Bank = www.worldbank.org
World Development Indicators 2005 und *World Development Report 2005* sowie frühere Ausgaben liegen sowohl im Druck als auch als CD vor und können in Subskription zudem online abgefragt werden.

World Energy Council = www.worldenergy.org/wec-geis/publications/default/default.asp

World Water Council = www.worldwatercouncil.org/publications.shtml

Worldwatch Institute = www.worldwatch.org/pubs/

Literatur

Aging China, The demographic challenge to China's economic prospects. Praeger/CSIS *The Washington Papers* 2005. ISBN 0-275-98684-5

Aksoy, M. Ataman John; Beghin, C.(eds):
Global Agricultural Trade and Developing Countries.
World Bank, Washington, DC, 2004. ISBN: 0-8213-5863-4

Anderson, Michael:
British population history. From the black death to the present day.
Cambridge, 1996. ISBN 0-521-57030-1

Arab Human Development Report 2002
Creating Opportunities for Future generations.
UNDP. The Arab human development report/United Nations Development Programme, Arab Fund for Economic and Social Development,
Band 1: Creating opportunities for future generations. 2002. ISBN 92-1-126147-3
Band 2: Building a knowledge society. 2003. ISBN 92-1-126157-0

Arber, Sara; Attias-Donfut, Claudine:
The Myth of the Generational Conflict. The family and state in ageing societies.
New York, 2000. ISBN 0-415-20770-3

Armstrong, Karen:
Im Kampf für Gott: Fundamentalismus in Christentum, Judentum und Islam.
München, 2004. ISBN 3-442-76087-9

Atlas der Globalisierung. Le Monde diplomatique (Hg.)
Berlin, 2003. ISBN 3-9806917-6-4

Barro, Robert J.; Sala-i-Martin, Xavier:
Economic growth.
Cambridge, Mass., 2004. ISBN 0-262-02553-1

Bengtson, Kim; Myers, Eun (eds.):
Aging in East and West. Family, States, and the Elderly.
New York, 2000. ISBN 0-8261-1351-6

Bennewitz, Jürgen:
Energie für die Zukunft.
Düsseldorf, 1991. ISBN 3-18-401071-6

Bericht über die menschliche Entwicklung/Hrsg.: Deutsche Gesellschaft für die Vereinten Nationen e.V., Band: 1997
Armut und menschliche Entwicklung. ISBN 3-923904-37-1

Bericht über die menschliche Entwicklung/Hrsg.: Deutsche Gesellschaft für die Vereinten Nationen e.V., Band: 2003
Millenniums-Entwicklungsziele: ein Pakt zwischen Nationen zur Beseitigung menschlicher Armut. ISBN 3-923904-54-1

Birdsall, Kelley, Sinding (eds.):
Population Matters. Demographic Change, Economic Growth, and Poverty in the Developing World.
Oxford, 2001. ISBN 0-19-924407-3

Birg, Herwig:
Die Weltbevölkerung: Dynamik u. Gefahren.
München, 1996. ISBN 3-406-41050-2

Bonneuil, Noël:
Transformation of the French Demographic Landscape 1806–1906.
Oxford, 1997. ISBN 0-19-823340-X

Boserup, Ester:
Population and Technological Change. A Study of Long-Term Trends.
Chicago, 1981. ISBN 0-226-06673-8

Brea, Jorge A.:
Population Dynamics in Latin America. Country Profiles for Population and Reproductive Health. Policy Development Indicators 2003.
Population Bulletin, Vol. 58, No. 1, 2000
Washington, DC, 2000. ISBN 0-89741-660-3

Brockerhoff, Martin P.:
An Urbanizing World.
Population Bulletin, Vol. 55, No. 3, 2000
Washington, DC, 2000. ISSN 0032-468X

Brown, Gardner, Halweil:
Wie viel ist zu viel? 19 Dimensionen der Bevölkerungsentwicklung
(engl. Orig.: Beyond Malthus. Nineteen Dimensions of the Population Challenge).
Stuttgart, 2000. ISBN 3-930723-30-1

The *Challenge* of Slums. Global Report on Human Settlements 2003.
United Nations Human Settlement Programme. ISBN 1-84407-037-9

Campbell, Colin J.:
Oil Crisis.
Brentwood, Essex, 2005. ISBN 0906522-39-0

Chang, Gordon G.:
The Coming Collapse of China.
Toronto, 2001. ISBN 0-375-50477-X

Cities in a Globalizing World. Global Report on Human Settlements 2001.
United Nations Centre for Human Settlements (Habitat) ISBN 1-85383-806-3

Deffeyes, Kenneth, S.:
Hubbert's Peak. The Impending World Oil Shortage.
Princeton, New Jersey, 2001. ISBN 0-691-09086-6

Deffeyes, Kenneth, S.:
Beyond Oil. The View from Hubbert's Peak.
New York, 2005. ISBN-13:978-0-8090-2956-3

Demographic Bulletin. No. 69.
Latin America and Caribbean: Population Estimates and Projections. 1950–2050

Dollar, David; Collier, Paul:
Globalization, growth and poverty: building an inclusive world economy.
Washington, DC; World Bank;
New York, NY., Oxford, 2002. ISBN 0-19-521608-3, 0-8213-5048-X

Economic Commission for Latin America an the Caribbean (ECLAC)
Population Ageing and Development
Puerto Rico, 2004

Edelmayer, Feldbauer, Wakounig (Hrsg.):
Globalgeschichte 1450–1620. Anfänge und Perspektiven.
Wien, 2002. ISBN 3-85371-188-X

Ehmer, Josef:
Bevölkerungsgeschichte und historische Demographie 1800–2000.
(Enzyklopädie deutscher Geschichte/hrsg. von Lothar Gall, Peter Blickle; 71)
München, 2004. ISBN 3-486-55733-5, 3-486-55732-7

Engelman, Robert; Dye, Bonnie; LeRoy, Pamela:
Mensch, Wasser!
Stuttgart, 2000. ISBN 3-930723-32-8

England, Robert Stowe:
The Fiscal Challenge of an Aging Industrial World;
2001. ISBN 0-89206-391-2

England, Robert Stowe:
Global Aging and Financial Markets: Hard Landings Ahead?
2002. ISBN 0-89206-392-0

England, Robert Stowe:
The Macroeconomic Impact of Global Aging: A New Era of Economic Frailty?
2002. ISBN 0-89206-393-9

Feldbauer, Husa, Pilz, Stacher (Hrsg.):
Mega-Cities. Die Metropolen des Südens zwischen Globalisierung und Fragmentierung.
Frankfurt a. M., 1997. ISBN 3-86099-172-8

Friedman, Thomas L.:
The World is Flat. A Brief History of the Twenty-first Century.
New York, 2005. ISBN-13: 978-0-374-29288-1

Gardner-Outlaw, Tom; Engelman, Robert:
Mensch, Wald!
Stuttgart, 1999. ISBN 3-930406-11-X

Global Population and Water. Access and Sustainability
United Nations Population Fund (UNFPA)
New York. ISBN 0-89714-658-1

Haines, Michael R.:
A population history of North America.
Cambridge, 2000. ISBN 0-521-49666-7

Haupt, Arthur; Kane, Thomas T.:
Population Reference Bureaus's Population Handbook. 5th Edition.
Washington, DC, 2004. ISBN 0-917 136-12-8
http://www.prb.org/pdf/PopHandbook_Eng.pdf

Heinsohn, Gunnar; Steiger, Otto:
Eigentum, Zins und Geld: Ungelöste Rätsel der Wirtschaftswissenschaft.
Marburg, 2004. ISBN 3-89518-494-2

Heinsohn, Gunnar; Steiger, Otto:
Eigentumstheorie des Wirtschaftens versus Wirtschaftstheorie ohne Eigentum.
Marburg, 2002. ISBN 3-89518-352-0

Henry, Clement M. und Springborn, Robert:
Globalization and the Politics of Development in the Middle East.
Cambridge, 2001. ISBN 0-521-62312-X

Human Development Report 2001
Making new technologies work for human development
UNDP. New York, Oxford, 2001. ISBN 0-19-521836-1

Jackson, R.; Howe, N.:
The 2003 Aging Vulnerability Index. An assessment of the Capacity of Developed Countries to Meet the Aging Challenge.
Center for Strategic and International Studies (CSIS); March 2003.
Washington, DC, 2003

Jackson, R.; Howe, N.: The graying of the Middle Kingdom: the demographics and economics of retirement policy in China
Center for Strategic and International Studies (CSIS); Prudential Financial/Global Aging Initiative Program (CSIS),
Washington, DC, 2004

Jones, Gavin W.; Karim, Mehtab S. (eds.):
Islam, the State and Population.
London, 1988. ISBN 1-85065-493-X

Kepel, Gilles:
Die neuen Kreuzzüge. Die arabische Welt und die Zukunft des Westens.
München, 2004. ISBN 3-492-04643-6

Kinsella, Kevin und Phillips, David R.:
Global Aging. The challenge of success.
Population Bulletin, Vol. 60, No. 1, 2005
Washington, DC, 2004. ISSN 0032-468X

Klein, Herbert S.:
A population history of the United States.
Cambridge, 2004. ISBN 0-521-78268-6, 0-521-78810-2 (pbk.)

Leisinger, Klaus M.:
Hoffnung als Prinzip.
Hannover, 1994. ISBN 3-930406-02-0

Leisinger, Klaus M.:
Die sechste Milliarde.
München, 2000. ISBN 3-406-42140-7

Leisinger, Klaus M.; Schmitt, Karin; Pandya-Lorch, Rajul:
Six billion and counting: population growth and food security in the 21st century.
Washington, DC, 2002. ISBN 0-89629-705-5

Living arrangements of older Persons: critical issues and policy responses/ Population Division, Department of Economic and Social Affairs. – New York, NY.: United Nations, 2001. – 392 S.; (engl.)
(Population bulletin of the United Nations – special issue; 42/43) (Economic and social affairs). ISBN 92-1-151358-8

Leonard, David K. und Straus, Scott:
Africa's Stalled Development. International Causes and Cures.
London, 2003. ISBN 1-58826-140-9

Maddison, Angus:
The World Economy. A Millennial Perspective.
OECD 2001. ISBN 92-64-18608-5

Maddison, Angus:
Explaining the Economic Performance of Nations.
Vermont, 1995. ISBN 1-85278-600-0

Martin, Philip:
Economic integration and migration: the Mexico-US case.
Helsinki, 2003. ISBN 92-9190-452-X (printed publ.), 92-9190-453-8 (internet publ.)

Martin, Philip und Widgren, Jonas:
International Migration: Facing the Challenge.
Population Bulletin, Vol. 57, No. 1, March 2002.
Washington, DC, 2002. ISSN 0032-468X

Mitchell, B. R.:
International Historical Statistics Europe 1750–1988.
London, 1992. ISBN 0-333-56872-9

Mitchell, B. R.:
International Historical Statistics The Americas 1750–1988.
New York, 1993. ISBN 1-56159-062-2

Mitchell, B. R.:
International Historical Statistics Africa, Asia & Oceania 1750–1993.
London, 1998. ISBN 0-333-72691X

National Intelligence Council:
Global Trends 2015: A Dialog About the Future With Nongovernment Experts.
Washington, DC, 2000.
/www.cia.gov/nic/NIC_globaltrend2015.html

National Intelligence Council:
Mapping the Global Future. Report of the National Intelligence Council's 2020 Project.
Washington, DC, 2004. ISBN 0-16-073-218-2
www.foia.cia.gov/2020/2020.pdf

Newbold, K. Bruce:
Six billion plus: population issues in the twenty-first century.
Littlefield, 2002. ISBN 0-7425-1616-4

North, Douglass C.:
Institutions, Institutional Change and Economic Performance.
Cambridge, 1990. ISBN 0-521-39416-3

North, Douglass C.:
Theorie des institutionellen Wandels.
Tübingen, 1988. ISBN 3-16-945125-1

North, Douglass: The Contribution of the New Institutional Economics to an Understanding of the Transition Problem.
Helsinki, 1997. ISBN952-9520-54-9

Ölwechsel! Das Ende des Erdölzeitalters und die Weichenstellung für die Zukunft.
Herausgegeben von Global Challenges Network, München, 2002.
ISBN 3-423-24321-X

Organisation for Economic Co-operation and Development:
Wahrung des Wohlstands in einer alternden Gesellschaft.
(engl. Orig: Maintaining prosperity in an ageing society)
Paris, 1999. ISBN 92-64-56093-9

Peng Xizhe; Zhigang Guo (eds.):
The Changing Population of China.
Malden, Mass., 2000. ISBN 0-631-20191-2

Pinal, Jorge del und Singer, Audrey:
Generations of Diversity. Latinos in the United States.
Population Bulletin, Vol. 52, No. 3, 1997.
Washington, DC, 1997. ISSN 0032-468X

Pollard, Kelvin M. und O'Hare, William P.:
America's Racial and Ethnic Minorities.
Population Bulletin, Vol. 54, No. 3, 1999.
Washington, DC, 1999. ISSN 0032-468X

Population Ageing and Development. Operational Challenges in Developing Countries.
UNFPA, United Nations Population Fund.
New York, 2002

Population Aging and Development. Social, Health and Gender Issues.
Population and Development Strategies Series Number 3.
New York, 2000

Population and Poverty. Population and Development Strategies Series Number 8.
New York, 2003. ISBN 0-89714-665-4

Population, Environment and Poverty Linkages; Operational Challenges.
UNFPA, United Nations Population Fund. ISBN 0-89714-546-1

Population bulletin of the United Nations/Population Division, Department of Economic and Social Affairs. – New York, NY: United Nations (Economic & social affairs) (United Nations publication). ISSN 0497-9133; ISSN 0251-7604

Reuter, Christoph:
Mein Leben ist eine Waffe. Selbstmordattentäter – Psychogramm eines Phänomens.
München, 2002. ISBN 3-570-00646-8

Riley, Nancy E.:
China's Population: New Trends and Challenges.
Population Bulletin, Vol. 59, No. 2, 2004.
Washington, DC, 2004. ISSN 0032-468X

Sala-i-Martin, Xavier:
The World Distribution of Income
(estimated from Individual Country Distributions).
First Draft: January 2002, May 1, 2002

Schirrmacher, Frank:
Das Methusalem-Komplott.
München, 2004. ISBN 3-89667-225-8

Schmidt, Helmut:
Die Mächte der Zukunft. Gewinner und Verlierer in der Welt von Morgen.
München, 2004. ISBN 3-88680-817-3

Schubnell, Hermann:
Die Bevölkerungsentwicklung in der Volksrepublik China. In: Schriftenreihe der Niedersächsischen Landeszentrale für politische Bildung. Folge 10.
Hannover, 1987

Simmons, Matthew, R.:
Twilight in the Desert. The Coming Saudi Oil Shock and the World Economy.
Hoboken, New Jersey, 2005. ISBN-13: 978-0-471-73876-3

Situation and Voices. The Older Poor and Excluded in South Africa and India.
Population and Development Strategies Series Number 2.
New York, 2002

Soto, Hernando de:
Freiheit für das Kapital! Warum der Kapitalismus nicht weltweit funktioniert.
Berlin, 2002. ISBN 3-87134-449-4

Stiglitz, Joseph:
Die Schatten der Globalisierung.
München, 2004. ISBN 3-442-15284-4

Studwell, Joe:
The China Dream. The Elusive Quest for the Greatest Untapped Market on Earth.
London, 2002. ISBN 0-8021-3975-2

Tarver, James A.:
The Demography of Africa.
Westport Conn., 1996. ISBN 0-275-94885

Transition in World Population.
Population Bulletin, Vol. 59, No. 1, 2004.
Washington, DC, 2004. ISSN 0032-468X

UNFPA United Nations Population Fund
Population Ageing and Development. Operational Challenges in Developing Countries.
New York, 2002. ISBN 0-89714-655-7

UNFPA United Nations Population Fund
Population, Environment And Poverty Linkages. Operational Challenges.
Population and Development Strategies Series No.1/2002.
New York, 2001. ISBN 0-89714-546-1

UNFPA United Nations Population Fund
State of world population 2004. The Cairo Consensus at Ten: Population, Reproductive Health and the Global Effort to End Poverty.
New York, 2004. ISBN 0-89714-720-0

Wattenberg, Ben J.; United States/Bureau of the Census:
The statistical history of the United States: from colonial times to the present; historical statistics of the United States, colonial times to 1970/prepared by the United States Bureau of the Census; with an introd. and users guide by Ben J. Wattenberg.
New York, 1976. ISBN 0-465-08203-3

Wolffsohn, Michael:
Wem gehört das Heilige Land? Die Wurzeln des Streits zwischen Juden und Arabern.
München, 1997. ISBN 3-7654-2884-1

World Bank
World development report. Attacking poverty.
Oxford, 2000. (World development report/The World Bank; 2000/01). ISBN 0-19-521129-4, 0-19-521598-2

World population ageing: 1950 – 2050/Department of Economic and Social Affairs, Population Division. New York: United Nations, 2002. ISBN 92-1-051092-5

Wrigley, E. A.:
Poverty, Progress, and Population.
Oxford, 2004. ISBN 0-521-82278-5

Wrigley, Davies, Oeppen, Schofield:
English population history from family reconstitution 1580–1837.
Cambridge, 1977. ISBN 0-521-59015-9

Yergin, Daniel:
The Price. The epic quest for oil, money and power.
New York, 1991. ISBN 0-671-79932-0

Register

Seiten, auf denen Bevölkerungspyramiden abgebildet sind, stehen in rot.

Länder- und Regionenverzeichnis

Seiten, auf denen Bevölkerungspyramiden abgebildet sind, stehen in rot.

Nachbemerkung und Dankesbekundung

Einem ursprünglichen Ansatz nach sollte sich dieses Buch unter dem Arbeitstitel »Schirrmachers Wahn« mit den Thesen, Parolen und Meinungen des Frankfurter Erfolgsautors beschäftigen, der den gesellschaftlichen »Jugendwahn« postulierte und darob zum Methusalemkomplott zusammenrief, um das Halali zur Alten-Revolte zu blasen. Ich wollte widerlegen, was bei ihm alles falsch dargestellt wird und zurechtrücken, was sachlich und logisch schräg zusammengeführt ist. Das erschien mir deswegen wichtig, weil gleichartig schiefe Urteile, wie sie bei ihm gebündelt vorliegen, weit verstreut auch der thematisch einschlägigen politischen Willensbildung in Deutschland zugrunde liegen und sich für die Nation so unglücklich auswirken, wie das hinsichtlich Rentenfinanzierung, Altersversorgung, Zuwanderung und Beschäftigung immer deutlicher zutage tritt. Die Absicht erwies sich indessen als undurchführbar. Man hätte das Fünffache schreiben müssen.

Stattdessen ist nun ein Text entstanden, der demographische Fakten in einem globalen Zusammenhang darlegt. Die Entwicklungen sind aufgezeigt; die Folgerungen davon abgesetzt – Nachricht das eine, analytischer Kommentar das andere. Die guten Freunde und Kollegen, die den ursprünglichen Text ob munterer Federführung durchaus vergnüglich fanden, haben sich hernach doch bereit gefunden, die nüchterne Untersuchung in diversen Fassungen zu lesen, zu kommentieren und zu korrigieren, sowie an ihr so manches sachlich, sprachlich und stilistisch Sperrige und Holprige zu tilgen. In diesem Sinn war dann das Vergnügen ganz auf meiner Seite, mit Manfred Lossau, Rüdiger Schott, Aloys Schwietert und Michael Wolffsohn zu diskutieren, Anregungen von Hilde und Klaus Gahl, Erika und Harold Klein sowie Elsa und Hans Quast einzuholen und wie in alten Zeiten die Anmerkungen von Marianne Wegner, der früheren langjährigen Sekretärin und Mitarbeiterin, tunlichst zu berücksichtigen.

Die Verbindung zu Alexander Behrens und damit zum Verlag J.H.W. Dietz Nachf. und dadurch zu einer ebenso klugen wie freundlich-umsichtigen Text- und Autorenbetreuung bahnte Marlene Hiller an, die der Textfassung ebenfalls Rat und Tat widmete, wie auch Alexander Behrens danach seine Lektoratsaufgaben beruhigend gründlich wahrnahm. Die Aufnahmebereitschaft meiner Frau und ihre geduldige Willigkeit zu immer wieder neuen Korrekturgängen wurde wahrscheinlich nur durch meinen Entschluss nicht länger gefordert, der darauf zielte, dem schier endlos ausgedehnten Stoff unter Nutzung der vom Verlag verständnisvoll eingeräumten graphisch-illustrativen Möglichkeiten ein handliches Format zu sichern. Ich danke allen Genannten für ihre ebenso freundliche wie eingehende und wirksame Unterstützung.

Meinem Freund und Kollegen Chiao Wei und der Kollegin Xie Yingying ist das Buch in Erinnerung der gemeinsamen Arbeit im ersten Jahrzehnt der chinesischen Wirtschaftsreformen und der anhaltend spannenden Forschungen über mögliche Wege, Chancen und Hindernisse für die Entwicklungen im Reich der Mitte gewidmet.